世界のフランス語圏地図

フランス語のはなし

The Story of French

もうひとつの国際共通語

立花英裕 監修　中尾ゆかり 訳

ジャン＝ブノワ・ナドー ＆ ジュリー・バーロウ 著

Jean-Benoît Nadeau & Julie Barlow

大修館書店

謝辞

本書の執筆は大きな企画だった。二年半たらずで調査して書きあげることができたのも、大勢の方々や機関が財政的、学術的、精神的な面で支援して下さったおかげだ。

カナダ芸術カウンシルには企画の早い段階から財政面で多大な援助をいただき、御礼を申し上げる。カナダクノップフ社のマイケル・シェレンバーグ、セントマーティン・プレス社のマイケル・フラミニ、ロブソンブックス社のジェレミー・ロブソンの三編集者が即座に契約を結んで下さったのは、望外の喜びだった。マイケル・シェレンバーグには最後まで、賢明な意見や指導をいただいた。カナダのＯＩＦ担当大臣ジャック・サーダ、ケベック州政府国際関係およびＯＩＦ担当大臣モニック・ガニョン＝トランブレー、ケベック州政府文化広報大臣リーヌ・ボーシャン、ケベック州政府観光および地域問題大臣ナタリー・ノルマンドーには、助成金という形で支援していただき、エール・フランス航空モントリーオール支店のディアーヌ・オーデは取材旅行の際に格安のチケットを手配して下さった。

インタビューに答えて下さった何百人もの方々にここで御礼を述べるのは不可能だろうが、学術関係で多大な貢献をして下さった方々に深く感謝する。言語学者アンリエット・ヴァルテールは多数の著作があり、私たちにとって学問のゴッドマザーだった。ＯＩＦ事務総長アブドゥー・ディウフ、ＡＦ国際開発部長アラン・マルケは企画を最初から暖かい目で支援して下さり、当時のフランス外務省文化開発部長グザビエ・ノルト、アカデミー・フランセーズ終身幹事事務長ローラン・ペルソンヌ、DGLFLFのベルナール・セルキリーニには制度を理解する上で重要な意見をいただき、フランソワーズ・プロカンは、*Le Français dans le monde* の文献資料を開いて下さった。エルサレム・ヘブライ大学とメリーランド大学のエディ・カウフマン教授、ケベックのフランス語局上級公務員ギー・デュマ、「権利と民主主義」会長で在パリ・ケベック元代表、文化技術協力局の元局長ジャン＝ルイ・ロワからも援助や意見をいただいた。カナダ大使館ダカール連絡事務所のアストゥ・ゲイの尽力で、セネガル旅行は貴重な経験となった。アメリカ・フランス語教授連合のジェイン・アブレイトとマルゴ・スタインハルト、機関誌 ***French Review*** のクリス・ピネには暖かい支援をいただき、アメリカのフランス語教育の現状を教えていただいた。

最後の見直しでも多数の専門家の力を借り、アイオワ州立大学のクライド・ソグマーティン教授、クレオール研究所所長アルバート・ヴァルドマン教授、ブルターニュ・レンヌ大学のフランコフォニー言語多様性調査センター所長フィリップ・ブランシェに御礼を述べる。ジャン＝ブノワの父イヴァン・ナドーには取材期間中に財政面での援助を、ジャン＝フランソワ・ナンテルとヴァレリー・ルマンにはパリのアパルトマンを提供していただき、エージェントのエド・ナップマンは最初に企画に勢いをつけて下さった。現代世界情勢研究所の元所長ピーター・マーティンは一九九九年から二〇〇〇年まで私たちをフランス語の研究に派遣して下さった。

『フランス語のはなし』を陰で支えて下さった皆様に御礼を申し上げ、調査や執筆にあたって貴重な時間と意見を提供して下さったすべての方に感謝する。

まえがき

　まさかテルアビブでフランス語を耳にするとは、思いもよらなかった。たいていのイスラエル人はヘブライ語と英語を話すので、フランス語は第二言語としてさえ勝ち目があるとは考えにくい。ところが、テルアビブでホテルから一歩外に出たとたんに耳に飛びこんできた言語は、フランス語だった。通りの店先で、ふたり連れの女性がフランス語でおしゃべりしていたのだ。

　これには驚いた。イスラエルを訪れた目的は、フランコフォン（フランス語を話す人）に会うためでなく、エルサレムにあるヘブライ語アカデミーの訪問だった。言語アカデミーがある国はフランスだけでないことを証明するために、言語統制を行っている世界中の七〇いくつかの機関の中から、たまたまヘブライ語アカデミーを選んだのだ。ところがイスラエルの社会を眺めると、人口の一〇パーセントがフランス語を話し、フランス語を話す人の数はルイジアナよりも多い。フランコフォンの社会は、大都市の中心部にもある。テルアビブにはフランス語を話す人が大勢暮らし、エルサレムにはフランス文化センターやフランス語専門書店、フランス人の大規模な居留者社会がある。私たちがフランス語でおしゃべりしながら旧市街のアラブ地区を散歩していると、店の人たちがフランス語で話しかけてきた。タクシーに乗ったときには、英語で行き先を告げてもわかってもらえなくて四苦八苦したが、フランス語で話すと魔法のように通じた。

　フランス語は一般に考えられているよりも活気を取りもどしている。この印象は、中東にほんのちょっと足を踏み入れただけでたしかなものとなり、この本の取材を進めるうちにますます強くなった。フランス語は、誰が何と思おうとも、今もなお関心を持たれている。私たちはルイジアナ、アメリカ東部、カナダ沿岸部、北オンタリオ、セネガル、チュニジア、グアドループ、アルジェリア、フランス、ベルギー、スイスなどで取材して、基本的な印象はどこでも強くなった。フランス語は、話者の相対的な数では国際語として衰退しているかもしれないが、世界で堅固な地歩を築いている。その影響力はさまざまな意味でフランス本国の影響から独立し、超越している。

「フレンチ・パラドックス」と言うと、フランス人が高カロリーの食事をしてワインをたっぷり飲むのに、どういうわけかすらりとした体つきをしていることを思い浮かべるが、もうひとつ、言語に関して、英語が優勢になっているのに、フランス語が影響力を失っていないというものもある。この影響力はどこから生まれたのだろうか。そして、どのように保たれているのだろうか。本書『フランス語のはなし』では、こういった疑問の答えを模索する。

英語はつい最近、世界の共通語としてフランス語を追い抜き、今では商業、外交、学術交流の場で押しも押されもせぬ国際語にのし上がった。フランス語は、言語使用者数では世界九位で、中国語、ヒンドゥー語、スペイン語、英語にはるかに遅れをとり、経済的影響力は相対的に小さい。

ところが視点を変えると、盛んになっているようにも見える。現在、地球上で話されている言語の数はおよそ六千で、一億人以上が話す言語は十五しかないが、フランス語もそのひとつ。二十か国以上で公用語とされているのは、英語、フランス語、スペイン語、アラビア語の四言語だけだ。フランス語は三十三か国で公用語とされ、英語の四十五か国に次いで二位の地位を占めている。世界中の学生が第二言語の二位に選び、全世界で教師二百万、学生一億人を数える。世界中のどこの国でも教えられている言語は、英語とフランス語しかない。フランス語はもうひとつの世界共通語だと言うのは、あながち大げさではないようだし、ますます英語が幅をきかせる世界で、もう一方の世界共通語と言えるだろう。

私たちはふたりともカナダ人なので、フランス語とは特異な関係があり、フランス語の逆説を模索するのにいろいろな意味でうってつけと言える。カナダではフランス語と英語の両方が公用語になっている。モントリオール〈もともとはフランス人のつけた地名で、モンレアルと発音〉は二文化併用のめずらしい都市で、英語とフランス語が日常生活でほぼ対等に共存する、世界で唯一の都市だ。ジャン゠ブノワはケベックで生まれ育ち、フランス語が母語。ケベック州は、ヌーヴェルフランスの時代が終わった一七六三年から一九六〇年代までの二百年間、フランスとの接触が断たれ、フランス語の「失われた世界」だった。ジャン゠ブノワの家族はフランコフォンだ。フランコフォンという言葉は、カナダでフランス語を話す人びとが、ヨーロッパでフランス語を話す人びとや北アメリカで英語を話す人びとと自分たちを区別するときによく使う。北アメリカで英語を話す人びとはアングロフォンと呼ばれる。ジャン゠ブノワは十代で英語を学び、モントリオールのマギル大学で英語で講義を受けた。大学で、同じ政治学の講座に出席していたジュリーと出会う。ジュリーはアングロフォンで、英語を話す人びとが住むオンタリオ育ち。モントリオールの大学に入学し、卒業後もとどまってフランス語を学んだ。

一九九一年にふたりが生活をともにするようになったとき、ジュリーのフランス語はかなりあやしく、そこで、家庭内で英語とフランス語を一週間ずつ分けて使い、毎週月曜日の朝に交替する独自の方式を実践した。効果てきめん。ジャン＝ブノワは一九九四年から英語で雑誌の記事を執筆し、ジュリーは一九九五年にフランス語で執筆を始める。それ以来、カナダの両方の公用語で全国誌に寄稿してきた。これはカナダでもめずらしい。カナダ人でほんとうのバイリンガルはごくひと握りしかいないし、二文化併用はもっと少ない。私たちは両方の言語の報道界で仕事をして、カナダのアングロフォンとフランコフォンでは世の中を見る目がいかに異なるか、よくわかった。

私たちは一九九九年にパリに引っ越し、フランス人の人となりや考え方を観察して、著書『六千万人のフランス人は誤らない』を出版し、その後、『フランス語のはなし』を執筆した。どちらも着想を得たのは、モナコでフランス語圏諸国の組織、フランコフォニー国際機構（ＯＩＦ）の財務担当者会議にジャン＝ブノワが出席したときだ。言語が国際的な場で新たな政治的現実となり、各国が自分たちの母語あるいは採用している言語をベースにして同盟を結ぶことに、ジャン＝ブノワは気づいた。ＯＩＦの活動を見て、フランス語がフランスから自立して、ある程度、自力でグローバル化勢力になったことも理解した。

フランス語はどのように発展・普及し、独自の価値を獲得し、なぜ今も重要な言語なのだろうか。このような疑問が本書の中心にあり、これから始まるはなしの中で、フランス語のさまざまな特徴を生んだできごとを取りあげる。政治問題に発展しかねない激しい論争、きびしい規則、フランス語を話す人が誰しもいだいている文化的エリート意識や言語の規範と統制への信奉、フランス語が英語に与えた影響と英語がフランス語に与えた影響などだ。地理的、政治的な環境、大政治家が下した決定、フランスとベルギーの植民地政策、二度の世界大戦、貿易、文学や芸術、映画、奢侈品の輸出、産業政策、科学分野での発見——こうしたものすべてが、そしてそれ以上に多くのできごとが、フランス語を形成してきた。『フランス語のはなし』は四部に分かれ、言語の誕生、普及、適応、変化について述べる。各部で、フランス語の運命を形作った大小さまざまな事件や人びと、土地について語り、大々的な失敗や思いがけない成功にも触れる。かならずしも耳に快い話ばかりではない。植民地政策や奴隷売買、大量虐殺はどれもフランス語で行われてきた。こうした恐ろしいできごとを是認するつもりはないが、ヨーロッパの言語の普及を眺める上で、見過ごすわけにはいかない。スペインによる南北アメリカ征服、アカディア人の強制移住、オーストラリアのアボリジニ大量虐殺、アンゴラの奴隷貿易、イスラム教徒の聖戦などどれも残虐きわまりないが、それぞれ、英語やスペイン語、ポルトガル語、アラビア語が国際語となるのに重要な役割を果たした。言語は何の代償も払わずに国際語になったわけではないのだ。

執筆にあたっては、幾多の偏見と闘わなければならなかった。フランス語だけでなく英語に対する偏見もあった。英語が地球を制覇しているのは、ほかの言語よりも商業や貿易、理論、大衆文化、はては民主主義に適しているからだと思いこんでいる頭の固い連中や、英語には新しい単語を吸収する特別な能力があるからだと主張する人もいる。私たちに言わせれば、これは言語における自民族中心主義だ。けれども、本書の目的は、フランス語と英語の運命を比較することではない。

地球語は英語だけでないし、英語は言語集団による世界観の相違を解消していない。ワールドトレードセンターの爆破は、依然として宗教が重要な精神的国境であり、文化を決定していることを世界中の人にあきらかにした。グローバル化した現代世界では、言語も精神的国境なのだ。本書では、フランス語を話す人びとの精神世界にひそむものも探求する。

フランス語を話す国を比較するにあたっては、問題がいくつか生じた。英語とフランス語に関する統計が粗雑なこともあるが、フランス語話者、あるいは英語話者を正確に定義するのが難しいこともある。どちらも母語であり、いくつもの国で重要な選択言語にもなっている。ネイティヴ（生まれたときから母語としてその言語を使っている人）、ときどき話す人、たまに話す人が、統計によってかならずしも同じように分類されるわけではない。フランコフォンについて述べるときには、私たちは一億七千五百万人という一般に受け入れられている数字を使うが、これにはフランス語をたまに話すと推定される一億人や、世界中に一億人はいるフランス語学習者は算入されていない。本書では、アングロフォンは英語を話す人、フランコフォンはフランス語を話す人を意味している。フランス語を話す人がすべてフランス人というわけではないからだ。

本書は、フランス語がどのようにして地球語となったのか、そして今後もなぜその地位を守ると思われるかを語る物語である。

目次

第3部　世界に根を下ろすフランス語　203

第1部

誕生と成立

左：リシュリュー像，右：フランス学士院

1
フランス語の祖先

フランス語が世界の言語の中で現在の地位にあるのは、英語が幅をきかせているにもかかわらずというよりも、英語が幅をきかせているおかげだということをわかっている人はあまりいない。フランス語と英語が持ちつ持たれつの関係にあることについて私たちが考えるようになったのは大学時代、ベルリンの壁が崩壊したころだ。マギル大学にやって来たジャン=ブノワが話す英語はどことなくわかりにくく、堅苦しかった。英語で「かかとの痛みで混乱している」とか「アフリカ旅行の計画を放棄した」と言っても、学生仲間ならたいてい理解するが、一歩大学の外に出てこんな言葉遣いをしたら、ぽかんとした顔でじろじろ見られた。ジュリーは通訳になり、「ジャン=ブノワはかかとが痛いのよ」とか「アフリカ旅行をとりやめにしたんですって」と説明した。

ジャン=ブノワの大仰な英語は、フランス語を話す人ならごくふつうだった。フランス語はアングロフォンにとってラテン語のようなものだ。chase, catch, surf, challenge など英語でふだん使われている単語のほぼ半分は、フランス語に起源を持つ。英語を話す人の大半はこうした単語がフランス語に由来していることを忘れてしまい、ラテン語から直接入ってきたと考えていても、フランス語が英語に与えた影響は言語の潜在意識に残っている。

じつは、英語はゲルマン語族の中でもっともラテン語的、フランス語的な言語で、フランス語はラテン語族の中でもっともゲルマン語的な言語と言える。フランス語と英語には持ちつ持たれつの関係があり、両者の歴史が密接に関連してきたことを考えると、これは驚くにあたらない。

ガリアの言語

フランス語がいつ誕生したのか、正確な時期はわかっていない。わかっているのは、せいぜい、フランス語の前には多数のロマンス語、その前はガロ=ロマンス語、その前はラテン語、そしてその前はガリア語が話されていたという程度。フランス語の移り変わりには大きな事件が三つ関係している。ローマ帝国の滅亡、イングランドの征服、パリが権力の中枢にのし上がったことだ。

現在のフランスを南北に分けた北の部分では、ローマ人がやって来るまで、ケルト人のさまざまな言語が話されていた。ケルト人はインド=ヨーロッパ語族に属し、もともとカザフスタンあたりに住んでいたようで、紀元前三千年から紀元前二千年のあいだにヨーロッパ北部に移動する。インド=ヨーロッパ語族という名称は、イギリスの東洋学者ウィリアム・ジョーンズが一七八七年に考案した。ジョーンズは、「パパ」や「ママ」などの基本的な単語が、ギリシア語、ラテン語、ドイツ語、英語、サンスクリット語、ケルト語であまりに似通っていることに頭を悩ませ、ヨーロッパの言語の大半が、今では忘れられたがもとはひとつだった言語から派生したという説を唱え、この言語をインド=ヨーロッパ語と名づけた。

ケルト人が今日のフランス北部に最初にやって来たのは、紀元前千年から紀元元年までのある時期だ。フランス南部では、ケルト人が来るはるか前に、ギリシア人がリグリア人の居住地マルセイユに植民地を作っていた。ところが現在のフランス全土に勢力を広げたのは、ギリシア人ではなくケルト人だった。ケルト人はバスク人などほかの住民を領土の片隅に追いやる。

ケルト人はフランス南部でギリシア人と遭遇することはほとんどなく、紀元前二世紀になるとローマ人が侵入してきた〈ローマ人はケルト人が住んでいた一帯をガリア、ガリアのケルト人をガリア人と呼んだ〉。そのころガリアには一千万人から一千五百万人が住んでいて、農耕や牧畜を営み、すでに犂《すき》や樽や脱穀機を作っていた。戦闘にも長け、そのため、ローマはガリア人を支配するのに一世紀半もかかり、ユリウス・カエサルがガリアを征服したのは、紀元前五〇年ころだった。

ガリア人はたちまちローマ文化に同化し、ローマの言語を話すようになる。そのすぐあとにローマ人に征服されたブリタニア（大ブリテン島）のケルト人は、けっして同化しなかった。この相違はいまだに解明されていないが、ガリアはローマ人に征服される前からローマの経済圏に入っていて、住民がセステルスというローマの貨幣単位を使っていたという事情もある。ローマ人が、都市を基盤とする政治制度や魅惑的な都会文化、みごとな建築技術、完璧な表記法をそなえた言語をもってやって来ると、ガリア人はそのすぐれた点を見てとり、エリートがラテン語を話すようになるまでに、それほど時間はかからなかった。

ガリア人の言語は、現代フランス語の語彙にほとんど貢献しなかった。ガリア語（ゴール語）で生き延びた単語は百語にすぎず、**bouleau**（樺）、**sapin**（樅）、**lotte**（ワカメンタイ／タラ科の淡水魚）、**mouton**（羊）、**charrue**（犂）など、農村の生活や農耕に関係する語が多い。とはいえ、ガリア語が現代でも比較的よく知られているのは、フランス北部で地名や人名となって生き残っているからだ。パリという地名はガリア人の部族名パリシー（Parisii）にちなみ、biturigès（ビトゥリージュ・世界の王）からブールジュ、ベリーという地名が生まれた（相違は、アクセントがラテン語風かガリア語風かによる）。ガリア語はフランス語が独特の響きを発達させるのにも貢献したと考えられているが、現代フランス語はガリア語のアクセントで発音されるラテン語ではない。

ローマ人の占領と蛮族の侵入

ローマ人の占領により新しい言語が誕生し、新しい言語は現代フランス語の形成に重要な役割を果たす。ガリアにあったローマの属州では、読み書きができた人は人口の一パーセントで、書くときにはラテン語を用いた。残りの九九パーセントは粗野で民衆的なラテン語を話し、これがやがてガロ=ロマンス語と呼ばれる。ガリア語は、ガリアでは紀元四、五世紀までにすっかりすたれたが、ノルマンディーでごくひと握りの人びとが九世紀ごろまで話していた。

ガロ=ロマンス語は、紀元五世紀に西ローマ帝国が崩壊したあとも、長いあいだ勢力を保っていた。ゲルマンの「蛮族」は一世紀前からすでにガリアに侵入していて、ヴァンダル族、ゴート族、サクソン族、ヴァイキング族などの部族がフランス各地に定住し、もとからいた住民と混血する。侵入者は定住地に自分たちの言語の痕跡を大きく残したが、どの部族も地元のガロ=ロマンス語の地域語を取り入れた。やがてフランスの領土となる地域にさまざまな地域語が誕生し、いずれも、単語や言語的特徴に共通点が少なくない。最後に侵入したヴァイキング族は、ノース語と呼ばれた古代スカンディナビア語を話したので、ノルマン人と呼ばれた。十世紀初頭にセーヌ川河口付近に定住し、強力なノルマンディー公国をうち立て、ほかの侵入者同様、やがてガロ=ロマンス語の地域語を話すようになる。古代スカンディナビア語で現代フランス語に残っている語は、crabe（蟹）、homard（ロブスター）、vague（波）など海洋関係の数語にすぎないが、ノルマン人はフランス語の将来に多大な影響を与えることになる。のちにイングランドを征服するひとりのノルマン人のおかげだ。

あらゆる侵入者の中でフランス語の発展に最大の影響を与えたのは、フランク族だ。一族はドイツ北部からやって来て、西ローマ帝国の崩壊で生じた権力の空白を埋め、四三〇年に今日のベルギーに連合国を作り、フランシアFranciaと名づける。四七六年に西ローマ帝国が滅亡するとガリアの属州に侵入し、ルテティア（現在のパリ）に国を築いた。国王クロヴィス一世の治世に南フランスからスペインにおよぶ広大な地域を手に入れ、敵対する部族を征服し、ガリア全域の支配を固める。クロヴィスが開いた王朝は三百年続く。フランスの建国神話では、クロヴィスはフランスの最初の国王とされている。後世の国王でクロヴィスClovisの変化形ルイLouisを名乗った王は少なくない。フランク族の政治的影響力は盛衰を見るが、それでも七百年続いた。

フランク族はほかの侵入者同様、いち早くガロ＝ロマンス語を取り入れたが、国王は十世紀末までは二か国語（もうひとつはゲルマン語）をあやつっていた。強大な権勢を誇っていたため、現代フランス語に残した単語の数はゲルマン人侵入者の中で最大で、現代フランス語の単語のおよそ一割がゲルマン語に由来する。fauteuil（肘掛け椅子）、gant（手袋）、robe（ドレス）、champion（チャンピオン）、guerre（戦争）などだ。現代フランス語は、単語の八割がラテン語あるいはガロ＝ロマンス語に由来するとはいえ、フランク族の影響で、ラテン語から派生した言語の中でもっともゲルママン的だと言われる。フランク族は強力な「ブランド」も生み出した。一〇世紀までは、パリの王はフランク族の王と呼ばれ、ドイツ人は今日でもフランスを Frankreich（フランク族の帝国）と言う。数百年の歳月が流れ、フランク族の言語はフランス語 françoys として知られるようになる。

どんな言語も、音声体系、文法、語彙の三つの要素で構成され、それらの要素はつねに変化している。語彙は、ほかの言語との接触や侵食（言葉が音や音節を失う傾向）により、変化がもっとも速い。発音と文法はゆっくり進化し、比較的安定しているため、言語の骨格をなす。フランク族はガリアで話されていたラテン語に影響をおよぼし、文法と音声体系の新しい骨組みを与え、もとのラテン語と異なる言語を生み出す。八世紀には、ラテン語を話す聖職者でさえ新しい言語を話した。ピカルディーの修道士が編纂した語彙集はそのまぎれもない証拠。ラテン語の単語およそ千三百語を、ラテン語から遠い土地の言葉に訳したもので、のちにライヒェナウの語彙集と呼ばれる。

やがて、このフランス祖語にロマンス語という新しい名称がつけられた。八一三年のトゥールの公会議で、聖職者は田舎のロマンス語で説教するよう奨励される。これは、教会の外の人びとがラテン語ではなくロマンス語を話していたことをはっきり示す最古の証拠だ。ロマンス語という名称は、当時フランスで話されていたラテン語起源のどの言語も指し、スペインやイタリア、ルーマニアのロマンス語と区別するためガロ=ロマンス語とも呼ばれる。

ストラスブールの誓約

フランスのロマンス語で書かれた最古の完璧な文献は「ストラスブールの誓約」だ。フランク王国のシャルルマーニュ大帝（在位・七四二～八一四年）のふたりの孫、ドイツ人王ルイとシャルル禿頭王が八四二年に交わした盟約で、一通がロマンス語、もう一通はフランシークと呼ばれたゲルマン語系の土地の言葉《ヴェルナキュレール》で書かれた。誓約によると、ルイは、ロマンス語を話すシャルルの臣下の前でロマンス語で宣誓し、シャルルは同じ宣誓をルイの臣下の前でフランシークで行った。ただし、現存する誓約書は一世紀後に原本から書き写した複製なので、ロマンス語版が実際にはどのようなものだったのか、たしかなことはわからない。そのあとのロマンス語の文献「聖女ウーラリの続誦(聖女の殉教を詠んだ二十九行の叙情詩。八八〇年あるいは八八一年作)」はもっと確実だ。

二点の文献を比較すると相違がはっきりわかる。「ストラスブールの誓約」は堅苦しい外交用語で書かれ、ラテン語の影響があきらかに見られる。**In o quid il mi altresi frazet**(「彼が私に対して同じことをするという条件で」)という文がラテン語でないことは、専門家でなければ気づかない。ところが「続誦」には、フランス語を読む現代の読者に判読できる文がある。

Buona pulcella fut eulalie.　貞淑なる乙女、ウーラリ。
Bel auret corps bellezour anima.　見目麗しく、心はそれにもまして美しい。
Voldrent la veintre li deo inimi.　神の敵は我がものにしようとした。
Voldrent la faire diaule servir.　悪魔に仕えさせようとした。

両者には相違があるものの、どちらの文献も、ロマンス語が新しい言語の骨格を持ち、もはやラテン語ではなかったことを明白に示している。主要な変化は語尾変化の侵食だ。語尾変化には、名詞の語尾を変化させて文の中での機能を示すものがある。ラテン語と古英語に見られる特徴で、ラテン語では、単語は文のどこに置かれても語尾がその機能を示す。たとえば、rosa（バラ）は主語だが、rosam は直接目的語。ラテン語の名詞には語尾変化の格が六つあり、文の中で単語が果たす六つの機能（主格、呼格、対格、属格、与格、奪格）に対応する。九世紀のロマンス語では、語尾変化は単純化され、主格と対格のふたつの格だけが生き残った。たとえばロマンス語という名称は、主語のときは主格で romanz、目的語になると対格で romanans と書かれた。

語尾変化の侵食はさらに続き、その後、数百年のあいだにフランス語の名詞は格変化を失い、おもに文中の単語の位置が文法的な機能を示すことになる。主語はたいてい動詞の前に置かれ、目的語は動詞の後ろに置かれる。とはいえ、現代フランス語には昔の格体系の痕跡をとどめる語がある。代名詞の me（私に、私を）は、ラテン語の ego（私）の対格（目的語形）だった。現代英語には昔の語尾変化の特徴がもっと多く残っていて、アポストロフィーつきの s、《my father's（父の）》などは、ラテン語の属格（所有格）の名残だ。

フランス語は長年のあいだにこのような複雑な規則をほとんど切り捨てたが、その結果、独自の規則も発達させ、冠詞の数が増えた。ラテン語では、語尾は文における機能だけでなく性や数に応じて変化するが、ロマンス語は格がなくなったので、性・数を示す印が新たに必要になり、定冠詞 li, lo, la, 不定冠詞 un, une, uns などが作られた。これはラテン語にはまったく見られない特徴だ。

ラングドックとラングドイル

十世紀には、フランスは公爵領、侯爵領、伯爵領などの所領地に分かれ、ラテン語、フランク族やゲルマン人の言語などが入り混じったさまざまな地域語が話されていた。十四世紀には、ロマンス語のこうした地域語は大まかにふたつの地域に分かれていた。「はい」を「オック」と言うロワール川以南のラングドック（オック語）と、「オイル」と言う北部のラングドイル（オイル語）だ。オイルもオックも、当時ラテン語で「はい」と言うときに使われたhoc（ホック・これ、あれ）から派生した。南部ではhを落として、oc（オック）となった。北部では、どういうわけかoに短縮されて限定詞が加えられ、o-jeは「私は同意する」、o-nosは「私たちは同意する」、o-vosは「あなたたちは同意する」となるが、煩雑だったので中立的なo-il（オイル）「それは同意する」に落ち着く。この語はピカルディーやノルマンディー、シャンパーニュ、オルレアンの地域語で使われた。ラングドイルを話した地方は、ほかにも、パリからずっと南のアンジューやポワティエ、ブルゴーニュがある。ラングドイルとラングドックという名称は誰が作ったのか、学者が議論を闘わせている。イタリアの詩人ダンテは、早くも一三〇四年の著書『俗語論』で、ラングドイルとラングデシ（イタリアのロマンス語）に対してラングドックという言葉を紹介した。ラングドイルで五番目に重要な言語はワロン語で、ワロン語はやがてベルギーの地域語になる。

ラングドックは十一世紀から十二世紀にかけて黄金時代を迎える。そのころ、トルバドゥールと呼ばれる放浪の楽士集団が町から町へと旅し、理想的な宮廷愛を称える詩に旋律をつけた新しい形式の詩を広めた。新しい形式の詩は北部の無骨な叙事詩、武勲詩とはきわめて異なり、文学としてもてはやされ、南部の支配者、トゥールーズ伯とアキテーヌ公が勢力を伸ばすのに貢献する。北部の吟遊詩人、シャンパーニュのトルヴェールも南部の旋律つきの詩を取り入れ、世に広めた。

リンガフランカの誕生

ラングドックとラングドイルの影響から、フランス語は首尾一貫した表記法をそなえてじゅうぶんに発達する前に、すでに広まりはじめていた。十世紀から十一世紀のあいだにロマンス語は世俗の事柄をあつかう言語の地位をヨーロッパで確立し、ラテン語を宗教の領域に追いやるのに手を貸す。とはいえ、ラテン語はその後も数百年は、科学と哲学の言語だった。地中海沿岸地方では漁師や船乗り、商人がイタリア語混じりの稚拙なラングドックを使っていた。これはリンガフランカ **lingua franca**（フランク人の言語）と呼ばれる口語で、長年のあいだにイタリア語やスペイン語、トルコ語の影響を受ける（今日では、リンガフランカは、経済、外交、科学などで用いられる、母語ではない共通言語を意味する）。

地中海沿岸地方のリンガフランカは誰の母語にもならず、そのため、文献がほとんど残っていない。復元しためずらしい例が、モリエールの十七世紀の喜劇『町人貴族』に見られる。モリエールは旅回りの役者だったが、ルイ十四世の宮廷に召し抱えられた。『町人貴族』では、偽のトルコ人なる登場人物がリンガフランカを話す（第五場　イスラム教の大僧正のセリフ）。

Se ti sabir, / Ti respondir;	知らば、答えよ
Se non sabir, / Tazir, Tazir.	知らざれば、黙れ、黙れ。
Mi star Mufti / Ti qui star ti?	われ大僧正、汝何者？
Non intendir, / Tazir, tazir.	わからぬか、黙れ、黙れ。

（鈴木　豊訳）

リンガフランカを地中海沿岸地方で主要な言語にしたのは十字軍だ。十字軍戦士はフランス人が圧倒的に多く、ドイツ人やイギリス人も多数参加したが、アラブ人は十字軍戦士をひとまとめにしてフランジと呼んだ。フランス語には、敵の言語であるアラビア語から入ってきた単語が、amiral（提督）、alcool（アルコール）、coton（綿）、sirop（シロップ）など、ほぼ千語ある。科学用語ではalgèbre（代数）、alchimie（錬金術）、zéro（ゼロ）などアラビア語がかなり幅広く使われていて、当時アラブ人が学問の分野で最先端を行っていたことを物語っている。

イングランドのフランス語、アングロノルマン語

ラングドイルの最大の「輸出」先はイングランドで、輸出はふとした過ちから始まった。イングランドのエドワード懺悔王は、ノルマンディー公ウィリアムと重鎮のハロルド・ゴドウィンソン公爵のふたりに王位を継承する約束をしてしまったのだ。一〇六六年にエドワードが世を去ると、ウィリアムはヘイスティングズに上陸し、戦闘でハロルドをうち破り、イングランド王位を手に入れて即座に結着をつけた。自分が使っていたラングドイルのノルマンディー方言をイングランド王国の言語と定め、以後四百年近く、歴代国王はフランス語を話すことになる。その後、英語を母語として話した最初のイングランド王はヘンリー四世（在位・一三九九〜一四一三年）で、次のヘンリー五世（在位・一四一三〜一四二二年）は英語で公文書を書いた最初の国王になる。

ウィリアムは有能な国王で、各地に臣下を配し、新しい封建制度を確立し、効率のよい行政を敷いてイングランドをヨーロッパで最初の中央集権国家に仕立てた。イングランドの貴族や役人、宮廷の召使い、商人階級はたちまち足並みをそろえ、国王の言語を話すようになる。聖トマス・ベケ

ットは、生前はフランス語風にThomas à Becketとして知られていた。詩人チョーサーの先祖は靴屋（フランス語でchaussier）だった。しっかり確立されたロマンス語を話す貴族と古英語を話す庶民が混ざり合って新しい言語「イングランドのフランス語」が誕生し、アングロノルマン語と呼ばれるようになる。この言語は、ラングドイルを話す人びとには完璧に理解でき、また、フランス語に初めて英語的語法、bateau（船）、nord（北）、sud（南）、est（東）、ouest（西）などを伝えた。騎士物語を代表する武勲詩「ローランの歌」はアングロノルマン語で書かれ、最初の一節を見るだけで、この言語がいかにフランス語的かよくわかる。

Carles li reis, nostre emperere magnes,
set anz tuz pleins ad estêd en Espaigne,
Tresqu'en la mer cunquist la tere altaigne ……

国王カール、偉大なるわれらが帝王は
スペインにまるまる七年赴いて、
山岳地帯を海の際まで征服した。

イングランドがフランス語の発展にどのくらい大きな貢献をしたか、フランコフォンはおそらくわかっていないだろう。イングランドの宮廷は騎士物語文学を生み出す中心的な存在で、初期のアーサー王伝説は、ほとんどがアングロノルマン語で書かれた。神話の円卓が初めて登場したのは、チャンネル諸島ジャージー島出身のロベール・ワースの『ブリュ物語』で、一一五五年にフランス語で書かれた。イングランド人のウィリアム・カクストンは一四八〇年にフランス語と英語の最初の「語彙集」を出版した。

ノルマンディー公ウィリアムがイングランド王の座を手に入れてのちの四百年間は、古英語とロマンス語の交流は、ロマンス語が英語に入る方向で行われた。英語の基本的な語彙でフランス語に由来するものは四分の一なのか、半分なのか、言語学者のあいだで意見が分かれている。議論は、ラテン語に由来するとされている借用語があることにも関係し、ラテン語に由来すると考えられると、実際にはフランス語から入ってきた事実がとかくあいまいになる。charge（料金）、council（会議）、court（宮廷）、debt（借金）、judge（判事）などは、十一世紀のロマンス語から直接、借用され、しばしばつづりに何の修正も加えられていない。

アンリエット・ヴァルテールは著書『思い邪なる者に災いあれ』で、「フランス語と英語は密接に関連して発展してきたので、アングロフォンの学生はフランコフォンよりもらくに古フランス語を読む」と述べている。理由は単純。acointance, chalenge, plegeといった語は、フランス語から姿を消してしまったが、英語ではacquaintance（顔見知り）、challenge（挑戦）、pledge（宣誓）となって、本来の意味のままで残っている。bacon（ベーコン）という言葉は、今日のフランコフォンはイギリスからの外来語と言ってけなすが、昔のフランク族の言葉が英語に根を下ろしたものだ。foreign（外国の）、pedigree（家系）、budget（予算）などは生粋の英語と考えられているが、じつは、ロマンス語の単語が英語のアクセントで発音されていて、もとは、forain, pied-de-grue（鶴の足——系統を示すために家系図で使われた印）、bougette（財布）だった。

アングロノルマン語は、ロマンス語の地域語の例に漏れず、急速に発展する。当初、ウィリアムの家臣はほとんどがノルマンディーとメーヌの出身だったが、時がたつにつれ、ピカルディー人やフランク人もイングランドの宮廷に連れてこられた。英語は、フランス語の成立に作用したさまざまな動きを調べるのに格好の資料と言える。château（城）という語では、ノルマンディー方言の異形castelからcastleが生まれ、パリ地域の異形chastelからchastelain（城主）、châtelaine（女城主）が生まれた。こうした例は枚挙にいとまがない。chasser（狩る）は、パリ周辺ではchacierと発音されたがノルマンディーではcachierと発音され、英語のchase（追う）とcatch（捕まえる）が生まれた。ノルマンディー方言のreal、フランス語のroyal、ラテン語のregalは、どれも「王の」を意味したが、英語ではreal（ほんとうの）、royal（王の）、regal（堂々たる）と意味が異なる。leal（忠実な）、loyal（誠実な）、legal（法律の）も同じ道をたどるが、leal（loyal, legalの両方の意味を持つ）はすたれた。warranty（保証）とguarantee（保証）は同じ語がノルマンディー方言とフランソワ語のアクセントで発音されたものだ。Guillaume（ギヨーム）がWilliam（ウィリアム）に、guerre（戦争）がwar（戦争）に、Gaul（ガリア）がWalloon（ワロン）になったのも、発音の変化で説明できる。

英語が深い愛国心を表現する手段になったのは、フランス語よりもずっと前で、早くも十三世紀には、イングランド人はフランス人に対抗して自分たちの国を定義しようと必死になっていた。この現象が、本人たちは認めようと認めまいと、今日たいていのアングロフォンがフランス人にいだく魅力と嫌悪感の妙に入り混じった気持ちの源泉になっているのは、まちがいない。ノルマン人の国王がフランスの領土をイングランドに加えてイングランド王国として統一しようとすると、もちろんフランス人は抵抗して、あまり知られていないほうの最初の百年戦争（一一五九〜一二九九年）

が勃発した。抗争は長びき、アングロノルマン人の貴族はどちらかに味方しなければならなくなる。イングランド側についた貴族は地元の庶民と接触し、英語への同化の道を歩みはじめる。一三六二年、イングランド国王はさらに政策を推しすすめ、「訴答手続き法」を制定し、アングロノルマン語は禁止され、英語を王国の法制度で唯一の公用語とすることが定められた。フランス人がフランス語について同様の宣言をする百年も前のことだ。それでも、法律用フランス語と呼ばれたアングロノルマン語の法律用語が十八世紀まで使われつづけた。ブリテン王国の標語 **Dieu et mon droit**（「神と我が権利」）とガーター勲章の銘 **Honi soit qui mal y pense**（「思い邪なる者に災いあれ」）はイングランド王国がフランス語を使っていた時代の名残だ。

イングランド人とフランス語

イングランドでは、フランスとは仲が悪くても、フランス語が長いあいだ知識人と紳士の言語となり、植民地でさえそうだった。その証拠となる言葉がいくつかある。**gentil**（優しい）は三度借用され、**gentle**（十三世紀、優しい）、**genteel**（十六世紀、気取った）、**jaunty**（十七世紀、陽気な）となった。チョーサーは『カンタベリー物語』を英語で語ったが、百五十年後のトマス・モアは『ユートピア』をラテン語とフランス語の翻訳で出版した。ようやく英語版が出たのは、著者の没後だった。フランス語と英語のつながりは今日まで色濃く残っている。第二言語教育の統計を見ると、フランス語は英語圏諸国で一貫して健闘している（巻末付録表4、6参照）。フランス語から英語への借用は相変わらずかなり多い。

フランス語は、今日でも、アングロフォンにとって粋で趣味のいい、すぐれた言語だ。フランス語のこのような特徴は、アングロフォンがフランス語にいだきがちな愛憎関係の中で、ときに肯定的、ときに否定的な意味になって表われる。もっともよく知られた例は『ハリー・ポッター』シリーズだ。著者のＪ・Ｋ・ローリングは、エクセター大学でフランス語を学び、貴族気取りの悪玉の登場人物に、マルフォイ（悪魔信仰）、ヴォルデモート（死の飛行）、レストレンジ（よそ者）など、あきらかに古フランス語からヒントを得たか、フランス語が語源の名前をつけている。ウィリアム征服王は、自分の勝利が千年にもわたって英語の語句の意味に影響をおよぼすとは、夢にも思っていなかっただろう。

フランス語の確立へ

フランスに話をもどすと、ラングドイルは、ラングドックとの百年におよぶ生き残りの戦いで、まさに勝利を手に入れようとしていた。勝利はパリとフランク族の隆盛に負うところが大きかったが、とてもあてにできるものではなかった。フランク族のシャルルマーニュが築いた広大な帝国は、息子たちの対立やノルマン人の侵攻に耐えられず、十世紀を迎えるころには所領地の寄せ集めとなっていた。パリに身を落ち着けていたフランク族の国王は、名目上は最大の領主で、司法制度の最高の裁決者だったが、実際には、「臣下」つまりフランドルやアキテーヌ、ブルゴーニュなどの領主のほうが勢力が大きく、自前の軍隊や通貨、司法制度を持ち、誰の指図も受けず、勇猛果敢に独立を守っていた。フランク王国の事態は悪化し、九八七年には国王の継承者がいなくなった。そこでフランク族のユーグ・カペーなる人物を国王に据えるが、この男はドイツ語を話さなかったので、クロヴィスにさかのぼるドイツ語を話す国王の伝統が途絶えてしまう。

カペーと継承者のカペー朝は同盟や政略結婚、戦争といった駆け引きを巧みに利用し、その後の四百年にわたり領土を広げ、国王が各地の領主や教会を支配する体制をふたたび確立する。フランク族の権勢は増大し、フィリップ・オーギュスト（フィリップ二世、在位・一一八〇～一二二三年）が自らをフランク族の王ではなくフランス国王と宣言しても、眉をひそめる者はいなかった。

フィリップ・オーギュストはラングドックに死の一撃をお見舞いして、たちまち衰退に追いこんだ。ラングドックは依然としてトルバドゥールの人気にあやかっていたのだが、一二〇九年に教皇インノケンティウス三世がアルビジョア派征伐の十字軍運動を提唱して風向きが変わる。アルビジョア派はカルカッソンヌに基盤を持つ異端派で、フランス南西部に勢力を伸ばしていた。フィリップはアルビジョア派に対する攻撃により権勢を伸張し支配を強化しようと考え、教皇に援助を申し出る〈実際には、南フランスの王領編入への道を開いたのは、フィリップ・オーギュストの息子ルイ八世で、一二二六年に南部平定をほぼ完成し、二九年にパリ条約を結んだ〉。この攻撃でトゥールーズは大打撃を受け、吟遊詩人トルバドゥールはスペインに去った。ラングドックはたちまち栄光を失い、一介の地域語になりさがり、それは今日まで続いている。

フィリップ・オーギュストは在位中に今日のフランスの領土の半分を強引に手に入れ、パリから役人を送りこんで全国に権威を押しつけた。教養のあるエリートは、ほんものの権力と結びつけられるようになった言語、フランス語（françoys）を話した。フランス語の歴史でこの時代がややこしいのは、フランス、フランク族、フランス語といった名称が明確な意味を持たず、しばしば混同して使われたからだ。十世紀以前は、フランス語といえば、パリで権力を握っていたフランク族に結びついていた。フランク族がロマンス語の北部の方言を話していたため、ラングドイルの方言はどれもfrançoysと呼ばれるようになる。十二世紀になるころには、françoysはパリ地方にのみ見られた話し方も指していた。十四世紀になると、ほかのラングドイルと区別された明確なひとつの言語を指していた。そのfrançoysがfrançaisとつづられるまでには、さらに三百年の歳月を要する。

十四世紀を迎えるころには、フランス語はしっかり確立されていて、フランス人の三分の一の命を奪った黒死病も、王国を瀕死の状態に追いこんだ百年戦争も、その勢力をくじくことはできなかった。マルコ・ポーロが大旅行の記録『東方見聞録』をイタリア語でなくフランス語で最初に口述したのも、十三世紀末だった。

フランス語は、正確にはどのように出現したのだろうか。十九世紀にフランスの言語学者ガストン・パリスが、フランス語はパリの方言から派生したという説を世に広め、それをフランシア方言francienと名づけた。フランシア方言は国王の言語だったのでロマンス語のほかの地域語よりも重要な地位にあり、そのままフランス語に発展したと考えたのだ。この説は魅力的で、長年のあいだ言語学者が教えてきたが、結局は真実半分、嘘半分だった。それどころか、フランシア方言なる方言が実在したという証拠は、どこにもない。

パリ方言説にはいくらかの真実もある。パリ方言は表記法が発展して、国王の領地でさまざまな地域語を話していた人びとがたがいに理解する手助けをした。パリはラングドイルの四つの重要な言語、ノルマンディー方言、ピカルディー方言、シャンパーニュ方言、オルレアン方言の交差点にあった。四つの方言はたがいに通じ、長年のあいだに区別がうすれて地域全体のひとつの地域語になり、françoys と呼ばれ、アクセントが変化して“français”、つまりフランス語になる。十二世紀までには、ピカルディーやワロン、ノルマンディーなどパリ周辺の地方出身の作家が文章から方言の特徴を取りのぞこうと努力したので、作品はより多くの人に理解された。とはいえ、地域的な特色はたちまち消えたわけではない。ベローの『トリスタンとイゾルデ』はノルマン語を話すトルヴェール（北部の吟遊詩人）の作品だし、クレティアン・ド・トロワの『円卓の騎士物語』は、あきらかにシャンパーニュ方言のアクセントがうかがえる。それでも作品を見ると、方言による相違を目立たなくする努力が意図的に行われたことがわかる。

フランスの辞書学者アラン・レイによると、十二世紀には、ガストン・パリスがフランシア方言と呼んだ書き言葉が、知識人のあいだで口語の形式ですでに存在していた。しかしフランシア方言が母語となるには、さらに長い歳月を要する。第二次百年戦争（一三三七〜一四五三年）中に、パリの都市部に住んでいた人びとの大部分が、フランス語と名づけたある種の共通語を獲得して、親から子へと代々受け継いでいった。語彙は年々増加し、商売や家庭で使われる言葉の領域を超える。この書き言葉が、数百年にわたって社会のあらゆる階層に日常の生活で何百万回も交わされ、ようやく共通の母語となった。

ジャージー島のジェリ語

本書の取材を開始したころ、ジャン＝ブノワはジャージー島を訪れた。イギリス海峡に浮かぶこの島は、ノルマンディーの海岸からほんの十六キロ沖にある。夢のような田園風景といった趣で、小さな街道が縦横に交差するひなびた農村地帯には、草が青々と茂り、中世の城やケルトの石の建造物が建っている。このちっぽけな島はイギリス王室の属領だ。モナコの五倍も外資を抱える租税避難地で、不思議なことに何百年間も自治を維持してきた。千年の昔にさかのぼる古めかしいアングロノルマンの法典を守りつづけ、資本家や富豪は財産保護に最適の法と考えている。

けれどもジャン=ブノワが見物に出かけた目的は、というか実際には聞きに行ったのは、もうひとつのりっぱな歴史的遺産、ジェリ語だ。ジェリ語は、英語を話す多数派の島民が「ノルマンフランス語」と呼び、聞き慣れていないと、発音をまちがえたフランス語のように聞こえるが、実質的に独自の言語で、古ノルマン語方言の生き残りだ。この方言はフランス語のもとになった言語のひとつで、十一世紀にイングランドに伝えられた。独自の音声体系、統語法、語彙を持つが、顕著な特徴は th 音の使用で、これは英語にはふつうに見られるが、標準フランス語には存在しない。「父」は paithe、「母」は maithe、「兄、弟」は fraithe で、フランス語の père, mère, frère と異なる。

ジャン=ブノワは、ジェリ語の保存に努めるジェリ語協会のジェレイント・ジェニングズと三日間過ごした。ジェレイントはジェリ語で話し、ジャン=ブノワはケベックフランス語で答えた。おそらく、七百年前のパリあたりでさまざまな方言で交わされた会話と似かよっていただろう。たしかに、フランス語とジェリ語は語彙と文法のおよそ四分の三が共通し、フランス語とハイチのクレオール語よりも共通点が多い。フランコフォンなら、よい耳と変化形にめげない忍耐力があれば、会話のほとんどが理解できる。ジェレイントはジャン=ブノワに島を案内した。三日後には、ジャン=ブノワはジェリ語で道を尋ねるのに、ほとんど助けを必要としなかった。

今日では、ノルマン語が話されている地方は、ほかに、近くのガーンジー島と、ノルマンディーのコタンタン半島とペイ・ド・コー（フェカン近郊）の三か所しかない。ジャージー島とガーンジー島では英語なまりで、フランスではフランス語なまりで話されている。ジャージー島でジェリ語を話す人は二七六四人で、島の人口の三パーセントにもならない。しかも、日常生活で使っている人はわずか百十人。その結果、ジェリ語の使用はおもに農村部の聖ウーアンと聖マルタンの教会区に限られる。とはいえ、中心都市セントヘリアの市場で耳にすることもあるだろう。ジェリ語を話す人びとは、ジェリ語を農村の因習に閉じこめて自分たちを守ってきた。

ジェリ語は、百年くらい前までは近代社会に即していたが、とても時代についていけなくなった。ジェリ語の寿命が時間の問題だということは、ジェレイント・ジェニングズも承知していて、ジェリ語を現代社会に合わせようと懸命に努力している。協会のホームページ作成者として、率先してコンピュータ用語を加えようとしたこともある。このような改善は、世の中の趨勢をやり過ごしてきたからこそ生き延びてきた社会では、議論の余地があると考えられている。

フランス語の進化

北部ロマンス語ラングドイルは、人々が発音や文法を「取引き」する中で融合して、フランス語になった。詩の研究から、フランス語が十五世紀初めころには独特の音を発達させていたことがわかっている。アクセントが単語からなくなるか、語尾あるいは文末に移動していた。格体系はすっかりなくなり、文は主語—述語—目的語という標準的な語順になっていた。sとzは機能が変化し、主格と目的格ではなく複数を示し、語尾にeをつけ加えると女性を示した。冠詞（le, la, un, une)、所有代名詞（le mien, le tien)、所有形容詞（mon, ton, son)、指示詞（ceci, cela, ce, cette）が出そろい、二人称単数で tu（君）を使う親称形と vous（あなた）を使う敬称形が区別される。au, eau などの二重母音と三重母音は、かつてはどの音も発音されていたが、すでに o の音に融合していた。疑問文で倒置法が使われるようになったが、「ほしいですか」と尋ねるときに veut-il? と言うのか veut-y? と言うのか、まだ迷いがあったようだ。英語の疑問文の does や do に相当する est-ce que を使って尋ねる方法も登場しはじめていた。

フランス語のつづりはこの時代に大きく進歩する。そのころ表記の明確な規則をそなえていたのはラテン語だけで、地域語を表記するのはきわめて新しい試みだった。フランス語の場合、表記はたやすくなかった。古ラテン語の二十三文字だけで（j、u、w がない)、およそ四十の音を表したからだ。およそ二十の子音と二十の母音の発音は、時代や地域で異なる。十二世紀までは、フランス語の表記は発音にかなり忠実だった。このような表記体系では、vit は「八」なのか「彼は暮らす」なのか、vile は「油」なのか「都市」なのか区別できない。読み書きをする人がごくわずかで、書くことが日常生活でそれほど重要でない時代には、それでも大過はなかった。ところが、政治や商業が発達して事情が変わり、たちまち、あいまいな表記が誤解や論争、訴訟を招いた。

そんなわけで、教養人、おもに公証人や聖職者は、発音されない文字を導入して単語を区別するようになる。h は人気者だった。「油」は vile（都市）に h を加えて hvile と書き、「八」は vit（彼は住む）に h を加えて hvit と書いて区別した。doi（指)、vint（二十）はラテン語の digitus, viginti にならって g が加えられ、doigt, vingt となり、「野原」、「歌」を意味する chan は、ラテン語のcampusをまねてchamp（野原）に、cantusをまねてchant（歌）になる。フランス語の再ラテン語化はおもに公証人や聖職者や学者の気取り屋趣味の産物でもあり、こういった連中はラテン語の文字を加えるとフランス語に箔がつくと考えたが、それほど理路整然としていたわけでも、首尾一貫していたわけでもない。「六」のsiをsi（もし）と区別するためにxを加えてsixとした。これはラテン語の「六」sexにならっていて、ついでに「十」のdiにもxを加えた。ところが、これはラテン語の「十」のdecemとは何の関係もない。こういった変化の中には単語の発音に影響を与えたものもある。six, dixもその例で、以前は「シー」、「ディー」と発音されていたが、「シス」、「ディス」と語尾のxがsと発音される（言語学ではつづり字主義《オルトグラフィスム》と呼ぶ）。

一二六五年には、現代の意味でのフランス語françoysが話されていたことがわかっている。この時代までに、基礎となった数々の地域語から差異化され、単なるリンガフランカではなく、子どもの成長とともに伝授される母語となった。社会的にも政治的にも、ほかの地域語よりもすぐれているとも考えられた。それゆえ、十四世紀になるとドイツの貴族がフランス語を学びはじめる。だが、新しい地域語が普及したからといって、ほかの地域語がすたれたわけではない。ピカルディー方言やノルマンディー方言、シャンパーニュ方言、オルレアン方言は引きつづき数百年間、幅広く使われ、その後衰退した。地域語は、オック語のように社会的な地位が低下するにつれて俚語《パトワ》になりさがり、やがてジェリ語のように、語彙が時代の流れについていけなくなるのだった。

2 国家を作ったことば

フランソワ一世（在位・一五一五〜一五四七年）は、先代のおとなしくて影の薄いふたりの国王とはまったくちがった。身の丈二メートル近く、美食家で狩猟の名人。一五一五年に弱冠二十歳で王位につく。イタリアはマリニャーノで「無敵の」スイス傭兵隊をうち破り、その統治は雷鳴のとどろきのごとく始まった。大砲を使用して近代戦の時代を切り開く一方で、中世の王さながら、敵に突進する騎士を率いた。騎士道の価値観と近代思想が渾然一体となり、ヨーロッパ中でフランス王が称賛と憧れの的となる。

王の名声を広めたのは、豪勢な宴会はもとより、知識人や詩人や芸術家を大勢抱えていた宮廷もそれに勝るとも劣らなかった。フランソワは芸術をこよなく愛し、芸術愛好家としてはルイ十四世にもけっしてひけをとらない。イタリア・ルネサンスに大いに触発され、近代化を熱心に推しすすめ、フランスを優雅で洗練された芸術大国に変身させたのだ。フランス語の発展にも貢献し、言語と国家を明確に結びつけた最初のフランス王で、以後、今日まで異彩を放っている国家との関わりが、フランス語に固有の特徴となる。さらに重要なことは、フランスとフランス語がラテン語をしだいにお払い箱にしたことだろう。

ヴィレール＝コトレの勅令

私たちはパリから北に八〇キロのヴィレール＝コトレにフランソワ一世が建てたルネサンス様式の城を訪れた。城は数十年前から老人ホームになっていて、フランソワがロワール川流域に建てた数々の有名な城と異なり、今ではどちらかというとあまりぱっとしない。入り口に掲げられた小さな看板によると、この城でフランソワ一世が一五三九年八月にヴィレール＝コトレの勅令に署名した。勅令はフランス語の基盤を築いた法令として名高いが、とくに言語についての規定ではない。「裁判法に関する勅令」という表題で、フランスの社会を組織して管理するために、聖職者の権限を宗教問題に限定して、国王にさらに大きな権力を与えるのがねらいだった。

当時、カトリック教会は教皇の中央集権的な権威のもとでみごとに組織され、多大な影響力と勢力を誇っていた。フランソワ一世は軍隊を招集することもでき、役人六千人を従えてはいても、フランスで日常生活の問題を取り仕切っていた聖職者軍団の力にはおよばない。教会は教会法を定め、裁判を行い、手紙の配達までしていた。聖職者は道徳問題はもとより、国王の振る舞いにも口を出す。国王は教会の言うことに従い、そむいたら、教会は国王の敵を優遇した。

フランソワ一世は教会の脅威がどこにあるか先代の国王たちよりもよく理解して、フランスで芽生えていた絶対主義を新しい段階に引き上げた。「陛下《ヴォートル・マジェステ》」と呼ばれた最初の国王で、国家の権力をカトリック教会の勢力範囲にまで押し広げ、支配をフランス全土におよぼそうとした。独自の郵便制度を確立し、王室財務局を設立する。財務局は税収を中央に集中させ、徴税制度をフランス全土に行きわたらせ、税収は王室の金庫を潤し、イタリアでの戦争の軍資金になる。

フランソワにとってヴィレール＝コトレの勅令は、教会の権限を弱め、自らの権限を強化する手段だった。国家は初めて、役人が就任・宣誓を行う方法、法廷で証人が陳述する方法、判決が下され守られる方法を定めた。教会はもはや世俗の判事にたてつくことはできない。聖職者は誕生や結婚、死亡を記録する登録簿を保管したが、文書はすべて公証人の連署が必要になった。

言語が受けた影響はというと、勅令の第一一〇条と第一一一条が、すべての決定と行政文書の作成はこれより「フランスの母語によりなされ、ほかの言語ではない」と定めている。「ほかの言語」とはおもに、教会が使っていたラテン語だ。これ以降、フランス国内の公文書はすべてフランス語で作成されるよう指示される。ラテン語に対する攻撃であることは、フランス語を「母語（langage maternel）」としていることから説明できる。十六世紀の語法では、「母語」とは、父語に対して家庭で話される言語で、父語は教会で使用されるラテン語を指した。

言語条項によってフランソワはふたつの問題を解決する。まずラテン語の使用を減らし、司法における教会の影響力を弱めた。プロテスタントとカトリックのあいだで中立の立場をつらぬくことも忘れない。十六世紀のフランスでは宗教をめぐる緊張がきわめて高く、臣下は、ほかの忠誠はさておき、自分がカトリックなのかプロテスタントなのかを表明した。プロテスタントに改宗する貴族はひきもきらなかった。すべてのフランス人の王となるには、カトリックだけの王であるわけにはいかないことをフランソワは承知していたのだ。プロテスタントは、ローマ教皇を拒絶し、下層階級に手をさしのべるためにラテン語をしりぞけ、地方の言語を奨励した。勅令がラテン語をしりぞけて土地の言語としてのフランス語の使用を奨励すれば、プロテスタントのお気に召すことを王は心得ていた。

勅令は、ラテン語だけでなく、当時フランスで話されていたさまざまなロマンス語や非ロマンス語も禁止の対象にした。フランス語以外の言語で公務を執行したり、公文書をしたためたりするのを禁じることで、フランソワは自分が抱える役人の権限を強化し、いまだにフランスの統治に首をつっこんでいた公爵や伯爵など貴族の権限を弱めた。

勅令には、従わない人に対する罰則が定められていない。フランソワ一世はともかくも全領土に勅令を実施することはできなかったのだ。何らかの無言の抵抗があったことはたしかで、全面的に適用されたわけではなかったが、王国は勅令を受け入れたと大方の歴史家は見ている。文法家ピエール・ド・ラ・ラメが、プロヴァンス議会から送りこまれた派遣団のおもしろい話を記録している。一行は、プロヴァンス語の使用を国王に認めてもらおうと、遠路はるばるパリまでやってきた。国王はフランス語でなければ陳情を聞かないと言う。そこで派遣団は何か月もかけてフランス語を学び、ふたたび王に謁見した。すると王は、フランス語に反対する陳情をフランス語で行うなど馬鹿げていると、派遣団を追い返してしまったというのだ。

勅令はフランス語の普及に役立ったのだろうか。大方の歴史家の見解では、それほど大きな影響力はなかったらしい。フランス語は何百年も前からすでに権力と結びついた言語になっていて、独力で広まっていた。ブルターニュでは、十一世紀から法廷で使われ、一二六〇年には公用語になっていた。モントリオール大学のセルジュ・リュジニャン教授がフランス語の発展について調査し、一二八五年から一三八〇年までに公営登記所で書き写された勅許状を調べたところ、一三二〇年代の後半に言語の使用に大きな変化があった。一三二八年には八割がラテン語で書かれていたが、二年後には、フランス語が八割になったのだ。その後も紆余曲折はあったが、全体としてフランス語に向かう傾向は続いた。トゥールーズの議会は一四〇〇年代初めごろからフランス語を使い、ボルドーでは、一四四四年に、公証人の文書に用いられる言語がガスコーニュ方言からフランス語になる。フランソワ一世の時代には、権力を手に入れたければフランス語が必要になっていたのだ。

当時の作家の作品やヴィレール゠コトレの勅令の原文を見ると、フランス語は、そのころまでには、現代の特徴をほとんどそなえていたことがわかる。十六世紀のフランス語はゴチック体で書かれているので読みづらいが、語順はあきらかにフランス語で、ロマンス語ではない。それでも混乱がないわけではなく、複数形がsとzの両方で示された。どちらがいいのか、確信が持てなかったのだ。動詞の語尾から主語がはっきりしている場合には、スペイン語のように、主語代名詞がしばしば省略された。**nous voyons**（私たちは見る）は、主語の**nous**を省き、動詞の**voyons**だけになる。そのほかは現代フランス語と変わらず、少なくとも現代の読者にも理解できる。

文化政策の元祖フランソワ一世

フランス語を奨励するためにフランソワ一世が行った政策はほかにもあり、フランス語にとって、ある意味で勅令よりも重要だった。偉大なるフランスにこだわったシャルル・ド・ゴールの執念、レオポール゠セダール・サンゴールのフランコフォニー国際機構の構想、ピエール゠エリオット・トルドーのカナダ式公用語二言語政策には、フランソワの事業の名残がうかがえる。フランソワ一世は、文化奨励政策を編み出し、とりわけ政策をフランス語と結びつけた最初の国王だ。

フランスをヨーロッパの文化大国に育てあげるのは、並大抵の仕事ではなかった。当時フランスは豊かな国土、強大な軍事力と宗教への影響力を誇っていたが、フランス人自身は粗野な連中と見られていた。フランソワ一世はイタリアで際限ない戦争を続けて国の金庫を空っぽにしてしまったかもしれないが、フランスにイタリア・ルネサンスをもたらした。まず一五一六年にレオナルド・ダ・ヴィンチと数点の作品をともなって帰国し、息子のアンリ二世をフィレンツェのメディチ家の娘カトリーヌ・ド・メディシスと結婚させ、カトリーヌがイタリアの料理人をぞろぞろ引き連れてきて、フランスにイタリア料理が導入される。フランソワは音楽家や画家、作家、彫刻家を大勢宮廷に招き、革新を奨励し、重要な問題で意見を求めるふりをして、仕事をどっさり与えた。ロワール川沿いに新たに八城を築いてフランスに建築ブームを巻き起こし、それまでは主塔がひとつある要塞にすぎなかったルーヴル宮殿を改修し、パリに市庁舎を建設した。フォンテーヌブロー城では、画家に新しい様式や技法を開発させる。フランス絵画で最初に描かれたなまめかしい人体描写もその一例で、印刷機と版画の技術のおかげで広く流布する。フランソワはこうした活動を通して、ヨーロッパでのフランス人の評価を大いに高めた。

フランソワはフランスの知的水準も向上させた。人文主義者《ユマニスト》を抱えこむことにしたのだ。人文主義者とは、宗教色のない汎ヨーロッパ主義の知的エリート集団を形成しつつあるグループだった。ギリシアの古典に感銘を受けたイタリアの思想家に触発され、宗教や科学の教義よりも人間の経験を重視した。フランソワ一世は王立教授団――今日のコレージュ・ド・フランス――を創設し、ギリシア語、ヘブライ語、数学など、保守的なソルボンヌ大学が教えるのを拒否した学科を王室のお抱え講師六人に教えさせた。学校は無料で誰でも聴講でき、講師たちはソルボンヌ大学とのしがらみがなく、新しいものは何でも拒む宗教裁判からも保護されていた。

教会は当時の新しいものを敵視し、ギリシア語を教えなかった。フランソワ一世は王立印刷所を設け、ギリシアの古典を出版する。また、蔵書を王室の図書館にひとつにまとめ、思想家や作家に開放した。自らも二百編にのぼる詩を作り、バレエを踊ったルイ十四世、文才豊かなシャルル・ド・ゴール、現代美術の愛好家ジョルジュ・ポンピドー、原始芸術の収集家ジャック・シラクにいたる芸術を愛好する元首の先駆者となる。さらに言えば、文豪アンドレ・マルローはド・ゴール政権下の文化大臣だった。ドミニク・ドヴィルパンは、首相になる前に外務大臣として国連でイラクに関するフランスの立場を弁護しているころ、詩に関する大部の著作を発表している。

フランソワが文化に寄せた関心は純粋だったが、芸術を芸術のためだけに奨励したわけではない。芸術の奨励は、ヨーロッパに芽生えていた世論に影響をおよぼし、スペインとオーストリアとオランダを支配していた神聖ローマ帝国とくらべると劣勢のフランスの立場を補強するために、周到に計画した作戦の一環だった。成果のほどはいざ知らず、人文主義思想家の第一人者エラスムスは、名君としてしばしばフランソワ一世の名をあげた。

ラブレーの自由奔放なフランス語

フランソワ一世はフランス語を熱心に奨励したが、規範を与えることは何もしなかった。十六世紀のフランス語は理路整然とした言語とは言えず、スペイン語やイタリア語などラテン語系の各国語から単語を借用し、語彙が急速に増大する。イタリア語からの借用は、arcade（アーケード）、

balcon（バルコニー）、concert（コンサート）、cavalerie（騎兵）など二千語にのぼる。その結果、地方や外国の言語から入ってきた外来語が豊富になる。

現代の読者から見れば、十六世紀のフランス語でもっとも驚くべき点は、くだけた言語であることだろう。フランス語を話す今日の人びとはたいてい、とりわけ純粋主義者は、フランス語が生まれながらにして明晰で規則正しい言語だと思いこんでいるが、十七世紀になるまでは、理路整然とした正確なところなどひとつもなかった。フランソワ一世治下の作家は方言や外国語から単語を借用し、好き勝手に新語を作り、動詞を名詞にして、基本的には自分の好みに合わせて言語をあやつった。作家は、この大規模な創造性と創意工夫によって、情熱的で活気に満ちた作品を書いた。

フランソワ・ラブレー（一四九四ころ～一五五三年）は、この時代の自由奔放な創造性のまさに申し子だろう。初期の著作に名前をアナグラム〈つづりを並べ替えてべつの言葉を作る〉でアルコフリバ・ナジエ（François Rablais→Alcofribas Nasier）と記した。医者で、ユーモアに満ちた本に人生を捧げた元修道士。座右の銘は「人間だけが笑う」。正真正銘のルネサンス人で、迷信や大学の堅苦しい教育を嫌い、わけてもソルボンヌは大嫌い。自分の考えを土地の言語フランス語で出版したので、可能な限り多数の読者に読んでもらうことができた。巨人ガルガンチュアと「負けず劣らず」ひどい息子パンタグリュエルの「身の毛もよだつ」冒険を描いた物語は、大部分が教会と大学に対する批判に見えすいた偽装をほどこしたものだ。『パンタグリュエル物語』の八章では、「拙者の観ずるところによれば、今の世の強盗、獄吏、野武士、別当と雖《いえど》も、拙者が時代の博士、伝道師よりも博学と覚え候（渡辺一夫訳）」と述べている。修道士の基本的な規則は「意のままに為せ」であるべきと考えた。ソルボンヌ大学が五点の著作をすべて禁書にしたのも、当然と言える。

作品はフランス文学の古典になったとはいえ、古典的なところなどひとつもない。ラブレーは自由に言葉を創作し、構文や新しい句を工夫し、外来語を文章に取り入れた。豊富な語彙と自由奔放な点は、コルネイユやラシーヌなど後世のフランスの文人よりもシェイクスピアと共通している。シェイクスピアと同様に、読みづらい場合もあるのは、当時の基準から見ても文章が荒っぽいだけでなく、創意工夫が奇想天外だからでもある。全体的な印象は、パンタグリュエルの冒険を描いた第四之書では、ソーセージと戦う話が語られている。サイケデリックの一歩手前。quintessence（神髄）、dive bouteille（神聖徳利）、faire la bête à deux dos（背中がふたつある獣になる、すなわち性交する）など、新語や後世に残る言いまわしを作った。

印刷術の出現

ラブレーの本がよく読まれたのは、当時の文芸活動を隆盛に導いた技術革新、印刷術のおかげでもある。印刷術は一四三〇年代にストラスブールで発明される。そのころフランスの都市では、エリート層が急増していた。読書熱がルネサンス期の相対的な繁栄により中流階級のあいだで高まり、世紀を通じて増大する。それまでは、知識を身につけるには、修道院に入って勉強するか、修道院で教育を受けた教師を雇うしかなかった。本が自由に手に入るようになると、書かれた言葉に対する成金趣味のようなものが生じる。もうラテン語を勉強しなくてもよい。本を買えば知識を身につけられるのだ。当然ながら、この風潮がフランス語の使用に拍車をかける。一五〇一年にフランスで出版された本のうちフランス語で書かれたものは一割だったが、一五七五年にはほぼ半分になった。

印刷術の出現はプロテスタントの出現とも時を同じくした。一般に、プロテスタントは、カトリック教会の言語であるラテン語よりも各国の言語を好み、カトリックと異なり聖書を読むことを奨励する。聖書は一五三〇年と一五四一年にフランス語に翻訳される。プロテスタントの神学者ジャン・カルヴァンは宗教論文をフランス語で著した。一五二〇年から一五四〇年にかけてルターの著書がフランス語に訳され、一五五〇年以降は、フランス語がフランスのプロテスタント教会の言語とされる。ジュネーヴやアムステルダム、フランドル地方の都市は、教会や王室の検閲の手が届かず、フランス語印刷所の避難場所になった。以後二百年間、フランスの都市エリート層の相当数がプロテスタントに親しむことになり、この現象によってフランス語がヨーロッパ全土に広がる。

つづりの統一

こうした活動はつづりと文法に大きな影響を与えた。十六世紀にフランス語の規則と標準を作る取り組みを推しすすめたのは、印刷業者だ。フランス語の音を書き記す仕事は比較的新しく、つづりと文法は試行錯誤の中にあった。アポストロフィー(')が記されることはめったになく、冠詞は単語から分離されていなかった。jとuはまだ新顔だったので、新しい文字なのか、iとvを気取って書いたのか、見わけがつかない。たいていの人がuとvを区別しないで書いた。十七世紀半ばになっても、「知る」のつづりは何種類もあった (connoistre, connaistre, cognoistre, cognaitre など)。

印刷業者は経費を節約するために簡潔な字体を求めた。王室御用達印刷業者ジョフロワ・トリーは一五三〇年代にフランス語を体系化して、一躍有名になる。著書『万華園』でアクセント記号とアポストロフィーの使用を奨励し、活字の費用を考慮して、ゴチック体の文字を捨て、コンパクトで印刷で紙幅をとらないローマン体を用いた。こうした変化は一夜にして実現したわけではない。sは十七世紀になってもſとも書かれた。アクセント記号もこの時代に導入される。トリーはéなどのアクサンテギュ（´）、ë、ï、öのトレマ（¨）、çのしっぽみたいな記号セディーユの使用を奨励したが、それでも表記はテキストによりまちまちで、同一のテキストでも一貫性がなかった。

言語を体系化する運動が進行すると、つづりの規則がどうしても必要になり、必然的に、つづりを発音に合わせるのか、語源に基づかせるのかという問題が生じる。スペイン語やアラビア語などの現代語では、つづりは発音に合わせている。英語とフランス語はどちらも語源に基づくつづりを維持してきた。つづりが発音と一致する単語もある。そうでないものは、単語の歴史を反映している。そんなわけで、作家のビル・ブライソンが著書『英語のすべて』で指摘しているように、英語にはsh音のつづりが十四通りもあるのだ。sure（たしかな）、attention（注意）は発音に合わせたら、shur, atenshunとつづられるはずだ。フランス語のつづりは、英語のつづりと同様に、つじつまが合わない。ドイツ語でさえ、文法はややこしくても、つづりはフランス語や英語よりもはるかに発音に忠実だ。

フランスの印刷業者は、つづり字改革に取り組んだものの、手本とするものがほとんどなかった。印刷業者がこぞって基準に賛成するのなら改革は成功しただろうが、印刷業者はとかく独自の表記体系にしがみつき、アクセント記号をてんでんばらばらに使った。読者がそれぞれの業者の表記に慣れ親しんでいるので、表記を変えたりしたら客が離れて商売があがったりになると心配したのかもしれない。印刷業者がつづりとアクセント記号の変化形を一掃するのに、十六世紀のまるまる百年かかった。ほんものの標準ができるのは、フランス語文法の著作が登場してからだ。

しかも古い習慣はしぶとい。語源に基づくつづりはすでに知識人のあいだで定着していた。文法家のジャック・ペルティエ・デュ・マンとルイ・メグレは、フランス語のつづりをより発音に忠実にしようと提唱した。提案されたつづりはどれも理にかなっていたが、受け入れられなかった。その後の数百年間にもつづりをさらに発音に合わせる試みがなされたが、どれも失敗する。フランス語を話しても字の読める人がもっと少なくて、取り立てて言うほどの伝統などなかったら、改革は根づいていたかもしれない。ところが、語源に基づくつづりはすでに規範になっていて、規範を変えるのはつねに困難なのだ。

文法は、それまでは修道士や王室の書記の守備範囲だったが、十六世紀のあいだに文法自体が研究の対象になる。フランソワ一世と同様に、文法家（印刷業者が多い）はラテン語にとらわれていた。文法研究のおもな動機は、フランス語を定義するというよりも、ラテン語やイタリア語といかに異なるかを示すことだった。フランス語の最初の本格的な文法書を書いたのは、じつはイギリス人で、一五三〇年にジョン・ポールズグレーヴが『フランス語解説』を国王ヘンリー八世と王女のメアリーに献上した。メアリーはルネサンス期に広まった外国語学習熱に翻弄されたらしい。二十年後にルイ・メグレがフランスで最初の文法書『フランス語文法論』を出版し、十数冊の文法書があとに続いたが、十六世紀末までは、つづりと文法の変化形はまだ消え去らなかった。

プレイアド派の活躍

フランスの作家がフランス語の正当性や重要性に確信が持てない時代があったなどとは考えられないが、十六世紀はそういう時代だった。フランス語は、民衆向けの作品や、繰り返し句のある定型詩ロンドーや定まった形式のない叙情短詩マドリガルなど中世の詩形式には適切だが、「もっと高尚」な形式の文章や学問、科学には向いていないと見なされ、こういった分野はもっぱらラテン語の縄張りだった。フランソワ一世は何らかの形でフランス語を規制することはなかったが、政策はたしかに、少なからぬ芸術家や詩人、大科学者、印刷業者の努力を正当化した。これらの人びとは、ラテン語を捨てて政治や大学、医学や詩など高尚な分野にフランス語を導入して、フランス語を一流の言語に仕立てようとしていた。

ある意味では、作家がこの運動の先頭に立った。もっとも過激な反ラテン語運動をくり広げたのは、詩人集団だ。最初は「ブリガード（部隊）」と呼ばれていたが、やがてもっと詩的な名称「ラ・プレイアド（すばる）」が選ばれる。プレイアド派の詩人は売り出し中の作家で、自らを文学の前衛芸術家と位置づけようとした。その宣言書『フランス語の擁護と顕揚』はフランス語を擁護してラテン語に対抗する告発状で、ヴィレール＝コトレの勅令が公布された十年後の一五四九年に発表される。詩人ジョアシャン・デュ・ベレが署名し、頌歌、書簡、哀歌、悲喜劇など再発見された古代ギリシアや古代ローマの文学形式にフランス語を使うよう詩人に熱心に訴えた。「フランス人への忠告」という章で、「我々はなぜ自らに対してこんなにもきびしいのだろうか。自分たちの言語を使うのが恥ずかしいかのように、どうして外国語を使うのだろう。……汝の言語で書くことを恥じるなかれ」とデュ・ベレは述べている。議論は、フランスのミュージシャンが自分たちの言語でロックンロールを作れないものかと考えた二十世紀の議論に驚くほどよく似ている。

プレイアド派の訴えは、フランソワ一世の政策により俄然、重要性を増す。デュ・ベレの『擁護』はさまざまな意味で、詩人が自らの芸術をめぐってくり広げた論争だが、科学や芸術の分野でフランス語の使用を奨励する計画も含んでいた。これが当時の作家に、文体よりも言語に独創性を求めさせ、その結果、暗喩や直喩が倍増する。

自他ともに認めるプレイアド派の指導者ピエール・ド・ロンサールは「詩人の王、王の詩人」ともてはやされ、アレクサンドランの詩形を発展させた。アレクサンドランは十二音節の韻文で、フランス詩の規範になる。プレイアド派のもうひとりのメンバー、アントワーヌ・ド・バイフは十五音節の詩の形式、バイフ詩形を編みだした。プレイアド派詩人が手にした自由は、ラブレーが滑稽な散文という卑俗な芸術で取り入れた自由とよく似ている。プレイアド派は以後三十年のあいだ、自分たちの計画を推進し、ときにはきわめて想像力豊かにフランス語を発展させた。

フランス語で書いたモンテーニュとデカルト

ラテン語はヴィレール=コトレの勅令やデュ・ベレの『擁護』で攻撃の矢面に立たされたものの、十六世紀のフランスで重要な言語であることに変わりなく、とりわけ教育と文化で重要だった。だが時代は変わりつつあった。それをミシェル・ド・モンテーニュ（一五三三〜一五九二年）の人生に見ることができる。モンテーニュはボルドー東部のペリゴールに住んでいた魚屋あがりの貴族の家庭に生まれ、親は息子に貴族の身分にふさわしい教育をほどこして、新たに獲得した地位を固めようと考えた。ふつうなら、モンテーニュの母語は、アキテーヌ地方で話されていたラングドックのガスコーニュ方言だっただろう。ところがモンテーニュが口をききはじめると、父親はドイツ人家庭教師を雇い、ラテン語だけで話しかけるよう命じ、それどころか、家族全員がラテン語で話した。ラテン語浸けの教育の結果、モンテーニュは六歳でラテン語をぺらぺら話し、その後の学校生活では、ラテン語と格闘している級友をしり目に退屈な時間を過ごした。めずらしいことに、ラテン語浸けの生活はその後も理想的な展開を見せ、社会的出世という望ましい成果をもたらし、モンテーニュはボルドー市長となり、将来のアンリ四世、ナヴァールのアンリ王に伺候し、密使にもなった。

モンテーニュは文学の道を歩みはじめると、ラテン語でもガスコーニュ方言でもなく、フランス語で書き、文学のまったく新しい分野を切り開いた。マキャヴェッリやエラスムスと肩を並べるルネサンス文学の代表的な文人に数えられ、私事をつづる随筆というジャンルを編み出す。四十八歳の一五八〇年に刊行した『随想録』では、自分の気持ちや体つき、はては便通についてまで説明し、「ギリシア風の」愛の長所について思いをめぐらせている。名句「それは彼であったから。それは私であったから」はラ・ボエシーとの友情を述べ、今でもよく引用される。モンテーニュの姿勢と筆致は現代的なので、註釈がなくても原文で読むことができる。

ラテン語は神学や哲学など学術分野の言語として生き延びていた。一六二〇年代のパリ大学では、学生はフランス語を話しているところを見つかると、むちで打たれた。デュ・ベレの宣言書とヴィレール＝コトレの勅令からほぼ百年後の一六三七年に、哲学者ルネ・デカルト（一五九六〜一六五九年）が初めて哲学論文をフランス語で出版する。『方法序説』である。デカルトはあらゆる知識を数学の単一的な原理で統一しようと考えた。座標幾何学を編み出し、物理学の方法論と基本原理への功績は計り知れないほど大きい。長大な序章は、疑問に基づく方法を解説した哲学の必読テキストで、かの有名な命題「我思う、ゆえに我有り」が登場する。それでも、十七世紀半ばに、デカルトは、ラテン語ではなくフランス語で書いた自分の選択を正当化する必要があると感じていた。フランス語は科学で使うには粗野すぎると考える学者のサークルが少なくなかったのだ。

わたしが、自分の国のことばであるフランス語で書いて、わたしの先生たちのことばであるラテン語で書かないのも、自然〔生まれつき〕の理性だけをまったく純粋に働かせる人たちのほうが、古い書物だけしか信じない人たちよりも、いっそう正しくわたしの意見を判断してくれるだろうと期待するからである。そして良識と学識を兼ねそなえた人びと、かれらだけをわたしの審判者としたい。

（『方法序説』、谷川多佳子訳）

デカルトはその次に発表した哲学書『省察』と『哲学の原理』ではラテン語にもどったが、フランス語を使うことで新しい道を切り開いていた。デカルトと当時の人びとはフランス語に多大な貢献をして、フランス語が発展する次の段階に向けて基礎工事を終えていたのだ。次の段階とは、アカデミー・フランセーズの誕生だ。

3 「明晰であれ」という理想——アカデミー・フランセーズ

二〇〇四年夏、私たちはジョージア州アトランタで開催された国際フランス語教授連合の世界大会に出席した。大規模な催しで、百十五か国から千三百人が出席し、出席者の中にはフランス、カナダ、ケベック、ベルギー政府の代表もいた。しかも大会の開会講演を行ったのは、誰あろう、アカデミー・フランセーズの終身幹事エレーヌ・カレール゠ダンコース。彼女はシャネル風のスーツに身を包み、学者らしい威厳に満ちて、フランスで言語の基準を維持するという昔からの差し迫った事態についてとうとうと述べた。参加者の少なくとも四分の三は幹事の話を聞くためにやって来た。かなりの人数だ。幹事は世界各地から集まった聴衆を持ち上げて、「フランス語の開拓者《ピオニエ》の皆さん」と呼んだ。

幹事に反感を持つ人もいた。幹事は肩書きの女性形化に断固として反対し、聴衆（おもに女性）の中にはその姿勢を受け入れがたいと感じた人も少なくない。フランス語には、中性という性の区分がない。肩書きはたいてい男性名詞だ。幹事は女性形の冠詞 la をつけた LA secrétaire perpétuelle（終身幹事）ではなく、男性形の冠詞 le を使って、Madame LE secrétaire perpétuel と呼ぶようきっぱりと要求した。聴衆の中に眉をひそめた人がいても、講演が終わると拍手喝采を受け、演壇から降りたときには、遠くは韓国や中央アジアやアフリカからきた教師たちが何十人と取り巻き、いっしょに写真に写ろうとした。集まった人びとが胸を躍らせたのは、かのアカデミー・フランセーズのトップと同席していたからだ。

アカデミー・フランセーズに対する賞賛は歴史が古い。アカデミーは過去四百年に七百数名の会員を選出し、会員は今でも、たとえ世を去ったあとでも、「不死の人びと〈終身会員〉」と呼ばれている。フランスでは、新会員選出のもようが夕刻のニュースで報じられる。フランスには、ほかにも科学、芸術、歴史、人文の四つのアカデミーがあるが、国内でも国外でもこのようにつねに注目を集めているのは言語アカデミーだけだ。

自分たちの言語を大切にするのはフランコフォンに限らないが、フランコフォンの姿勢は世界的な言語を話す人びとの中でも特異だ。フランス語は文法やつづりの規範を固守するべきだと考えているのはもとより、フランス語を「不朽の傑作」とか「芸術作品」だとまで言う人も少なくない。文法の規則や認められてもいい語彙が、知識人の集まりでしばしば議論の種になり、あらゆる階層や出自のフランコフォンのちょっとしたおしゃべりの中で話題になる。フランス語はたしかに進化するが、いつでも、あるフランス語はよくて、あるフランス語はいけないという考え方が深く浸透した背景に抗して進化する。「それは誤りだ」とか「こう言うべきでしょうか、ああ言うべきでしょうか」というセリフはしょっちゅう耳にする。つまるところは規範だ。フランコフォンなら誰でも心の奥で、理想的で純粋なフランス語がどこかに存在すると思っている。そのどこかとは、少なくとも象徴的には、アカデミー・フランセーズだ。

純粋主義の闘士マレルブ

アカデミー・フランセーズが言語の純粋主義を生み出したとたいていの人は考えるが、そんなことはない。「純粋主義者」という言葉がフランス語に登場したのは一五八六年で、アカデミー・フランセーズが創設される何十年も前だ。本来は倫理的な意味を持ち、清教徒と同意語だった。十六世紀にフランス語で執筆した作家は自由な精神の持ち主で、フランス語を独創的にあやつった。こういった動きは一六二五年にはすでに変化のきざしが見え、純粋主義者という言葉は言語の矯正と結びつけられるようになり、それから数年後にアカデミー・フランセーズが創設される。

言語の純粋主義を最初に擁護したのは、実際に作品を読んだフランコフォンがほとんどいない詩人フランソワ・ド・マレルブ（一五五五～一六二八年）だ。文学の天才が作品によって文化全体の方向性を決定した例はいくつもあり、シェイクスピア、ヴィクトル・ユゴー、ゲーテ、セルバンテスなど枚挙にいとまがないが、マレルブのように、たったひとりの人間が全国民の国語観に影響を与えた例はきわめて少ない。マレルブはほぼ独力で言語の概念を作り出し、それがおよそ四百年にわたって著者と読者、教師と学生、書く人と話す人、フランコフォンとフランスびいきの人びとに支持され、そのために果敢に闘う人を輩出してきた。

マレルブは、一六〇〇年代初めにフランス文学界で頭角を現したときには、すでに中年にさしかかった法律家だったが、アレクサンドランの詩で有名になる。アレクサンドランの詩とは十二音節の詩型で、ロマン主義の時代を迎えるまでフランスの詩と演劇の標準だった。「そして薔薇、彼女は薔薇のごとく生きた／朝のひととき」は彼の詩でもっとも有名な一節で、葬式でよく用いられる。

マレルブは一六〇五年に五十歳で国王アンリ四世の宮廷詩人となり、ルイ十三世のもとでもその地位を維持したが、当時の人びとのあいだで名声を博してフランス語で最初の正真正銘の権威者となったのは、詩ではなく文芸批評によってだった。批評の中で明晰、正確、厳密を説き、すぐれた文章は装飾や反復、手垢のついた言いまわし、地域的な特色、誇張などがあってはならないと唱え、同義語をしりぞける。単語にはそれぞれ定義がひとつあり、ひとつの定義はただひとつの単語に当てはまるべしと言うのだ。当然ながら、先達のバロック的な美学を忌み嫌い、とりわけプレイアド派のロンサールとデュ・ベレを嫌った。プレイアド派が文章を飾りたて、美辞麗句を並べるのは愚の骨頂と考え、新語を作るのが目的で新語を作るなどもってのほか。弟子で文法家のヴォージュラは、「新しい言葉を作るなど、誰にも、国王にさえも許されない」と述べる。

マレルブは暇つぶしにロンサールの詩に手を入れて、言葉のおよそ半分を削除した。のちに伝記を書いたオノラ・ド・ラカンが「ということは、残りは認めるんですね」と尋ねると、答える代わりに、残っていた言葉を消した。フランス語についての見解は、大半が一六〇六年までにしたためられていた。この年には、同時代の詩人フィリップ・デポルトへの痛烈な批判『デポルト註釈』を書き、「作るなら、詩篇よりもスープのほうがまし」と酷なことを言う。デポルトの肩を持つ人びとには、「皆さんの過ちを集めて、皆さんの詩よりも長い本を書きましょうか」と反論した。

マレルブは人類史上最大かつもっとも厚顔無恥な俗物言語学者だった。伝記作家が描く姿は、気難しいあら探し屋といったところ。生涯をかけて、見つけられる限りの誤り、あるいは誤りだと自分が考えたもの、誤りを犯した人物を片っ端から、口でと言わず筆でと言わず攻撃した。vent（風）という言葉を抹殺したがったのは、「おなら」の同義語だから。pouls（脈拍）が気に入らないのは、発音が pou（しらみ）に似ているから。怖いものなしで、国王アンリ四世の息子で将来のルイ十三世まで槍玉にあげた。Louys ではなく Loys と署名したと言うのだ。この名の表記は定まっていなかったので、廷臣たちは気づいたとしても、あえて指摘しなかっただろう。マレルブは言葉の地方色を嫌い、それが高じて、「費やされた」のもっとも適切な言葉は dépensé か dépendu かと尋ねられると、「前者のほうがフランス語らしい。pendu はフランス南部地域語のガスコーニュ語に似ている」と答えた。ゲブノー博士なる医者の治療を拒んだことがある。「犬みたいな名前」だからと言うのだ。いまわの時になっても、看病していた女性の言葉遣いを直した。

マレルブが暴君だったことに異論の余地はない。とりわけ語彙となると暴君ぶりを発揮した。ところが文法が顔を出すとぐっとおとなしくなり、原則と、実際に使われているフランス語との一致する点を探した。否定語 ne のあとに pas か point を入れるべしとしたのはマレルブだ。明晰という理想を求める姿勢は、学者気取りにとどまらない。ロンサール一派がいだいていた神秘主義をしりぞけたのは、詩人仲間にしかわからない暗語《ジャルゴン》が使われているからと言うのだ。より多くの読者が簡単に理解できるように、作家は平明な言語を使うべきだと主張した。

根を下ろす純粋主義

明晰であれというマレルブの信条はアンリ四世の支持を得た。ルイ十四世をもてはやす宣伝活動が功を奏し、明晰、純粋、対称性という理想は太陽王ルイ十四世の統治と結びつけられているが、この流行の元祖は、ルイ十四世の祖父アンリ四世だ。カトリックとプロテスタントの半世紀にわたる宗教戦争ののち、フランスは疲弊し、アンリは前の王たちの統治ときっぱり縁を切りたいと考えた。ロンサールやプレイアド派の詩人が追求したバロック的な美学から脱却するのだ。マレルブの文体は新しい時代を象徴しているように見えた。

一六一五年には、マレルブは詩の達人であるばかりか、言語の達人とも考えられていた。影響力が増し、アカデミーやサロンを作る人びとが出てきて、マレルブの説を否定したり、宣伝したりした。マレルブと弟子たちの努力が実を結び、方言、古語、同義語、重複語がすたれ、教養人の口やたいていの作家の作品から実質的に姿を消す。歴史家のフェルディナン・ブリュノが述べているように、マレルブが登場する前は、ほかの言語から言葉を借用するのは、ふつうだった。以後は、無知の証拠になる。この判断基準はその後二百年続き、いまだに英語からの借用をめぐる議論の根源になっている。

当時の作家がこぞってマレルブの教義に賛同したわけではない。ラ・フォンテーヌの寓話では古語が大きな比重を持っていたし、モリエールの喜劇では地域語が重要な要素になっていた。けれども、当時の文豪のほぼすべてが平明な言葉を使い、明晰と正確がフランス語の「美徳」となる。ラ・フォンテーヌの寓話やシャルル・ペロー（『眠り姫』、『青ひげ』、『シンデレラ』などの原作者）の物語は平明な言葉で書かれ、わかりやすい。ラシーヌの言葉は正確で、ほとんど単調の域に達している。モリエールは風刺劇『才女気取り』で言語の純粋主義を笑いものにしているが、文章はマレルブが述べていたとおりの新しい「規範」に従っている。純粋主義の威力は絶大で、一六六一年までは、フランス語のよき慣用は「懲らしめられたフランス語（un français châtié）」という新しい表現で示され、この言いまわしは現在でも使われている。

マレルブの理想が大きな影響力を持つようになった理由のひとつは、フランスで実際にフランス語を流暢に話していた人がきわめて少なく、推定によると人口の一五パーセント以下で、たいていは都市のエリート層だったことだ。ラシーヌはフランス南部を旅したときにフランス語でなんとか通そうとしたが、ヴァランスにたどりつくころには、言葉がまったく通じなかった。宿屋で尿瓶を頼んだら、女中がストーブを持ってきた。「寝ぼけた男が夜中の用足しにストーブを使うとどうなるか、わかるだろ」と友人のラ・フォンテーヌに手紙を書いている。

「近代性」も言語の純粋主義を推しすすめた要因だ。言語の純粋主義は、十九世紀、二十世紀に言語の堅苦しい保守主義と結びつけられるようになると、かつては進歩的と思われていたことなど、すっかり忘れられてしまったが、フランス語は、マレルブが行った宣伝活動で明晰と純粋という強力な美徳がそなわり、おかげで、当時のヨーロッパで使用されていた言語の中で、イタリア語を除けば、ラテン語やギリシア語など古典語に負けない規範を持つ、唯一の言語となった。

折りしも、この時代にはフランスで強力なサロン文化が芽生えていて、フランス語を期待されたヨーロッパ語に仕立て上げるのに一役買う。純粋主義は、結局はフランス語の普及をうながす一方で、エリート主義的な言語観を後押しした。マレルブは長く続くトレンドをもうひとつ誕生させた。評論家だ。評論家は単独であれ集団であれ、書いたり話したりするときに使われるフランス語の質を評価し、評論するのを生き甲斐とした。最大の影響力を持った評論家は、自らをマレルブの知的息子と考えた文法家クロード・ファーヴル・ド・ヴォージュラ（一五八五〜一六五〇年）。よきにつけあしきにつけ、マレルブの言語の純粋性探求にエリート主義的性格を与え、そのエリート意識がこの四百年間、実質的に無傷で生き延び、フランコフォン特有の一面となる。ヴォージュラは、「宮廷とパリの最高の人びと」が話す言語を標準にするべしと唱えた。「よき慣用（bon usage)」という言葉を作り、この言葉はまもなく創設されるアカデミー・フランセーズの信条となる。

アカデミー・フランセーズの生みの親リシュリュー枢機卿

アカデミー・フランセーズは、マレルブという純粋主義者の理想と当時進行していた政治上の権力闘争の申し子で、十七世紀初頭にパリで作られた私的なクラブのひとつとして出発する。クラブでは、マレルブの弟子を中心とした少人数の男女のグループが定期的に集い、言語について議論したり、自作の詩を詠んだりした。プロテスタントの資本家で読書家、詩人の庇護者のヴァランタン・コンラールが主催したクラブがアカデミー・フランセーズへと発展するが、クラブの誕生についてはあまり知られていない。集会は秘密で、記録は何ひとつ残されていない。友人が九人集まったコンラールのクラブは、一六三四年にルイ十三世の宰相リシュリュー枢機卿（一五八五〜一六四二年）の目にとまっていなかったら、闇に消えていただろう。

アカデミー・フランセーズがたちまち栄光を手にしたのは、リシュリュー枢機卿という個性的な人物のおかげだ。リシュリュー公爵アルマン・ジャン・デュ・プレシは高級官吏の家庭に生まれ、二十二歳でフランス最年少の司教となり、若くして頭角を現した。三十九歳でルイ十三世の重鎮となり、やがてフランス史上最大の影響力を持つ、名うての政治家に数えられる。強力なフランス国家を建設するという妄想にとりつかれ、固い決意と目的意識と精力を見せつけて当時の人びとを驚かせた。新しい概念——国家理性——の権化となる。多大な私財を投じて、国内であれ国外であれ、フランス王室の勢力にとって脅威となるものは誰でも、何でも、支配し、排除する。プロテスタントや貴族、さまざまな信仰を持つ外国の勢力はもとより、教皇庁も例外でない。

リシュリューはマレルブの信奉者で、フランス語に真剣に取り組み、当時の文学や言語に関係する事業に真正な関心をいだいていた。側近を集めた親密なサークルには作家が顔を並べている。初めてフランス語で文書を書いた神学者として知られ、言葉と雄弁が本来そなえている力を強く信じた。世に出てまもないころ、フィレンツェのアッカデミア・デッラ・クルスカを模倣したいと考える。アッカデミアは、フィレンツェの作家が使用する文語に明確な規則を定めていた。けれども、アカデミー・フランセーズに関する数少ない本の著者ルイ゠ベルナール・ロビタイユによると、アカデミー・フランセーズの創設には、それ以上にリシュリューの政治的な野望が関係している。リシュリューはパリのオテル・ド・ランブイエで開かれていた文芸集会を抹殺したかったのだ。集会は貴族の反体制運動の温床で、ルイ十三世の体制にとって脅威だった。リシュリューは集会を解散させるのではなく、根絶やしにすることにした。競合するサロンを設立して、国王のお墨つきを与え、あちこちのクラブから最高のメンバーを引き抜くのだ。

リシュリューは一六三四年に、コンラールが主催するクラブのうわさを耳にしたが、とくに選んだ正確な理由はわからない。リシュリューはさっそくクラブを公的な機関にしようと提案する。コンラールと仲間はあまり乗り気ではなかったが、ともかく同意する。アカデミー・フランセーズはつねにリシュリューの頭脳の産物と言われるが、実際に憲章を書いたのはコンラールと仲間だ。マレルブの精神に忠実にのっとり、その目的を「人びとの口から、あるいは議会や裁判所の群衆の中で、あるいは廷臣の誤った言葉使いの中で、言語についてしまったあらゆる汚れを一掃すること」と定める。第二十四条には、「アカデミーの主要な役割は、あらゆる配慮と努力をおしまず研究に励み、私たちの言語に明晰な規則を与え、言語が純粋で、雄弁で、芸術や科学の分野でも役に立つようにすること」とはっきり記されている。

アカデミー・フランセーズの誕生

コンラールのグループは、新しく作る団体を雄弁アカデミーと名づけようと考えたが、結局、「アカデミー・フランセーズ」に落ち着く。名称は「フランス語のアカデミー」とも「フランスのアカデミー」ともとれ、意味があいまいなおかげで、アカデミーはヨーロッパのほかの言語アカデミーが肩を並べることのできない権威のオーラをかもし出すことになる。名声は今日まで絶えず、世界で唯一の言語アカデミーだと思っている人も少なくない。まさに、ブランドが成功した世界で最初の——最大の——例と言える。

創設者たちはりっぱな標語「未来永劫に（à l'immortalité）」も選んだ。標語はもともとルイ十三世の永遠で神聖な権力を意味したが、王国よりも長生きする。一八三三年には、会員は「不死の人びと」と呼ばれていて、この肩書きは今日も使われている。エレーヌ・カレール＝ダンコースは三十七代目の会長で、会長はアカデミーの憲章で終身幹事と称される。今では仰々しく聞こえる肩書きだが、会員は生涯務める幹事を選んだということを示しているにすぎない。とはいえ、特別なオーラをかもし出すのに貢献した。コンラールは三十二歳で幹事に任命され、最年少で就任して最長の任期を務めた幹事となり、四十一年間その地位にあった（平均は十二年）。

アカデミー・フランセーズはアンシャン・レジーム（旧体制）で最初の民主的な機関のひとつだった。会員になるのに貴族の出自も大学の推薦状も必要ない。教養ある人びとの団体で、貴族でも平民でも、宗教者でも俗人でも会員になれる。言語に関心を持つ人びとの集まりだ。文学的才能はかならずしも必要ない。会員には作家や詩人だけでなく科学者や将軍、政治家、司教、聖職者もいた。初期の会員には、ルイ十四世の財務総監ジャン＝バティスト・コルベールから、キリスト教史を著した修道院長フランソワ・ティモレオン・ド・ショワジー（当時は異性装で有名）まで多彩な人物が名を連ねた。

アカデミーの創設は、旧体制派貴族の縄張りだったパリ高等法院に疑惑の目で見られた。貴族たちは、リシュリューが競合する政治団体を組織して自分たちの勢力を弱めようとしているのではないかと憤慨した。アカデミーが担う文芸の使命が奇異に見え、リシュリューが何やらたくらんでいるにちがいないとにらんだのだ。国王がアカデミーの憲章を承認したあとも、高等法院は二年半も登録を渋る。アカデミーの初期の会員で歴史家のポール・ペリソンによると、リシュリューは、アカデミーが言語と文学に関するもので、それ以外の何ものでもないことを高等法院に納得させるために、世間をあっと言わせる行動に出た。アカデミーを説得して、当時大好評を博したコルネイユの劇『ル・シッド』を公然と非難させたのだ。作戦が功を奏し、高等法院は一か月後にアカデミーを登録する。ただし、言語以外のものにはいっさい介入しないという条件つきだった。

アカデミー・フランセーズの仕事

純粋主義の擁護のほかにアカデミーが実際にどんな仕事をしたのかというと、創設者たちは、文法や修辞、詩学だけでなく、「技術や科学に役立つ一般的な用法」をまとめた辞書の編纂を自らに課した。フランス語に語彙、文法、修辞法、押韻の基準を確立しようというのだ。発足当時の会員は、一六三九年に作業に取りかかる前に、任務があまりにも野心的なことに気づき、対象をもっぱら辞書にしぼった。その目標でさえ、早くも腰砕けになる。最初の計画では、作品からの引用によって用法の規則を定めることになっていたが、とてつもなく面倒な作業だった。そこで、規則を作って自分たちで例文をこしらえることにする。語源の解説はいっさい省き、技術や科学関連の用語は除外し、ヴォージュラが定義した「よき慣用」に的をしぼる。「社会の最上層」で使われている言葉だけを定義したのだ。そんなわけで、アカデミーの辞書は、実際に使われているフランス語ではなく、いわば理想的なフランス語の辞書になり、それは今日でも変わらない。

会員の顔ぶれの弱点は、自説を頑固に主張はしても、フランス語から汚れを取りのぞくという自ら宣言した任務をまっとうするのにふさわしい人間がほとんどいなかったことだ。会員の大半が作家で構成されたことは一度もなく、文法家などほんものの専門家はつねに希少だった。アカデミーは、誕生したときから本質的に素人集団で、つねにそうだった。ここから、アカデミーがどんな仕事をして、何を達成できたのかがうかがえる。

辞書編纂の仕事は、その歴史を通じて、無能と遅延にさいなまれてきた。一六四二年には、迅速化をはかるために、会員のヴォージュラに給料を払って専任で辞書の編纂にあたらせることになった。ヴォージュラは自分の務めをわきまえて、一六五〇年に世を去る前にアルファベットのＩまでたどりつく。次の二十年でアカデミーはヴォージュラの仕事を見直したが、先には進まなかった。コルベールは作業が遅々として進まないのに業を煮やし、活を入れようと、全会員に給料を払うよう大臣のシャルル・ペローに指示する。規則によると、会合の開始時間に顔を出していた会員に給料が払われ、会合の最初の三〇分は、掛け時計が正確かどうかを論じて費やされた。ペローは最新式の時計を取りつけて問題を解決しようとしたが、それでも無意味な議論がいつ果てるともしれず続くことがあり、アカデミーにまつわる伝説として語り継がれるようになる。初期の会員アントワーヌ・フュルティエールは、ある委員会のメンバーを誰にするかで意見が分かれて、ふたりの会員が本を投げあった話をことこまかに述べている。

アカデミーの辞書と一般の辞書

筋道たてて言葉を定義し、基準を定めるのは、並大抵の仕事ではない。単語を選び、つづりも決めなければならない。つづりの候補がいくつもあり、異なる発音を反映している場合もある。「アスパラガス」のつづりは、asparge が正しいと言う人もいたが、asperge と決定した。「癒す」は guarir ではなく guérir に、「チーズ」は formage ではなく fromage になる。つづりが発音とまったく一致しない場合もあった。beste（獣）と teste（頭）の s は発音されない（のちに bête, tête とつづられる）。

つづりの選択は全体として保守的になりがちで、たいていは発音よりも語源で選ばれた。歴史家フェルディナン・ブリュノによると、選択が発音に基づくつづりから遠ざかったのは、語源を知らないと思われたくないと会員が考えたからだ。この傾向は階級闘争の表れでもある。知識人階級は権力にしがみつく手段として、複雑なつづりを奨励した。フランス語の習得を困難にすることで、自分たちの階級以外の人びとが権力の輪に入りにくくしたのだ。

アカデミーの辞書編纂計画ははなはだしく遅れたので、もっと意欲的な辞書学者がこっそり辞書を作っているのではないかと懸念され、一六七四年に、「よき慣用」の辞書を編纂する独占権が国王から与えられた。懸念は的中し、一六八〇年にセザル＝ピエール・リシュレが『語と事物を納めるフランス語辞典』を出版する。『リシュレ』という名で有名になるこの辞書は、フランス語で最初の単一言語の辞書で、ラテン語の引用がない。この分野でそれ以前の大作はジャン・ニコの『フランス語の宝庫』で、一六〇六年に出版され、まだ単語の一割がラテン語で定義されていた。『リシュレ』は見出し語二万五千語を収録し、一般向けの辞書の模範となる。宮廷で使われる最高の言葉だけでなく、市井の人びとの話し言葉はもとより科学、商業、技術の専門用語や文学作品の引用も載せている。大好評を博し、当時の標準的なフランス語辞典となり、一七三五年までに六版を重ねる。奇妙なことに、アカデミーはリシュレの縄張り侵入に異議を唱えなかった。リシュレにはりっぱな名声があった。一六六七年にフランス語で最初の押韻の辞書を作っていたのだ。リシュレはずる賢く、国王の力がおよばないジュネーヴで辞書を印刷した。

もうひとりの競争相手アントワーヌ・フュルティエール（一六一九〜一六八八年）はそれほど運がよくなかった。アカデミーの辞書編纂会議に毎回出席しながら、アカデミーに内緒で一六六〇年代に自分の辞書『百科辞典』の編纂に取りかかったらしい。規範的な辞書を作ろうとするアカデミーの姿勢に賛成できず、フランス人に必要なのは、現に一般の人が使用しているフランス語を記述するすぐれた辞書で、理想的なフランス語の辞書ではないと考えたのだ。ところがアカデミーの方針を変えようとはせず、こっそり仕事を進め、王に謁見したときになって初めて秘密がばれる。科学と技術関連の用語をあつかう辞書を編纂する独占権を手に入れ、その辞書にはアカデミーの縄張りである「よき慣用」を含めないという約束をしたのだ。これで亀裂が生じ、最終的には「よき慣用」も含める計画が発覚して、問題が深刻化する。アカデミーは、剽窃をはたらいたとしてフュルティエールを非難し、裁判に引っ張り出す。フュルティエールは、「よき慣用」の語彙に属す「海」や「火」といった単語の定義をしないで航海や化学の専門用語を定義するのは不可能だと理路整然と説明したが、結局、特権を失い、アカデミーから追放される。追放はきわめてめずらしい。世間から顧られず、病気を患い、辞書をオランダの出版社に売却し、一六八八年に世を去る。辞書が世に出たのはその二年後だった。

フュルティエールの『百科辞典』はアカデミーの辞書よりもはるかにすぐれていた。十七世紀の辞書の中でも最高のできばえで、当時のもっとも際だった知的業績と言える。単独で作業し、見出し語四万五千語を収録する世界で最初の百科事典的辞典を二十年足らずで完成したのだ。つづりが前世紀のままのものも少なくないが、言語は近代的だった。定義は明晰、客観的で、独善的なところがほとんどない。性器を露骨な言葉で定義し、cul（尻）、merde（糞）などの単語の定義には、本職の聖職者から予想されるようなお堅さはみじんもない。フュルティエールは人間のあらゆる活動に関心を持ち、解剖や医学、農業、海軍、科学にも目を向けた。「製糖工場」の定義では、西インド諸島とヨーロッパの工場を区別している。目新しい点はテーマ別の索引で、たとえば肉屋や靴屋が使う特殊な用語の意味を調べる読者向けに、商業用語が列挙されている。けれどもフュルティエールの名声はアカデミーによってうち砕かれ、『フュルティエール』が『リシュレ』や、現代の『ロベール』、『ラルース』のような定評を得ることはなかった。とはいえ、フュルティエールの『百科辞典』は偉大であるがゆえの究極の賞賛にあずかった――複写され、盗用され、模倣されたのだ。最終的には十八世紀の百科全書派に着想を与えた。

完成した辞書のできばえ

アカデミーは、笑い者になるのではないかという不安と論争に駆り立てられ、一六九四年にようやく『辞典』を刊行する。五十五年におよぶ作業のすえだったが、ルイ十四世でさえ、献呈されたときに落胆を隠せず、「皆の者、これが長年待たれていた作品だ」としか言いようがなく、フランスで感心した者は誰もいなかった。定義はわずか一万三千項目。つづりはフュルティエールの辞書とほぼ同じだったが、定義が簡潔で、ぶっきらぼうと言ってもいいくらい。「人間」は「理性を持った動物」と定義され、「女性」は「人間の雌」。見出し語の並べ方はたいていアルファベット順だったが、語源で分類された単語も少なくない。matrice（子宮）は mère（母）の下に並べられた。規範性の強い解説がなされ、用法についても例外ではなく、moy（私を）や je（私は）などの適切な使い方を長々と述べている。古語は不適切とし、定義のあとに「古くさい」と添えられた。取りこぼしが多く、académie（アカデミー）という単語をあやうく載せ忘れるところだった。françoys

（フランス語）は一七四〇年の第三版でようやく掲載される。

見出し語の選択には、率直なところ、小首をかしげる。anglais（英語、イギリスの）は、二〇一〇年代に刊行予定の版には登場するようだが、これまでのどの版にも載っていない。この取りこぼしがますます奇妙なのは、anglais を語根とする anglaise（ダンスの種類）、anglican（英国国教の）、anglicanisme（英国国教会）、angliciser（イギリス風にする）、anglicisme（イギリス風語法）などが、どれも一九三五年版に掲載されていることだ。けれども、そんなものは、まだましだった。allemand（ドイツ語、ドイツの）は、一八三五年版と一八七八年版に載っていたのに、一九三五年版ではなぜか削除された。ところが allemande（ダンスの種類）は生き残っていた。アカデミーの辞書の本来の目的は、理想的なフランス語を定義することだったが、その目的でさえ満足に達成していない。純粋主義者の中でもとりわけ純粋な連中は、定義することをきわめて低俗だと考えた。定義には市場で使われる低俗な言葉が含まれるからだ。

アカデミーはこれまでに八版を刊行し、刊行の間隔は平均して三十七年（第九版はかれこれ七十年の歳月をかけて編纂中）。アカデミーがほんとうの活動らしきものをして見せたのは十八世紀だけで、この世紀には、四回も版を重ねている。当時の会員にはモンテスキューやヴォルテール、ディドロなどそうそうたる啓蒙思想家が名を連ね、会員は改革の精神で辞書の改訂に乗り出した。一七一八年版でアルファベット順の並べ方が再度確立され、一七六〇年版では、一万八千語のうち八千語のつづりが修正される。それでも改良は遅々として進まず、「女性」がようやく「人間の雌、男性の連れ合い」という地位に昇格したのは、一八三五年の第六版。

文法書は二九六年かけてようやく完成し、一九三五年に出版された。その一方で、フランス語文法手引きの規範を定める本では、一六六〇年にアントワーヌ・アルノーとクロード・ランスロが『ポール・ロワイヤル文法』を出版する。アカデミーが独自の文法書を出版したのは、類書がさらに何百冊も出たあと。修辞学と詩学の本を出す計画は立てられもしなかった。アカデミーの会員もさすがに、芸術と表現が予想のつかない発展をすることがわかってきたのだ。

現代のアカデミー・フランセーズ

アカデミー・フランセーズが現代のフランス語でどのような役割を果たしているのか、辞書編纂事業がどのように展開してきたのかを理解するために、私たちはアカデミー・フランセーズを訪れた。アカデミー・フランセーズは、セーヌ川をはさんでルーヴル美術館の向かい側に立つフランス学士院の中にあり、ほかに四つのアカデミー（科学、芸術、歴史、人文）が同居している。バロックと古典とイタリアの様式をとりまぜた建物は、正面が曲線を描き、クーポルという卵形のドームをそなえているので一目でわかる。クーポルはアカデミーの集会場所の通称にもなっている。建物は十七世紀に建てられ、壁紙ははがれかけ、絨毯はすり切れていて、全体的な印象は――少なくとも事務室のあたりは――せいぜい、古めかしくて粋といったところだ。

二室の大広間と図書館は、この栄えある機関に私たちがいだいていた期待を裏切らなかった。木製のテーブルは長年磨きこまれ、椅子は背もたれの高い背あてつきで、整然と並べられている。赤のサロンの奥の壁にはリシュリュー枢機卿の巨大な肖像画（模写）がかけられ、思わず息をのんだ。赤のサロンは会員が集まって辞書について話し合う大広間だ。肖像画のリシュリューは、赤い長マントに身を包み、いつもの堅苦しい姿勢と鋭いまなざしのせいで、文法の規則に関する議論を見守る人物にしてはいやに深刻に見える。けれども、もちろん、文法はここでは重大な仕事だ。

アカデミー・フランセーズの職員はおよそ四十人。ほとんどが秘書や案内係、行政官、護衛で、およそ六十にのぼる文学賞と多数の許認可、十件を超える不動産の管理にあたっている。不動産物件には大きな城館もある。私たちは見学中にアカデミーの四十人の「終身会員」には誰とも出会わなかった。会員が構内にいることはめったにないらしい。来るとしたら辞書編纂会議がある木曜日だけで、長期欠席の人もけっこういるそうだ。

アカデミー・フランセーズの評判、というか悪評は、誤解から生まれている。アカデミー・フランセーズは国外では、言語の警察のようなものと思われている。実際には、言語の使用に関する法律を可決したことなどないし、そんな権限もない。フランス政府には公認の言語専門用語委員会があり、容認できるフランス語とそうでないものについて規則を定め、選択についてアカデミーの意見を求め、アカデミーは形式的に承認するのだ。

アカデミー・フランセーズのおもな仕事は、今でも辞書の編纂だ。辞書に関する仕事のほとんどが、アカデミーに所属する八人の辞書編纂者の手で行われ、編纂者は会員のために単語や定義の一覧表を準備する。木曜日に終身会員が定義を検討し、次の第九版に載せる単語を決める。終身幹事の事務長ローラン・ペルソンヌと辞書編集主幹ジャン＝マテュー・パスカリーニの話では、第九版の編纂は一九三五年に開始され、第二次世界大戦、一九五四〜六二年のアルジェリア戦争、一九六八年五月革命の学生暴動による中断で作業が遅れた。その後、アカデミーは一九八〇年にモーリス・ドリュオンを終身幹事に任命するまで、実質的に何もしなかった。一九八〇年以降、作業は驚くほどはかどり、二〇〇六年初めの時点でRまできた。見出し語の数は四万語になる予定。

アカデミー・フランセーズは象徴として今でも大きな価値があるとはいえ、辞書は言語リソースとしてそれほど重視されていない。フランスで幅広く使われてこなかった理由には、次の版が出るまでに平均して三十七年もかかり、新しい版は出たころにはしばしば時代遅れになっていることもある。最初のころの版は、国外のほうが好評だった。国内で好評だったのは一八三五年刊の第六版だけで、フランス政府が公務員試験で公式のつづりを定めるときに、参照として使われた。

今日では、アカデミーのホームページの閲覧件数は年間およそ二百万件だが、それにひきかえケベックの辞書サイトケベック用語データ（Bank of terminology of Quebec）は五千万件にのぼる。ある意味では、辞書はそれほど問題でない。ローラン・ペルソンヌの話では、アカデミーの本来の役割はフランス語に君臨することで、むしろ文化のお目付役といったところだ。ときにはたしかに活動し、一九九〇年代の初めにはつづり字の改革を受け入れた。それ以外は、開店休業状態がいちじるしく、一九九七年には、肩書きに女性形を認めようとしなかった。ペルソンヌはアカデミーを「倫理官」と描写し、「規則を決めたり法律を定めたりするのではなく、用法を聖別する」と言う。

何のことかよくわからないかもしれないが、聖別という考え方は、アカデミーにとって何よりも大切だ。単語がアカデミーの辞書に掲載されたら、その使用は「聖別」される。聖別とは、理想的なフランス語として認められ、フランコフォンなら誰でも頭の中に入れておくべき単語になったという意味だ。アカデミー・フランセーズはフランス語を理想的な形態で保管する場所、理想的なフランス語の博物館と言える。会員の中には、自らをフランス語の学芸員と言う人もいる。

純粋主義の功績

アカデミー・フランセーズは、四百年の歴史で、実際に使われるフランス語に大きな影響を与えたことはほとんどないが、アカデミー創設の発端となった純粋主義の価値体系は、フランス語の何百年もの進化に大きな影響を与えることになる。十七世紀以降、フランスの作家や文法家は明晰を心がけてきた。正確な言語を作り出すだけでなく、フランス語をできるだけ多くの人にわかるようにするというのだ。ラ・フォンテーヌの寓話やペローのおとぎ話は十七世紀の名作だが、今日でも読まれているのは、すべての人のために書きたいと願った作家の才能のたまものだ。十八世紀には、純粋主義の信条のおかげで、フランスの作家は作品を輸出してヨーロッパ全土に名声を広めることができた。二十世紀になるまでは、フランスのたいていの作家は明晰で正確な文を書こうと心を砕いた。

何よりもまず、純粋主義のこの価値体系によって、フランコフォンの辞書の作り方が方向づけられた。フランスの辞書編纂の伝統は、英語よりもはるかに規範的だ。フランス語には『オックスフォード英語辞典』に匹敵する辞書がない。『オックスフォード英語辞典』は最初から、語彙の集大成と、古語や方言の壮大な目録となるように作られ、どのページを見ても、単語のほぼ半分はもはや使われていない。これに対してフランス語の辞書編纂者は定期的に大掃除を行うので、フランス語には不要な単語がない。マレルブの時代から同意語、新語、方言、古語は一定の基準に従って取りのぞかれ、すたれてきた。

マレルブ以降の純粋主義の考え方によると、それぞれの単語には正確な定義がひとつあるべきで、意味がまったく同じ単語はほかに存在しない。フランス語の同意語辞典は英語の類語辞典よりもはるかに進んでいる。英語の類語辞典は同意語を羅列しているにすぎない。フランス語の同意語辞典では、相当する単語それぞれに正確な定義が与えられ、同意語を逐語的か、相似か、比喩的かで分類したり、何らかの方法で区別したりする。

フランスの辞書作りの伝統を考えれば、フランス語は英語よりも語彙が少ないことが納得できるだろう。よく比較される見出し語の数は、『オックスフォード英語辞典』の六十万語に対して、『ロベール』の十万語だ。一九八七年に言語学者アンリエット・ヴァルテールは、フランス語の語彙が少ないと昔から言われてきた通説が誤解であることを証明した。十九世紀と二十世紀の文学作品から見つけ出した単語十七万五千語、五十万語の専門用語、さらに、一九六〇年代以降に作られた新語の数十万語を加え、合わせて百二十万語を提案した。これは少な目の見積もりで、十九世紀以前に使われなくなった古語や専門用語は除外されている。ケベックの辞書サイト用語大辞典（Grand dictionnaire terminologique）はケベックフランス語局（ＯＱＬＦ）が編纂し、科学、産業、技術など二百にのぼる分野で使われているフランス語を百万語掲載している。英語とフランス語の辞書のほんとうのちがいは精神だ。フランス語の辞書は、技術や科学などの用語が除外されているため、収録語数が少ない。その一方で、定義はあくまでも正確。フランス語の辞書が英語の辞書のように何もかも載せたら、見出し語の数ははるかに多くなるだろう。しかし、そんなことはしない。「よき慣用」という原則があり、「よき慣用」に従って使われる（あるいは、役に立つと見なされる）単語だけが辞書に載せられるのだ。そのほかの単語は専門の辞典にまわされる。つまり、英語の辞書が目録というのなら、フランス語の辞書は道具箱で、単語が分類され、用法について具体的な取り扱い説明書がそれぞれの単語についている。辞書の任務はというと、使用者が純粋なフランス語を使う手助けをすることだ。

純粋主義の落とし穴

辞書の問題はさておき、純粋主義者の姿勢には落とし穴がふたつある。何百年ものあいだ、フランス語を話す人びとはどちらの穴にもはまってきた。ひとつは自らが追求した平明な言葉遣いのせいで、フランス語がすっかり味気なくなってしまった。味気ないという言葉が頭に浮かぶのは、一六〇〇年代から、フランスにロマン主義運動が到来する一八三〇年までのあいだに作られた詩を読んだときだ。一六〇〇年以前は、フランス詩は洗練され創意に富むことで、賞賛されていた。ところがマレルブの影響で、言葉遊びや造語など、まさに言語の発達をうながすものを創造力豊かな人びとが捨ててしまった。「よき慣用」が活力を奪ったのだ。「フランス語は、純化に心がけた我々の努力のせいで貧弱になった」とアカデミー・フランセーズの会員アンリ・フェヌロンが一七一六年に述べている。フェヌロンの批判は五十年遅かったし、次の世紀になると何の反響もなかった。あとの祭りで、被害はすでに広がっていたのだ。

純粋主義のもうひとつの落とし穴は、「よき慣用」と科学・技術用語のあいだに溝を作り出すことだった。フュルティエールがアカデミーと衝突したときには、すでに種がまかれていた。「建築家は、台座とか土台床のような専門用語を使って、りっぱなフランス語を話しているのだ……廷臣がアルコーヴや本立てやシャンデリアの話をするのと何ら変わりない」とフュルティエールは主張したが、その見解は広く受け入れられなかった。次の二百年間、アカデミーは文化と宮廷に関わる言葉をもてはやし、科学用語を言語の強制収容所のようなところに追いやる。フランス語推進派が科学用語で抱えていた問題は、おもに暗語《ジャルゴン》に対する反感と反ラテン語の立場から生じていた（ラテン語の影響は科学の世界では大きかった）。推進派は司法関係の語彙も時代遅れだと言ってしりぞける。法律用語の多くが、ヴィレール゠コトレの勅令とともに作成されていたからだ。フランスの科学はその時代を通して盛んだったが、「よき慣用」と社会のほかの部分がかけ離れていったのは、社会の上層部にいる人びとが下の世界ではどうなっているのか少しも注意を払わなかったことを意味する。それで、アカデミーはうかつにも、言語と認識を刷新する主要な供給源をフランスのエリートから奪ってしまったのだ。

それでも、規範を旨とするフランス語の辞書の姿勢には、ひとつ、たしかな成果があり、「純粋」なフランス語は言葉が正確になった。十七、八世紀のフランス語はしっかり定義されていたので、学習しやすいと考えられた。『リシュレ』や『フュルティエール』、ランスロとアルノーの『ポール・ロワイヤル文法』を使っていた人びとは、フランス語の基礎を身につけることができた。その点では、アカデミーの辞書はフランス国内よりも国外ではるかに評判が高かった。フランスの宮廷まで行けない人びとが、宮廷の規則になっていた正確な用法というすぐれた理念を理解できるようになったからだ。フランス語はつづりの表記体系と文法がじゅうぶんに発達したヨーロッパで最初の言語だったので、フランスはヨーロッパで最初に文筆家の花形集団（のちには哲学者、知識人と呼ばれる人びと）を発展させた国でもあった。この現象が原動力となってヨーロッパでフランス語が大いにもてはやされる。

世界に広がる言語アカデミー

辞書が好評だったことから、ヨーロッパ（と海外）のたいていの宮廷がアカデミー・フランセーズを模倣した機関を育成しようと考えた。ベルリン、ウィーン、マドリード、リスボン、サンクトペテルスブルク、ストックホルム、フィラデルフィアでは、アカデミー・フランセーズを手本にしたアカデミーが創設された。もっとも成功したのは、スペインの王立スペイン語アカデミー。手際のよさで模範となり、現在でもそれは変わらない。一七一三年に創設され、十三年間の作業ののちに最初のスペイン語辞典を刊行し、一九八四年には二十版を重ねた。さらに、一七四一年から一八一五年までにスペイン語の文法書を八版刊行し、スペイン語の完璧な改革と合理化を達成したのは、賞賛に値する。アカデミー・フランセーズは、こういった業績には足もとにもおよばない。数百年のあいだに、たいていの国がそれなりの形で言語研究機関を設立する。

この時代の最大の謎は、なぜかイギリス人がこの流行をけっして追わず、アカデミーを作らなかったことだ。イギリスの少なからぬ人びとがアカデミー・フランセーズを羨望のまなざしで見ていたことを考えると、ますます不可解だ。イギリスの知識人は、一六六〇年ころからサミュエル・ジョンソンが辞書を出版する一七五五年まで、英語の堕落を痛烈に訴えていた。文書は口語で書かれ、一定の規則に従っている人など誰もいないように見えた。学問に携わる人びとがこれをゆゆしき事態と考え、王立科学アカデミーは委員会を設置して問題に取り組んだ。ジョナサン・スウィフトやダニエル・デフォーなど、この運動に参加した作家は少なくない。

それでも英語アカデミーの創設は実現しなかった。たぶん、社会のごくひと握りの人びとの利益に反したのだろう。フランス人と異なり、イギリス人は自分たちの言語を定義する必要を少しも感じていなかった。アメリカ人は独立を手にしたあと、言語アカデミーの創設を漠然と考えたが、王党派の組織であるとしてしりぞけた。

第2部

世界各地への拡がり

左：フレンチ・クォーター，右：クリストフ王像

4 太陽王から遠く離れた地で

セネガルの首都ダカールから高速フェリーで二十分のゴレ島は、西アフリカの大都市の喧噪を離れて午後のひとときを過ごすのにうってつけの行楽地だ。島は歴史と活気にあふれ、港のそばで子どもたちが一日中、水とたわむれ、親たちは浜辺の古風なカフェでソーダを飲んでいる。のどかな光景を眺めていると、島がかつては奴隷積出港で、波乱万丈の歴史を経てきたことなど忘れてしまいそうだ。島は、まず十七世紀にオランダに占領され、のちにポルトガルからデンマーク、イギリスの手に渡り、最後にフランス領となった。ヨーロッパ人が島を奪い合ったのは、奴隷の収容場所としても、大西洋横断前の停泊地としても地の利がよかったからだ。水が豊富で、海岸に近いためアフリカ本土と交易ができるし、しかもほどよく離れているので、大陸からの脅威から守られている。今日、島を訪れる観光客はたいてい、フェリーから下りたその足で史跡の「奴隷の家」に案内され、南北アメリカ大陸に奴隷を送り出した島の歴史を現地ガイドから聞かされる。島は、ヨーロッパ人がアフリカの社会を引き裂いて植民地のプランテーションに労働力を供給した二百年の歴史を伝える生きた博物館といえる。

ヨーロッパのどの言語の歴史でも、えてして植民地主義は軽視され、ヨーロッパ人が行った奴隷貿易は省略される。本書では、フランスの植民地政策やその方法を弁護するつもりはないが、この主題を避けて通るわけにはいかない。フランス語がヨーロッパだけでなく、アフリカやアジア、アメリカの言語となったのも、フランスが植民地進出の大きな勢力となったからなのだ。

カリブ海の砂糖植民地

フランスの第一期植民地進出は十七世紀初頭からフランス革命まで行われ、十九世紀の植民地活動とは異なり、言語を輸出する意図はみじんもなかった。初期の植民地政策は、財（しばしば盗品）の輸入に限定されていた。輸入品は流行や新しい嗜好にあわせて変化し、金からビーバーの毛皮、コーヒーやココア、砂糖などの奢侈品へと移り変わる。ヨーロッパの君主たちは、まず、冒険好きな商人探険家を送りこみ、利益の一部と、新しい領土へ植民者を連れていく約束とひきかえに特許状を与えた。特許状とは、実のところ、現地の先住民に略奪を働き、競争相手を襲撃してもよいという国王のお墨付きだった。

フランスとイギリスは十六世紀には商人や海洋探険家、海賊を海外に送り出していたが、交易所や恒久的な入植地を建設したのは十七世紀初頭になってからだ。スペインに遅れること百十年、ポルトガルには百五十年以上遅れをとった。フランスは十七世紀にアフリカ、インド、カリブ海域諸島でかなりの植民地を獲得する。一六三八年にブルボン島（現在のレユニオン）を占領し、フランスにとって最初の交易所をセネガルで開き、一六八七年から入植者を送りこみ、インド南部では一六七四年にポンディシェリに交易所を開いた。マダガスカルの沖合にあるイル・ド・フランス（現在のモーリシャス）を植民地化したのは一七一二年。

フランス人がカリブ海域諸島にたどりついたころには、すでにスペイン人とポルトガル人が大半を占領していた。フランス人にできることは、残り物をあさり、ヨーロッパの競争相手から領土を奪うくらいで、一六三五年にグアドループとマルティニクを占領したが、ほんものの戦利品になったのはイスパニョーラ島の西部、現在のハイチ、サンドマングと名づけた地域だ。サンドマングは一六六五年にフランスの植民地になり、イスパニョーラ島は一六九七年にフランスとスペインに分割された（現在のハイチとドミニカ共和国）。当時は誰も予想しなかったが、これがフランスにとって大当たりで、サンドマングは十八世紀の百年間、ヨーロッパ人が建設した植民地で最大の利益を上げる。

十七世紀を迎えるころには、金の地金を求める探険は、異国の商品や産物の売買に席を譲っていた。経済政策の推移に従い、通商航路が発達して、タバコや毛皮などかさばる物品でも利益を上げられるようになった。ヨーロッパでは藍やコーヒー、ココアなどの新しい産物が人気を集めたが、ココアやコーヒーを甘くして飲む習慣が広まると、ミツバチやベリー類が不足して、需要に見合うだけの砂糖が生産できなくなる。嗜好の急激な変化から、奴隷の労働力に依存する砂糖プランテーションが発達し、プランテーションとともに奴隷貿易が増加し、ゴレ島のような場所の価値が関心を呼ぶようになった。

サトウキビは、じつはカリブ海域諸島が原産ではなく、アラブ人がエジプトで発見した。フランス語の砂糖 sucre はアラビア語の sukkar から派生している。カリブ海域諸島は人口が少なく、天候が一年中安定しているので、砂糖のプランテーションに適していた。スペイン人は一五〇〇年代半ばごろから製糖工場の建設を開始し、ヨーロッパから持ちこまれた病気のせいで先住民の人口が激減すると、新たな労働力を求めた。まもなく、アフリカの奴隷が天然痘や黄熱病などの病気に対して先住民やヨーロッパの白人年期奉公人よりもはるかに抵抗力があることを知る。

フランス人は砂糖貿易で出遅れたが、反撃に出て砂糖貿易にのめりこんだ。カリブ海のフランスの植民地はやがて一本化され、組織としてコンゴやアンゴラ、ギニア、セネガル、ベナンにあったアフリカの奴隷交易所とつながる。西アフリカはカリブ海から大西洋を最短距離で横断する位置にあるため、フランス、イギリス、オランダが熾烈に奪い合い、やがてフランスが優勢になる。フランスはアフリカの西海岸に交易所を設けると要塞や倉庫を建て、一六五九年にサンルイという町を建設し、一七五〇年には奴隷貿易の四分の一を支配していた。

カリブ海域のプランテーションはコーヒーやココア、綿を大量に生産したが、交易品の主力は砂糖だった。フランス人はカリブ海の植民地を砂糖諸島と呼んだ。サンドマングは、砂糖生産高がほかの島の合計よりも多く、ジャマイカさえも追い抜くと、誰もが手に入れようとねらい、「カリブ海の真珠」とまで言われた。一七五〇年には世界最大の砂糖生産地にのし上がっていた。十八世紀になると入植者は富裕になり、劇場を建ててフランス劇を鑑賞し、子弟をパリの学校で学ばせた。サンドマングは農園主に比して奴隷の数がカリブ海域諸島でもっとも多く、この不均衡がフランス語の歴史に重大な結果を招くことになる。

植民地から入ってきた言葉

グローバル化の草分けのようなこの形態から新しい言葉が生まれ、フランス語もさっそく影響を受ける。スペイン人は南アメリカのトゥピ族から boucan（肉をいぶす調理法）という言葉を借用し、これがフランス語の boucanier（十六世紀にカリブ海に出没しスペイン船や植民地を荒らした海賊）となる。ケベックでは今でも、日常会話で燻を boucane と言う。ほかにも igname（ヤムイモ）、macaque（マカク猿）などの語がポルトガルから、tomate（トマト）、chocolat（チョコレート）などがアステカ族の言語からスペイン語経由で入ってくる。maringouin（蚊）は、南アメリカのトゥピ語とグワラニ語から借用され、最初にアンティル諸島（仏領カリブ）で取り入れられ、今日でも使われている。ペルーやブラジルからも同じような語が何百語も、スペイン語やポルトガル語を経由してフランス語に入ってきた。スペイン語経由では、chinchilla（チンチラ／リスの一種）、caïman（カイマン／ワニの一種）、ポルトガル語経由は、caramel（カラメル）、fétiche（呪物）、marmalade（ママレード）、ananas（パイナップル）がある。アフリカの言語から借用した語もあり、zèbre（シマウマ）はスペイン語の cebra を経由し、banane（バナナ）はバントゥー語の言葉で、ポルトガル語を経由してフランス語になった。vaudou（ブードゥー）はベナンから来た言葉で、フランス語になり、のちにルイジアナのフランス人を通じて英語に借用される。

当時の新興産業が生み出した言葉は、好き勝手にまねされてあらゆる言語に入っていった。sucre（砂糖）から sucrier（砂糖つぼ、製糖業者）や sucrerie（製糖所）ができる。nègre（黒人）は一五二九年にスペイン語の negro（黒）から借用した語で、これから nêgresse（黒人の女性）、nêgrillon（黒人の子ども）、nêgrerie（黒人奴隷使役所）、nêgrier（奴隷船、黒人奴隷売買人）ができた。人種差別から生まれた言葉、quarteron（黒人の血を四分の一受け継いだ人）もある。

クレオール語の誕生

カリブ海域諸島の植民地がフランス語に与えた大きな影響は、フランス語系クレオール語の創造で、この言語は降ってわいたように誕生した。créole（クレオール）という語は、ポルトガル語のcrioulo（ブラジル生まれのムラート／白人と黒人の第一代混血児）から派生したが、奴隷の言語を指すようになったいきさつは、諸説紛々として、よくわからない。スペイン人、のちにフランス人は、植民地生まれの人をクレオールと呼んだ。一般には白人を指したが、やがて、奴隷のあいだで発達した言語の名称となる。

クレオールの言語は、さまざまな出自の人びとが自分たちの言語の要素を組み合わせて新しい言語を形成するときに発生する。厳密に言えば、新しい言語がクレオール語となるのは、母語となって親から子どもに伝えられたときで、これがリンガフランカやピジン（商取引のスラング）と異なる点だ。世界中のクレオール語百二十七言語のうち、三十五言語が英語を基盤とし、十四言語がフランス語を基盤としている。フランス語系のクレオール語話者の数は、ほかのクレオール語（英語系も含めて）を話す人の合計よりも多い。世界最大のクレオール語の国、ハイチのおかげだ。ハイチは人口九百万人で、フランス語とクレオール語が公用語。ほかに人口百三十万人のモーリシャスもある。フランス語系クレオール語の中心地はさらにレユニオン、グアドループ、マルティニク、仏領ギアナがあり、この四地域で百万人が話す。六つの地域の人口の合計は、英語系クレオール語の二大中心地、ジャマイカとスリナムの人口の合計よりも多い。

フランス語系クレオール語はどれも、奴隷貿易の時代に生まれた。アフリカの奴隷は、植民地のフランス語の文法を簡略化して、意志を伝えあった。たいていのクレオール語は、つい最近まで、あくまで話し言葉で、しっかりした文法体系を持たずに二、三百年のあいだに進化した。単語は、十七世紀末にフランスで話されていたフランス語に似ていることがあるが、つづりは発音に即して書かれるので、類似があいまいになる。「学生」は、フランス語では ētudiant だが、クレオール語では ētidyan。口で言えば通じる言葉はたくさんあるが、読むとなると想像力を要する場合もあり、たとえばフランス語の comprendre（理解する）は、クレオール語で konprann になる。

フランス語系クレオール語がどのように発達したのか、正確にはわからない。奴隷は字が書けなかったし、奴隷が何を言っているのかなど奴隷の主人は気にかけなかった。フランス語系クレオール語を話す人びと同士が今日おおむね話が通じるのは、クレオール語がフランス語と共通する点が多いからだ。

フランス語系クレオール語は植民地時代に話されていたフランス語とよく似た特徴が見られるが、文法や発音はしばしばいかにもアフリカ的である。フランス語の voir（ヴォワール・見る）は vwē（ヴウェ）、boire（ボワール・飲む）は bwē（ブウェ）、ici（イシ・ここは）は isit（イシト）と発音される。これは十七世紀のフランス語の発音をベースとしているが、r はフランス語ではいつの時代でも発音されたのに、アフリカの言語の影響を受けたクレオール語話者は発音しないため、vwē、bwē となった。北アメリカの口語のフランス語にも、こういった特徴が残っている。鼻音化はアフリカの言語の特徴で、aimer（エメ・愛す）はグアドループでは enmē（エンメ）、ハイチでは renmen（レンメン）と発音される。文法では、性の区別が消え、単語はすべて中性になる。五つの冠詞はたいてい名詞のあとに来る。動詞は活用がなく、時制を示す単語を動詞の前に加える。たとえばグアドループ、マルティニク、仏領ギアナでは、現在形にka、過去形にté、未来形にké、条件法にtéké を使う。語彙にはアフリカの言語の特徴が数多く見られる。マルティニクとグアドループでは現地生まれの白人をbêkês（ベケ）と呼ぶが、ハイチではフランス語のblanc（ブラン・白）から派生したblan（ブラン）と呼ぶ。

フランス語系クレオール語は独立した言語で、フランス語の方言ではない。話す人の数は多くても、植民地時代にフランス語に大きな影響を与えることはなかった。ハイチでは五十万人がクレオール語を話していたのに、ハイチのフランス語にさえ影響を与えていない。クレオール語の影響は、今日のフランコフォン文学の隆盛とともに大きくなるだろう。規範に従うべしというフランコフォンの姿勢はけっして、クレオール語の影響を許さなかった。同様に、カナダの言葉もフランス語の主流から二百年間も閉め出されることになる。

北アメリカの植民地

北アメリカでは、フランス人の探険と入植は、何はさておき毛皮が目的だった。十六世紀にビーバー帽が流行すると、フランソワ一世とアンリ四世は、カナダに探険隊を派遣した。フランスの探険家ジャック・カルティエは一五三四年と一五三五年の二度、カナダに遠征したが、見るべき成果がなかった。冬の気候はきびしく、金は見つからず、壊血病で隊員は半減し、どうすれば遠征で利益を上げられるか見当がつかなかった。

新世界のフランス植民地を最初に開拓したのは、サミュエル・ド・シャンプランだ。シャンプランは一六〇八年に入植し、北アメリカのフランスの植民地でもっとも長続きする植民地を建設し、habitation（居住地）と呼んだ。シャンプランは疲れを知らず、大西洋を十二回も横断し、一六三五年に世を去るまで植民地の経営にあたる。初めてカナダで越冬したときは壊血病で隊員の三分の二を失うが、なんとか生き残り、大陸の主要な水路であるセントローレンス川を支配しようとした。アメリカでのフランスの存在を確固たるものにするため、先住民と同盟を結ぶ。お気に入りはヒューロン族だった。フランス人がそう名づけたのは、髪が hure（ユール・イノシシの頭毛）に似ていたから。ヒューロン族との同盟を強化するために、シャンプランは一六〇九年にヒューロン族の敵イロコイ族との戦いに加勢する。フランス人は先住民の手助けがあったからこそ、アメリカ中西部とミシシッピ川流域の広大な土地を探険できたのだ。

シャンプランは、言語が先住民と同盟を築く鍵であることを理解し、先住民の言語を学ぶ伝統を確立した。この伝統はフランスが北アメリカで勢力を伸ばすときの特徴となる。シャンプランは一六一〇年に十八歳の入植者エティエンヌ・ブリュレを通訳にするためにアルゴンキン族（ヒューロン族の味方）のもとにひと冬送りこみ、習慣を身につけ、言語を習得するよう命じる。さらに、アルゴンキン族の若者を連れてきて、フランス人といっしょに生活させた。翌夏になると、ブリュレは「未開人のいで立ち」でケベックにもどり、アルゴンキン語を流暢に話した。

フランス人はこの初期の実験に成功すると、十歳そこそこの子どもを遠くはイリノイ族（アメリカ中西部）やナチエズ族（今日のアラバマ州）などの部族のもとに送りこみ、先住民の言葉を習わせた。フランスの宣教師がみな現地の言語を少なくともひとつは習得したのは、それが先住民を改宗させるいちばんの近道と考えたからだ。ジャック・マルケット神父は、探険家のルイ・ジョリエに同行してミシシッピ川を南下した宣教師で、先住民の言語を六つも話した。

毛皮を求める猟師

ブリュレはすばらしい斥候《せっこう》だった。「クールール・デ・ボワ（coureurs des bois、「森を駆ける者」の意）」と呼ばれた勇敢で非凡なフランス人の一群の先駆けで、ヒューロン湖で五年間ヒューロン族とともに暮らし、カヌーで南下してオンタリオ湖や今日のニューヨーク州バッファローに到達した。ナイアガラの滝を見た最初のヨーロッパ人だ。ペンシルヴァニア州の奥地を歩きまわり、一六二二年にはスペリオル湖を探険した。目にしたものは何ひとつ記録に残さなかったが、入植者たちに吹聴してまわった。何かと人騒がせな人物で、先住民の「不道徳な」生活様式を取り入れたとして宣教師に非難され、のちにはシャンプランに逆らってイギリスに味方する。人生は悲劇で幕を閉じた。帰化した部族の手で殺され、食べられてしまったのだ。理由はようとしてわからない。

十七世紀末には八百人を超える毛皮の猟師が北アメリカ大陸各地に散らばっていた。当時のフランス人入植者はわずか一万人だったから、かなりの数だ。フランスの宣教師は彼らを手きびしく非難し、とりわけ、酒を毛皮の代金にする習慣が気に入らなかった。自由な精神にあふれたこの集団をフランス政府が高く評価しなかったのは、身勝手だったからだ。名高いメダール・シュアール・デ・グロゼイエとピエール＝エスプリ・ラディソンは寝返りを打ってイギリス側につき、一六七〇年にハドソン湾会社の創設に力を貸した。

アメリカ開拓史では、フランス人探険家の活躍は付け足し程度でしか述べられないが、イギリスとアメリカの入植者のために実際に道を拓き、ミネアポリスや、デトロイト、セントルイスなどの町を建設したのは、フランス人探険家だ。中国への陸路を発見するというジャック・カルティエ以来のヨーロッパ人の夢は、簡単にはあきらめられなかった。一六六七年にヌーヴェルフランス（北アメリカのフランス植民地）にやって来たフランス人探険家ルネ＝ロベール・カヴリエ・ド・ラ・サールは、中国へいたる道を見つけたいと思うあまり、モントリオール東部にあった領有地をラ・シン（中国）と名づけた（現在のラシーン）。ミシシッピ川を南下したが、何とメキシコ湾に向かっていることに気づき、エルナンド・デ・ソトが初めて探険したミシシッピ川下流域と、ジャック・マルケットとルイ・ジョリエがすでに探検していた上流域を結びつけた最初の人間になる。一七四三年にはラ・ヴェランドリ兄弟がブラックヒルズ（サウスダコタ州・ワイオミング州）を歩いているときに、ロッキー山脈を目にしたと言われている。

新世界のフランス語

フランス人は新大陸の大半と、目のあたりにした自然現象に名前をつけた。フランス人が名称をつけ、のちにイギリスの植民者が採用してそのまま英語に入ったものは、butte（小高い丘）、levée（土手）、depot（貯蔵所）、bison（バイソン）、Sioux（スー族）などいくつもある。gofer（ホリネズミ）は gauffre（ワッフル、ゴーフル）の変化形で、プレーリードッグが掘ったワッフルのような穴を意味する。《Mush（それ行けっ！）》は犬ぞり御者のおなじみのかけ声だが、フランス語の《Marchez（歩け！）》が語源。先住民部族の英語名は、フランス語名の変形や翻訳から来ているものが少なくない。Cheyenne（シャイアン族）はかつては Chiens（シャン族、「犬」の意）、Blackfoot

（ブラックフット族）は**Pieds-noirs**（ピエ・ノワール族、「黒い足」の意）、**Fox**（フォックス族）は**Renards**（キツネ族）、**Creek**（クリーク族）は**Crics**（ぱりっと言う音）、**Iowa**（アイオワ族）は**Ayouhais**。フランス人が命名した地名は五千を超え、そのほとんどが英語に移行した。**Ozark Mountains**（オザーク山地）もかつては**Aux Arcs**（オーザルク・弓）で、その一例である。

ヌーヴェルフランスに入植した人びとは、アルゴンキン族やヒューロン族、モンタニェ族など親しくなった部族の言葉を借用した。**caribou**（カリブー／北米のトナカイ）、**carcajou**（クズリ／イタチの一種）、**mocassin**（モカシン／靴の一種）などだ。新しいスポーツ、ラクロスの名付け親はイロコイ族。**tabagie**は今日のカナダ・フランス語ではタバコ屋を意味するが、アルゴンキン族の「宴会」から来ている〈のちに、ハイチの先住民の言葉から来たタバコtabacと合体した〉。入植者が取り入れた言葉の多くが、現在でもフランス語圏カナダで使われている。

新世界での体験からは、従来の単語の新しい変化形も出現した。**sauvage**（野生の）からは、**sauvagesse**（未開人の女性）や**ensauvagement**（野生に帰る）が派生している。動物のフランス語名、**chat sauvage**（ヤマネコ）、**bête puante**（スカンク）などはカナダで今でも使われている。カナダ人が自分たちで動物につけた名前もある。**raton laveur**（アライグマ）や**mouffette**（スカンク）などだ。入植者が雪靴を**raquette**（ラケット）と呼んだのは、雪靴が**le jeu de paume**（テニス）という当時の新しいスポーツで使われるラケットに似ていたから。ちなみに、テニスはフランス人が始めたスポーツで、名前はサーブするときのかけ声《**Tenetz**（この球を取ってごらん）》に由来する。探険によってフランスに新しい言葉がもたらされたが、フランスで話されるフランス語の構造はほとんど影響を受けなかった。フランス語は、この時代には、固着したとまでは言えなくても、安定しはじめていた。

ヌーヴェルフランスでは、クレオール語とほぼ正反対の言語現象が発生していた。植民の初期にすでに、入植者が話すフランス語は、フランス国内で話されている言葉と同等か、よりすぐれていると言われていた。当時のフランスでは、国民の九割が農村部に住み、話す言葉はその地方の地域語だけだった。ところが、初期のフランス植民地全般に言えることだが、ヌーヴェルフランスの入植者は、大半がパリ周辺や、ラ＝ロシェル、ナント、ボルドーなど大西洋沿岸の港町から来ていた。フランスには新世界に派遣された人びとの記録が完全な形で残されているため、最近では、植民者の九二パーセントがラングドイル地域の出身であることがわかっている。ほとんどの者がピカルディー方言やノルマンディー方言、オルレアン方言とともにフランス語も話した。入植者の半数は都市の居住者だったことがあり、そのためフランス国内の大半の者よりも読み書きができて教養があった（出身地の言葉だけでなく、いくらかはフランス語を話すという意味）。フランス国内では読み書きができないのがふつうだったが、入植者のほとんどが自分の名前くらいは書けたのだ。

今日では、北アメリカのフランス人入植者の子孫は、「純粋」なフランス語ではなく、古風なフランス語を話すと言われている。この見方はかなり誇張されているものの、カナダのフランス語には、純粋主義の人びとが古語体と見なしている表現や発音が残っている。ケベックフランス語は俚語《パトワ》とまで呼ばれるようになるが、それも驚くにあたらない。北アメリカのフランコフォンは、十八世紀末以降、フランスから完全に切り離され、二十世紀のなかばまで孤立が続いたのだ。

新世界の人口問題

ある意味では、ヌーヴェルフランスでフランス語が生き残ったこと自体が驚くべきことだ。フランス人が新世界に送りこんだ植民者の数はけっして多くはなく、一六〇〇年のフランスの人口はイギリスの人口の四倍だったが、新世界では、最初からイギリスの入植者がはるかに上まわっていた。一六二〇年には、ヴァージニアの人口はすでに千人に達していたが、フランス人はケベックとアカディアを合わせてもたったの百人だ。一七〇〇年までにヌーヴェルフランスにやって来た入植者はわずか一万人で、これに対してイギリスの十三植民地には十五万人もの入植者がいた。一七五〇年には、フランス国内の人口はまだイギリスの二倍以上だったが、ヌーヴェルフランス、アカディア、大ルイジアナに住んでいたフランス人はわずか七万五千人にとどまる。一方、ニューイングランドの人口は百五十万人（三十万人の奴隷を含む）。つまり、イギリス国民の六人にひとりが植民地で暮らしていたのに対して、フランス人は三百人にひとりということになる。

フランス人が植民地に出ていかなかったのは、まず、それほど関心がなかったからだ。海外進出に対する関心は、せいぜい断続的なものにとどまった。フランス人に先見性が欠けていたわけではない。地理的な条件を考慮して、ヨーロッパに目を向けていなければならなかったのだ。スペインやイギリスと異なり、フランスの国境は自然の障壁で保護されていない。イギリスが新世界でせっせと植民地を建設しているあいだ、フランスはハプスブルク家の帝国を必死で押しとどめていた。首都のパリが長くて無防備な国境の延長線上に位置したため、外交政策の最優先事項は、近隣諸国に勢力をつけさせず、分裂させておくことで、その手段は外交か戦争だった。フランスは十七世紀から十八世紀にかけてサヴォワ、アルザス、ロレーヌ、フランシュ＝コンテを征服して、ようやく国境を山脈や川といった自然の障壁まで押し拡げることができたのだ。コルベールとリシュリューは、植民地での成果が思わしくないのを解決するには強力な海軍が必要なことはわかっていた。一六六一年にコルベールが権力の座についたとき、ヨーロッパの商船は二万六千隻を数え、その内訳はオランダが一万三千隻、イギリスが六千隻だったが、フランスはわずか二千隻。コルベールは、将来の世代が船をもっと建造するようにと願って森という森にオークを植林したが、自身はヨーロッパ内の戦争に巻きこまれて、新世界の問題に集中できなかった。

フランスの植民地は特許状を与えられた会社を基盤としていたが、これも入植をはばんだ。会社は入植者を送りこむことになっていたのだが、経費を節約するために人数をできるかぎりしぼり、植民地の生活を支える基幹施設の建設にほとんど投資しなかった。毛皮貿易もまさにその形態からいって、入植をはばんだ。毛皮貿易は、原始の自然や、狩猟を引き受けてくれた先住民との良好な関係に依存していた。最高級のビーバー毛皮は先住民が二年間着古したものだった。このような経済は、入植を促進しない。会社は独身男性を短期契約で雇った。ケベックの植民地建設から九年後の一六一七年までにヌーヴェルフランスに入植したフランス人家族は、三人の子どもを引き連れたルイ・エベールの一家族だけ。一六二〇年にエベールの娘が出産した子が、ヌーヴェルフランスで生まれた最初のフランス人だった。ケベック建設から十二年後のことだ。一方、ヴァージニアやボストンには家族連れがやって来て、新世界に足を踏み入れたとたんに家族をどんどん増やした。ヌーヴェルフランスでは、一六六〇年までは男性七人に対して女性ひとりというありさまだ。コルベールは、パリの孤児院から適齢期の少女、いわゆる「国王の娘たち」をかき集めて北アメリカに連れて行き、入植者と結婚させた。けれども、開始するのが遅すぎ、人口の不均衡を是正することはできなかった。

それに、言うまでもなく、フランス人自身が移住に魅力を感じていなかった。フランス人は、アルジェリアを除くと、植民地に大量に移住したことがない。そのころイギリスでは、囲い込み運動で農村の人びとが都市へ流入し、新世界は都市で余った労働力を吸収した。一方フランスでは、人口の減少に悩まされ、大量の人間の移住を恐れていた。フランスはヨーロッパで最初に避妊を実行した国で、一八〇〇年代には人口の減少が深刻になる。ヌーヴェルフランスの植民地には、壊血病や蚊や風邪など固有のマイナス要因も少なくなく、たどりつくまでの旅も危険に満ちていた。一六四一年から一六六〇年まで続いたイロコイ族との戦争も、入植を阻害する要因になった。

海を渡ったユグノー

フランスは強力な入植者集団になったかもしれない人びとも取り逃した。フランスのプロテスタント、ユグノーだ。一五九八年にアンリ四世がナントの勅令を発布して信教の自由とプロテスタントの保護を保証したが、ルイ十四世が一六八五年に勅令を廃止すると、三十万人のプロテスタントが迫害を逃れるために近隣諸国に脱出し、海を渡った人びとは勤勉な入植者となった。フランスでは腕利きの職人や商人だった人が少なくなかったが、亡命先では、報道や出版、編集、フランス語教育といった専門職に転身する。有名な類語辞典の編纂者でロンドン生まれのピーター・マーク・ロジェもユグノーの子孫。シャンプランは改宗したユグノーだった。マンハッタン島を六十ギルダーで購入したピーター・ミニュイットはオランダの植民地を建設したが、そこでのフランスのユグノーの活躍は並々ならぬものがあった。ユグノーの有名人にはほかにも、ポール・リヴィア（かつての名はルヴォワール）やデイヴィー・クロケットがいる。クロケットの先祖ムッシュー・ド・クロケターニュはルイ十六世の近衛隊長だった。カナダでは、ビール会社の創設者ジョン・キンダー・ラバットや米国独立戦争の王党派のヒロイン、ローラ・セコードがユグノーの子孫として知られる。セコードの名はのちに大チョコレート会社の社名になる。

それでも、フランスからヌーヴェルフランスに渡ったユグノーの数は多くない。リシュリューはユグノーが新世界に移住するのを禁じた。海を渡ったユグノーが同類のプロテスタントの味方につき、寝返ってイギリス王国に忠誠を誓うのを恐れたのだ。もっともなことだった。フランスから流出したユグノー三十万人の行き先は、およそ三分の一がオランダ、四分の一がスイスとドイツで、イギリスとアイルランドとアメリカに行った者は合わせても三分の一にしかならなかった。

フランス人はほかのヨーロッパ人と同様に、ヌーヴェルフランスの冒険譚を興味津々で聞いたが、エリートの多くは、商業帝国の隆盛に欠かせない工業や科学、最新技術、金融、あるいは市場の問題に関心を示さなかった。イギリスの清教徒と異なり、フランスの入植者は理想社会を築くという目標に駆り立てられていなかった。フランス王国は逆に絶対王政社会を作りあげる。この体制は、自由な事業や地方の主導を奨励しない。ヌーヴェルフランスでは、入植者は町の建設を禁じられていた。教会区だけは認められ、そのためケベックには聖人の名を冠した町がたくさんあるのだ。つまるところ、フランスの植民地開拓は、しだいに輝きを増すフランス王国の栄光の犠牲になった。切れ者のフロントナック将軍がヌーヴェルフランスでみごとなリーダーシップを見せるようになると、コルベールは、「カナダが太陽王から遠く離れているように見えるとしても、誰も国王抜きに企てを行ってはならない」と言って、将軍を叱責した。太陽王から遠ざかろうとする者などいただろうか。

見捨てられたヌーヴェルフランス

フランスのアメリカでの敗北は、かならずしも避けられない事態ではなかった。一七一三年にユトレヒト条約が結ばれたころ、人口構成はたしかにイギリスにとって有利で、二〇対一の比率だった。一七五〇年になると新世界の人口はイギリス人が一五〇万人で、カナダ人およそ五万五千人、アカディア人一万三千人、ルイジアナの入植者はほんの数千人。それでも軍事的にはフランスははるかに強く、イギリスの十三植民地のほうがよほど脅威を感じていた。七年戦争（一七五六～六三年）のなかばまでは、フランスがヌーヴェルフランスにつぎこんだ軍事資源は、相対的にイギリスが十三植民地につぎこんだ量を上まわり、フランスは主要な海路を制していた。ヌーヴェルフランスの組織自体が基本的に軍隊だった。初期の入植者には、元兵士が少なくない。家屋や農場は防衛と軍隊の招集に都合よく組織された。フランスの強力な市民軍は、野戦とゲリラ戦で鍛えられ、先住民のように闘い、移動し、はるかに少ない人数で、イギリスが支配していた土地の二十倍の広さの土地で善戦した。

数が少ないという弱点を補うため、フランス人は先住民と同盟関係を結ぶのがきわめて巧みになった。小規模な植民地が予算のじつに八パーセントから一〇パーセントを費やして、銃や酒や贅沢な食事で先住民の族長の忠誠を買った年もある。フランスの「父」であるフランス国王の大メダルを持っていない族長はめったにいなかった。一七〇一年には、六十以上のファーストネーションズ〈カナダの先住民の部族〉がモントリオール平和条約に署名する。一方、イギリスの十三植民地は内戦や団結力不足、貧弱な軍事組織に悩んでいた。

ウィリアム・大ピットという運命的なイギリス人さえ出てこなければ、形勢はフランスにとって引きつづき有利だっただろう。ピットは、イギリスが七年戦争の初期の段階で手痛い目にあったあと、軍隊の指揮をとった。軍事的な重点をヨーロッパから海に向け、フランスの貿易を壊滅させてインドとアメリカから追い出そうと考える。フランスがヨーロッパの戦争に多大な資財――十万人の兵士――を投じているあいだに、持てるものすべてをアメリカにつぎこんだ。有能な将官や提督を選び、ついには、ケベックに対して一致団結して闘うように十三植民地を説得しおおせる。

初めて、イギリスは有利な点を連繋させる。アメリカの広大な植民地、強力な海軍、手堅い海外政策、それにいくらかの幸運だ。イギリス海軍はフランス海軍よりもおおむね訓練が行き届き、海洋について知識があり、重装備の戦艦を数多く所有していたが、両者の差は一般に考えられているほど大きくなかった。一七五九年夏、イギリスの艦隊の四分の一がケベック市の目と鼻の先に停泊した。フランスは一七五九年九月にアブラハム平原の戦闘で敗北を喫し、翌年四月に二回目の戦闘でケベック市を取りもどす。フランス人は援軍を期待したが、軍隊は来ず、水平線にイギリス軍の帆船がさらに現れるとケベックを放棄せざるを得なかった。

そのときでさえ、フランスはアメリカを失っていなかった。和平交渉が行われているあいだに奇妙な事態が発生したのだ。一七六三年、イギリスはフランスに、カナダか砂糖諸島（サンドマング、マルティニク、グアドループ）のどちらかを維持させてもいいと申し出た。イギリスがカナダとインドで勝利を収めたことを考えると、突飛な提案だ。じつは、イギリスの勝利ははかないものだった。七年戦争を闘って疲れはて、破産寸前で、ほんとうはフランスの海外貿易を壊滅させる余裕などなかったのだ。そんなことをしたら、ヨーロッパの経済に大きな打撃を与えて、自国の経済が持ちこたえられなくなる。

今日から見ればあきれるばかりの先見の明のなさで、フランスはヌーヴェルフランスではなく砂糖諸島を選び、カリブ海の諸島とインドの交易所を五か所、維持することになった。北アメリカ大陸で一六〇年におよんだフランスの支配が突如として幕を閉じたのだ。フランスはセネガルの沖にあるゴレ島も維持した。ゴレ島は当時もまだ奴隷貿易の重要な積み替え拠点だった。私たちはかつての砂糖諸島のひとつ、グアドループを訪れた。グアドループは、今でもフランスの海外領になっている。首邑ポワンタピートルの荒れはてたアパート街をぶらつき、かつては繁栄していた砂糖とバナナのプランテーションのみすぼらしい廃墟を眺めて、ケベック人の私たちはあっけにとられた。フランス人はこの地を手に入れるためにカナダを手放したのだ。カリブ海の近隣の島よりは暮らし向きが安定しているとはいえ、島の経済は本国のフランスに大きく依存している。

グアドループの選択は先見の明がないと思われるかもしれないが、当時は理にかなっていた。フランス領アンティルはフランスの全海外貿易の二〇パーセントを担い、とりわけサンドマングは世界で有数の裕福な植民地だった。それにひきかえ、カナダは金食い虫。十八世紀のフランスで大きな影響力を持っていた百科全書派の人びとは、富を生み出すのは征服ではなく貿易だけだと固く信じ、アメリカの植民地がなくてもフランスはやっていけると確信し、人びとを説得した。

大ルイジアナの譲渡

フランス語はフランスの撤退とともに北アメリカ大陸から消えたわけではない。生き残ったのは、おもに、植民地の黒幕ショワズール公エティエンヌ・フランソワのおかげだ。ショワズールはルイ十五世の外務大臣（一七六一～六六年）と戦争大臣（一七六六～七〇年）を務め、目端が利き、目的意識を持ち、ウィリアム・ピットの好敵手だった。フランス人は十八世紀初頭から大ルイジアナの入植を開始し、村や要塞を作っていた。ミシシッピ川上流に入植した人びとはたいてい、もともと罠猟師で、イリノイ川流域（現在のミズーリ）の肥沃な土地を耕していた。当時のルイジアナはミシシッピ川以西の現在の十五州におよび、カナダとの国境まで続いていた。ショワズールはどうあがいてもフランスが負けると観念し、一七六二年に大ルイジアナを密かにスペインに譲渡する。七年戦争でフランスに味方した見返りで、大ルイジアナがイギリスの手に落ちないようにする方策でもあった。

スペインの大ルイジアナ支配はきわめて大らかで、現地のフランス文化にほとんど影響をおよぼさなかった。フランス人入植者はイギリスの支配を避けるためにミシシッピ川西岸に移動する。それからの七十五年間、この集団はつねに、毛皮取引に加わってケベックからやって来たフランス系カナダ人で増強され、ルイジアナ州内でさえ、フランス語は保護された。スペインの支配体制は反フランス的ではなく、支配下で暮らすさまざまな集団を同化させることにも関心がなかった。カトリックを奉じるアカディア人入植者をルイジアナに招き、イギリス人の攻撃にそなえて、のちにはアメリカ人の攻撃にそなえて、ミシシッピ川西岸の防御を手伝わせた。フランス語を話す人びとはルイジアナでは活発で、スペインやドイツ、ポルトガルから来た移住者を同化し、その文化は、独特の音楽や料理、言語とともに、フランス語話者のケイジャン文化に取り入れられる。

ルイジアナが無事にスペインの手に渡ると、ショワズールはフランス海軍の補強に取り組む。武器を近代化し、軍艦の数を増やし、軍事工学を発達させ、陸軍士官学校を創設し、軍隊の階級を購入する権利を廃止した。地中海にフランスの基地を設けるためにイタリアからコルシカ島を買い取る（この購入を機に、ボナパルトという名のコルシカのさる一族がフランス人になった）。この結果、イギリスは海を支配していても、フランスから伝わってくる熱気を感じた。一七八五年には、大西洋を渡る商業の三四パーセントをイギリスが、二八パーセントをフランスが担う。フランスは強大な海軍国となっていて、アメリカの反乱者はイギリスに反旗を翻したときに、フランスに援助を求めた。結局、フランスはアメリカを助けるのに、ヌーヴェルフランスを守ったとき以上のお金を使う。その額一〇億ポンドと言われる。一七八一年までに、兵士一万二千人と水兵三万二千人をアメリカに派遣していた。

カナダで生き残ったフランス語

カナダでは、イギリスはフランス語を排除できなかった。一七六三年にフランスが正式にヌーヴェルフランスを手放したときには、カナダ人五万五千人が住んでいた。イギリスはカナダ人を同化させるだけの人手がなく、その後の十年間にカナダにやって来たスコットランドの商人六千人の助けを借りても、同化させられなかった。スコットランド商人はあの手この手で、フランス語を話すカトリック教徒から権利を剝奪しようとした。カトリック教徒が公務員になるのを許さず、契約書をフランス語で書いたり、地方の裁判官がフランス語で裁判を執り行ったりするのを禁止し、土地を分配するフランスの制度にまで反対する。カナダ人は抵抗し、抵抗があまりにも激しくて、イギリス人はカナダ人問題に対処するために管理者としてユグノーを雇わなければならないほどだった。そのあいだにも、イギリスの十三植民地で一大事が発生していて、イギリスはカナダにさらに多くの兵士を連れてくるような余裕などなかった。

そこでイギリスは譲歩し、一七七四年、ケベック法が可決される。これにより、カトリック教徒は信仰を放棄しなくても公職に就くことが許され、フランスの民法制度が継続され、領主の土地保有制度が維持された。今日のケベックでいまだに見られる肩を寄せ合うような村々や狭い畑は土地保有制度の名残だ。ケベック法により、カトリック教徒は植民地議会への参加が許され、ケベックは選挙による独自の議会を持つことも約束され、一七九一年に議会が誕生した。この政策は、当然ながら、ケベックとモントリオールにいたスコットランド人商人の怒りを買う。スコットランド人商人は有力な少数派で、フランス語を話すカトリック教徒を毛嫌いししていたが、最終的には、ケベック法のおかげでフランス語は命拾いする。

皮肉なことに、イギリス領北アメリカ（カナダになる前）は、フランス語の聖域となる。カナダ人五万五千人は、百五十万人のアメリカ人の中に放りこまれていたら、フランス語にしがみついてなどいられなかっただろう。アメリカの反乱者が一七八三年にイギリスをうち破り、大陸が分割されたとき、イギリス領北アメリカは、フランコフォンを、アメリカの人種のるつぼに飲みこまれるという事態から救った。カナダでは、移民が波のように押し寄せようが、フランスから切り離されようが、フランス語は保存された。これは、カナダの人口が少なかったおかげとも言える。早くも一七八〇年代には、アメリカから避難してきたイギリスの王党派五万人がカナダにたどりつき、その数はカナダ人の人口に迫る勢いだったが、フランコフォンは、一八三〇年代まで、カナダの人口の半分以上を占めていた。今日では、カナダの人口の四分の一を占め、ケベックでは八一パーセント、ニューブランズウィックでは三三パーセントを占めている。

5 王室とサロン文化を育んだことば

「フランス語はいかにして世界の普遍的な言語になったか」。この問いは、一七八二年にベルリン・アカデミーが主催した懸賞論文コンテストの課題で、そこには思い上がったところなどまったくなかった。十八世紀末には、フランス語が世界のリンガフランカであるという説に異論を唱える者など、ヨーロッパには誰ひとりいなかった。

二十二通の応募があり、アカデミーは二名に一等賞を与えた。ひとりはアントワーヌ・ド・リヴァロル。フランス人で、高名な作家ヴォルテールの庇護を受けていた。もうひとりはジャン＝クリスト・シュワッブというドイツ人で、シュツットガルト・アカデミーの教授。両者の主張は対照的だった。リヴァロルはフランス語が発展した歴史をみごとにまとめながら、基本的には、フランス語がほかのどの言語よりも明晰、単純、正確だから普遍性を獲得したという結論を導いた。「明晰でなければフランス語でない」という有名な言葉の生みの親だ。

リヴァロルの言葉が今日でも多くの人に引用されているのに対し、ともに受賞したジャン＝クリスト・シュワッブは世人の記憶に薄いが、分析はより鋭い。リヴァロルと同様に、フランス語はフランス文化の名声と人気のおかげで演劇や詩、随筆、歴史、科学で好んで使われるようになったと論じた。しかし、フランス語の人気は、フランス語自体にそなわっているとされる「特質」とは何の関係もなく、フランス語は言語の質ではなく、政治的な状況からヨーロッパでもっとも有力な言語になった。フランスが政治的に優位な立場にあり、征服の精神が旺盛だったため、フランス語は外国人にとって魅力的な言語に見えた。フランス語には植民者や外交官、前世紀にフランスから脱出したプロテスタントの亡命者など「媒介者」がいて、ヨーロッパの内外にフランス語を広めたと言うのだ。

シュワッブに言わせれば、フランス語の言語的な特徴も、優位な立場を強化した。ヨーロッパ諸国は共通の言語を必要としていたが、フランス語は共通言語不在の穴を埋めるのに、まさにうってつけの言語だった。アカデミー・フランセーズの努力のおかげで体系的な文法をそなえ、「完成された言語」とシュワッブが名づけた言語となって、習得しやすくなった。そんなわけで、フランス語はヨーロッパのほかの言語よりも広く流布したというわけだ。

サロンの隆盛

ある意味では、どちらの入賞者も正しい。ただし、どちらも重要な現象を見のがしている。フランス語が普及した背後には輸出の好調とともに、もうひとつの隠れた秘密、強力な国内消費があった。十八世紀のフランスは平和で、何世紀ぶりかで、フランス人はたがいに戦って活力を消耗することがなくなっていた。フランスはヨーロッパ最大の国で、勢力均衡の要に位置し、大規模な軍隊もそなえている。パリは人口六十万を擁し、ロンドンに次ぐヨーロッパ第二の大都市でもあった。貴族も中産階級も収入が増加し、恵まれた階級の人びとには人生が微笑んでいるかのようだった。

この繁栄が言語に興味深い影響を与えた。中産階級の層が厚くなり、国が豊かになるにつれ、貴族は地位や肩書きだけでは飽きたらず、民衆と一線を画す新しい方法を求め、礼儀作法や様式、文化への関心、洗練された物腰、高尚な思想が上層階級の印になる。サロンで異彩を放つには、明晰な頭脳、さえた話術、みごとな文章力が必要で、言語をあやつる能力が出世の道具となった。

サロンは目新しいものではなく、ランブイエ侯爵夫人（一五八八〜一六六五年）が十七世紀の初めにフランスで最初の大きなサロンを開いていた。夫人は十二歳で結婚し、アンリ四世の宮廷でくり広げられた陰謀や下品な振る舞いに辟易して、二十歳にならないうちに国王の宴席に顔を出さなくなり、自分の屋敷オテル・ド・ランブイエにフランスで最高の知性の持ち主を招いて宴会を開いた（リシュリューが目の敵にしたサロンだ）。オテル・ド・ランブイエは貴族や知識人にとって最高のサロンとなり、それは一六五〇年代まで続く。

ランブイエ侯爵夫人のサロンは会話を芸術の域に高めたと言われている。スキュデリー夫人、ラ・ファイエット夫人、のちにはスタール夫人などが同じようなサロンを主催し、十八世紀には地方の小都市にもサロンができていて、女性が有名無名の作家や芸術家、思想家を招き、思想を論じたり、会話の芸術（＝技術）を実践したりした。形式はさまざまで、毎週晩餐会を開くサロンもあれば、週に何回も集まるサロンや、時折開かれるサロンもあり、歌ったり、劇を演じたり、踊ったり、議論したり、丁々発止の言葉の応酬に興じたりした。芸術や文学、哲学が専門のサロンもあれば、まじめなものや愉快なもの、率直に言って好色なものなど、さまざまな形式の娯楽で夜を過ごすサロンがあった。形態はさておき、サロンはひとつの特徴として、エスプリを追求した。エスプりとは、ほかの言語に置き換えにくい概念で、機知と賢さとあざやかな弁舌、快活さを合わせ持つものと言える。会話の芸術は、遊び心や当意即妙の機知、意表をつく洞察を必要とした。フランス語はサロンの影響を受け、最高の形態の社交性と結びつけられた。

一六八〇年代にオランダを本拠地としたフランス人印刷業者ピエール・ベールが『文芸共和国便り』という雑誌を発行した。誌名は、出身階級よりも言語を巧みにあやつる能力が重視される知識人の集まりというサロンの姿をいみじくも物語っている。フランスでサロンが盛んになった理由には、最高の知識人——平民が大半だった——と最高位の貴族がサロンで顔を合わせたこともある。軍人や中産階級、女性でも、機知を披露できれば歓迎される。女性はサロンでは大きな自由を享受し、好きな話題を取りあげることが許され、エスプリをそなえていれば、男性と対等にあつかわれた。社会的な地位ではなく、言葉が巧みであれば、誰でもサロンで評判を獲得する。ある意味では、言語がフランスの社会の平等化に大いに役立ったというわけだ。言語は現代のフランスでもいまだにこの役割を果たしている。

十八世紀を迎えるころには、フランスのサロンはヨーロッパの各地でまねられ、そこではフランス語が使われた。フランス貴族の処世術の縮図で、最新流行の極致と考えられる。サロンの女性主人は最新流行の服に身を包み、屋敷は贅沢な装飾がほどこされた。ヨーロッパ中の貴族が、フランスの貴族社会に行きわたっていたお祭り気分に惹きつけられ、お祭り気分は、ときには乱痴気騒ぎに転じることもあった。サロンの神秘的な雰囲気は十九世紀半ばまで続いた。

フランス語は、サロンが提供するすべてのものへ通じる入り口と考えられるようになった。今日、英語が未来へ通じる扉と考えられているのと似ている。フランス語は望ましいもので、口頭にしろ文書にしろ、意思伝達という技術の実践に不可欠で、反論の余地のない、文化と洗練された作法の媒体だった。歴史家でアカデミー・フランセーズの会員マルク・フュマロリが著書『ヨーロッパがフランス語を話すとき』で述べているように、十八世紀には、フランス語は繁栄と余暇を引き立てるもので、持てる限りのあらゆる幸福を象徴していた。

フランス語の名声を高めた科学技術の進歩

フランス語の名声を高めたのは、うわついた風潮や焼き菓子《プチフール》だけでない。きらびやかなサロンの背後で、フランスは科学や思想、文化、産業で偉業をなしとげていた。十八世紀には、すでにクリスタルガラスや鏡、高級食材、香水、ワインの生産で名を馳せている。科学と知の発展ではイギリスが大きく貢献していたが、フランス人も大きな進歩を達成した。早くも十七世紀に、ブレーズ・パスカルが最初の計算機を考案していた。科学技術の天才ドニ・パパンは一六七九年に圧力鍋を発明し、八七年に蒸気の力を証明し、一七〇七年には最初の外輪船をライン川で建造する。発明家のジャック・ド・ヴォカンソンは一七三七年に機械仕掛けのおもちゃを考案して当時の人びとを驚かせ、四六年には、水力で動かし、穴あきカードを使って操作する自動紋織り機を発明した。フランス人が開発した科学技術の極めつきは、モンゴルフィエ熱気球をおいてない。名称は、発明者ジョゼフ・ミシェルとジャック・エティエンヌのモンゴルフィエ兄弟にちなむ。兄弟は一七八三年に羊と雄鶏とアヒルを乗せた紙の気球を短時間飛ばして宮廷の人びとにあっと言わせた。二か月後、ピラートル・ド・ロジエとフランソワ・ダルランド侯爵がモンゴルフィエ熱気球に乗りパリの上空を二十数分飛行して、パリの左岸を横断した。人類初の空中飛行だ。

十八世紀に科学を大きく進歩させたフランス人はほかにもいる。ピエール・フォシャールは近代歯科学を創始し、ルネ・ド・レオミュールは製鋼の工程を改良し、最初の実用的な温度計を発明した。クロード・ベルトレは塩素と塩化物の研究で知られる。ジョルジュ・ド・ビュフォンは実験科学理論を確立し、種の分類法を考案し、三十六巻の『博物誌』を著した。ジョゼフ＝ルイ・ド・ラグランジュは数学の理論で名をなした。世紀の傑出した人物のひとりアントワーヌ・ド・ラヴォアジエは、水の構造（H_2O）を証明し、元素表を初めて作成し、ジャン＝アントワーヌ・ノレ神父は最初の電位計を発明し、液体中の音の伝導をくわしく調べた。スイスの数学・物理学の学者一家ベルヌーイ（ジャック、ジャン、ダニエル）は微積分や統計学、振動の分野で数の理論を展開し、航空機の翼の設計に決定的な貢献をした。

啓蒙思想家の影響

十八世紀パリの知的沸騰がフランス語をヨーロッパ共通の伝達言語、学術交流言語にしたことは、疑いない。十八世紀は啓蒙の世紀と言われている。大学はまだ保守的なカトリック教会に牛耳られていたが、サロンやカフェでは自由闊達な討論が行われ、芸術や科学の学会が全国各地に続々と誕生する。パリにはどの街角にもカフェがあり、本屋はカルチエ・ラタンだけでも十数軒あった。

サロンは知的な反抗の気風を生み、とくに哲学者《フィロゾーフ》〈啓蒙思想家〉を支援して、この潮流に拍車をかけた。啓蒙思想家の影響力は一七五〇年代に最高潮に達する。サロンに顔を出したり、貴婦人から直接援助を受けたりした哲学者も少なくない。ルイ十五世のかの有名な愛人ポンパドゥール夫人はこうした哲学者たちの大いなる庇護者として通っていた。

哲学者《フィロゾーフ》は、科学や貿易から文学や社会批判まで、さまざまな話題に関心をいだいた。一致する点をあげるなら、改革者で、反専制、反権威主義という姿勢だけ。楽観的な思索家で、中心的な課題は人間の幸福だった。男（女性は蚊帳の外）は生まれながらに自由で、その自由は奪われることができないと考えた。

中心的な信条のひとつは、政治体制は神授の支配権だけで自己を正当化することはできないというもので、当時としては急進的だった。支配者は、正当であるためには、臣民の幸福に寄与しなければならない。課題は、国民が社会の中で幸福に暮らすには、どのようにして自由を維持しながらも、相反する利害を一致させるかだ。哲学者《フィロゾーフ》は、理性と自然法こそが、社会を築くよりよい方法の発見を可能にし、この難問を解決すると考えた。理性と個人主義が伝統と宗教をうち破ったことから、知的な探求をたゆまず行う気風を、哲学だけでなく、科学や工業技術の知識や政治思想でも広めたのだ。

ディドロ　十八世紀の叡智の偉大な業績に『百科全書』がある。その編纂はドニ・ディドロ（一七一三〜八四年）が生涯をかけた仕事だった。ディドロはイエズス会の教育を受け、聖職の道を志したが、一七二〇年代後半にパリに赴く。随筆を書きはじめたがぱっとせず、一七二八年にジャンルを変え、当時のフランスで実践されていたありとあらゆる芸術や科学や商売を解説する目録の作成に取りかかる。このアイデアが画期的と考えられたのは、百科事典を使えば誰でもほとんど何についても知識を得られ、それまでは知識を独占していたその道の専門家に頭を下げて教えを請わなくてもすむからだ。『百科全書』は学問のあらゆる分野をひとつの体系に組織し、それぞれの分野の関連を示そうとしたものだ。詩などの高尚な芸術をも、皮なめしや鋳物術など一般の商売と同等にあつかった。

ディドロは書いたものが災いして、たびたび投獄された。『百科全書』の第一巻は一七五九年、宗教関係の著作のせいで三か月間投獄されたあとに刊行された。『百科全書』が与えた影響は計り知れない。ロシアの女帝エカテリーナ二世は一七六五年にディドロの蔵書を買い取り、本を自由に使わせ、五十年分の給料を与え、『百科全書』の完成を支援した。全書は一七七八年に完成し、二十八巻になる。ジャン＝ジャック・ルソーとヴォルテールもそれぞれ音楽と歴史について執筆した。

ヴォルテール　ヴォルテールの名で知られるフランソワ＝マリー・アルエ（一六九四～一七七八年）こそは、フランス語をヨーロッパ大陸に広めた最強の知識人だ。ペンネームは若きアルエのアナグラム（AROVET Le Ieune → Voltaire）。十八世紀初頭にはこのようにつづられ、uとv、jとiはまだどちらを使ってもよかった。パリの裕福な家庭に生まれたヴォルテールは、十八世紀のフランスで最大の影響力を持つ哲学者となり、随筆や歴史書、詩、小説、劇、哲学物語で名を馳せた。サロン文化の寵児だ。才気煥発な論客で、プロイセンのフリードリヒ二世やロシアのエカテリーナ二世などと文通し、相談相手を務め、生涯で一万八千通以上の手紙を書いたが、思想を編み出すというよりも、世に広めることに長けていた。ニュートンやジョン・ロックの思想を取り入れるかたわら、哲学者《フィロゾーフ》とは、明確に述べられた思想を愛し、人間の経験を信頼し、社会を統治する組織を批判し、絶対主義の支配に反対する者であることを喧伝する。どんな問題についても率直に語り、折あらば、ありとあらゆる権威主義や伝統主義を攻撃した。フランスのカナダ植民地維持に反対する運動も指導した。

フランス語には思想を伝える固有な力があるという説を一般に広めたのは、ヴォルテールだ。「言語の精髄と私たちが呼ぶものは、明晰かつ正確に、そしてほかの言語がもっと貧しいやり方で表現するものを調和のとれた方法で表現する能力である」と述べている。今から考えれば、言語と言語に対する態度を混同していたのだろう。むしろ、哲学者《フィロゾーフ》の存在そのものがフランス語に対するこのような姿勢の起源であり、体現者だった。十八世紀の哲学者は、明晰で正確であれというマレルブの教えを実践し、新たな高みに持ち上げたのだ。

モンテスキュー　ボルドーの判事シャルル・ド・スコンダ、ブレドおよびモンテスキュー男爵（一六八九～一七五五年）は一七二四年から、ランベール夫人がパリで開いていたサロンの常連で、タンサン夫人やデファン夫人のサロンにも通っていた。一七二一年、著書『ペルシア人の手紙』をひっさげてフランスの文壇に登場する。著書は架空の物語で、フランスに住む偽のペルシア人が社会習慣や礼儀作法、政治制度を部外者の視点から眺めている。フランス王国に対する批判が見え隠れし、絶対主義の国王は魔術師で、国民に同意させる魔法の力を持っていると主人公は無邪気に説明する。宗教に対する批判は手きびしく、「三角形に神があるなら、三角形は神に三辺を与える」と述べた。喜劇作家の顔も持ち、「相続人は聴罪師よりも医者を好む」や「フランス人は自分の女房の話をめったにしない。女房のことを自分よりもよく知っている人の前で女房の話をするのが怖いのだ」といったユーモアあふれる言葉が今日でも引用される。

フランス国外では、『法の精神』がもっともよく知られている。モンテスキューはこの革新的な著作の中で、合意によって運営される政府、名誉によって運営される政府、恐怖によって運営される政府を紹介した。権利の分立について述べた章は有名で、アメリカ合衆国憲法に着想を与えた。

ルソー 十八世紀に名を残したもうひとりの政治思想家ジャン＝ジャック・ルソー（一七一二〜七八年）は、ジュネーヴで五代続いたプロテスタントの時計職人の家庭に生まれ、カトリックに改宗した。不幸な少年時代を過ごしたため、情緒不安定で偏執的な性格に育つ。生後まもなく母親を亡くし、十歳で父親に捨てられ、長じて、失われた無邪気という考えにとりつかれた。ひとかどの音楽家となったルソーは、一七四〇年代に著述を始め、一七五〇年にディジョン・アカデミーの懸賞論文で一位に選ばれ、一躍有名になる。課題は「学問芸術の復興は習俗の純化に寄与したか否か」で、ルソーは学問芸術の進歩は人間の心を「堕落させた」と論じた。「気高い未開人」という言葉は、実際には使っていないが、つねにルソーと結びつけられてきた。

ルソーの主要な関心事は政治ではなく、人間が持って生まれた倫理的な、自然で精神的な性質と社会生活をいかに調和させるかという哲学的な課題だった。人間を生まれつき「善良」と考えたのか、そうでないと考えたのかは、いまだに議論が分かれている。はっきりしているのは、人は生まれながらに自然で、奪うことのできない大切なもの、社会によって認められるか損なわれる何らかの可能性をそなえているという考え方の創始者だったことだ。子どもの本質を損なわずによき市民に育てる理想的な教育を説いた教育論『エミール』は一七六二年に出版され、多くの人に読まれた。同年に出版された『社会契約論』では、「善良な」人びとを社会制度と調和させるには、社会は人間の安全と自由のどちらも保証しなければならないと述べている。単なる特権や、力に基づく権威という考え方をしりぞけ、人民だけが主権者で、社会の成員全体の合意だけが権威の正当な基盤を形成できると論じた。のちに宗教を批判して保守的なソルボンヌの怒りを買い、イギリスに亡命する。フランスに帰ってきたのは世を去る数年前だったが、ルソーの思想、そしてまた啓蒙思想家の思索は、フランス語と反順応主義的な普遍的な思想を結びつけ、今日にいたっている。

哲学者《フィロゾーフ》たちは著作の影響力を通し、またヨーロッパ各国の首都に旅して、未来の言語としてのフランス語の名声を喧伝し、不動にした。ルソーの作品は多くの人に読まれ、とりわけイギリスで多大な影響をおよぼし、『エミール』の人気は高かった。モンテスキューとディドロはオランダを訪れ、ヴォルテールはオランダに五回旅してベルリンにも足を伸ばし、一七二〇年代後半に二年間イギリスに亡命し、ジュネーヴに何度も亡命した。哲学者の影響力は、サロンの神秘的な雰囲気とともに、この時代のスウェーデン語やドイツ語、ロシア語にフランス語の表現が見られる理由になっている。ロシア人は coquetterie（媚態）や galant（粋な）などの言葉を使い、オランダ語を話す人びとはフランス語的な表現を、とりわけ芸術や公共の場や社交の場で取り入れた。イギリス人は地理的に近く、長年反目していたために、とりわけ影響を受けやすく、élite（エリート）、avalanche（なだれ）、réservoir（貯水池）、bouquet（花束）など数百のフランス語を取り入れ、bon vivant（人生を楽しむ者、美食家）、coup de grâce（とどめの一撃）、beau monde（上流社会）などの語句も用いられるようになる。

十八世紀のフランス語

十八世紀のフランス語のつづりと文法は文書で残されているので、現代の読者にもすぐにわかる。文の語順は主語―動詞―目的語に固定された。アルファベットのｉとｊ、ｕとｖが完全に区別されるようになったのは、アカデミー・フランセーズが一七六〇年に着手したつづり字改革による。フランス語の文法理論家は規則を成文化する作業を続け、過去分詞を中性のままにしておくべきか、関連する名詞の性や数と一致させるべきかで激しい議論を闘わせた。一致させる者もいれば、特別な条件の下で一致させる者もいたが、少なくとも問題の所在ははっきりした。発音についてはほとんど進展がなかったが、階級差が明瞭になるものもあった。貴族は moi（私を）を「ムウェイ」、anglais（英語）を「アングレイ」と言い、民衆は、とくにパリでは「モワ」、「アングレ」と言った（今日と同じ発音）。

文法理論家と純粋主義者はフランス語の規則の確立に余念がなかったが、フランス語自体は、科学や産業、探険という新しい現実に応じて発展しつづけ、usine（工場）、bureaucratie（官僚政治）、économiste（経済学者）、gravitation（重力）、azote（窒素）など新しい単語が使われる。新しい哲学や感覚を説明するために、alarmant（心配な）などの形容詞や、moralisme（道徳主義）などの名詞が新たに作られた。ingénieur（技術者）と facteur（郵便配達夫）は現代の意味を持つ。英語の challenge（挑戦）、toast（トースト）、ticket（切符）など、もともと古フランス語から英語に取り入れられた単語が十八世紀にふたたびフランス語に入り、新しい意味を持つこともあった。イギリスの議会政治制度の影響で、club（クラブ）や vote（投票）、pétition（請願）、majorité（過半数）だけでなく、officiel（役人）、législature（立法府）、inconstitutionnel（憲法に違反する）といった新しい言葉が使われるようになる。この時代には、ほかの外国語からも影響を受け、ルソーの小説『新エロイーズ』からスイスの古い言葉chalet（別荘・館）がよく使われる。この言葉は、当時ジュネーヴ周辺で話されていたフランコ＝プロヴァンス語で「隠れ家」という意味だった。

ヨーロッパの外交用語に出世するフランス語

フランス語がラテン語に代わってヨーロッパの外交用語になったのはこの時代だが、そんなことが国際法のどこかに書かれているわけではない。一六七八年までヨーロッパの条約はほぼすべてラテン語で書かれ、ラテン語は中立の言語と考えられていた。これが変化しはじめたのは一六四八年のウエストファリア条約以降で、敗北した神聖ローマ帝国を支配していたオーストリア人が、条約をラテン語で書くのは自分たちの特権だと要求し、初めてラテン語が特定の国家と結びつけられた。フランス語が定義を与えられた言語で、規則と定義によって固定されていることは、フランス語で書かれたものなら何年たっても意味が変わらないことを意味する。一六七八年にナイメーヘン条約がフランス語とラテン語でしたためられた。スペイン継承戦争を終結させた三条約のうち、一七一四年のラシュタットとバーデンの条約は全文がフランス語で書かれた最初の条約だが、フランスは戦争で負けていた。フランスの全権大使ヴィラール公爵はフランス語しか知らず、それでフランス語がわかる神聖ローマ帝国の交渉相手サヴォワのウェジェーヌ公がヴィラール公に合わせたのだ。フランスのアルトワ大学教授アニェス・ヴァルクによると、条約はフランス語で定められても先例とならないと明記する条項が挿入された。この条項は一七三六年と一七四八年の条約にも再登場するが、一七六三年にパリ条約が締結されるころには姿を消し、条約は全文がフランス語で定められ、それ以来、条約はすべてフランス語で定められた。顕著な例外だったイギリスを除けば、ヨーロッパのほとんどの国で、外交覚書きでさえフランス語で書かれた。

フランス語がヨーロッパの外交用語になったのは、フランスの国力というよりもフランス語の持つ力が大きい。そのころ職業外交官が登場し、そのうちの多くが職業軍人でもあった。軍人は、ふつう若い年齢で入隊するので、ラテン語をほとんど知らない。こういった職業外交官が外交会議に夫人を同伴した。上流社会の女性はフランス語を話すので、サロン文化が会議室に満ちていった。フランス語の地位は公認ではない。どれだけ使われているかという問題だ。一九一九年までフランス語はヨーロッパの高級レベルの外交で唯一の言語だった。

王侯貴族はフランス語がお好き

社会情勢もフランス語が国際舞台で活躍する後押しをした。ヨーロッパの政治体制はあちこちの王家間の婚姻関係で成り立っていたので、国王と王妃、上流階級の人びと、著述家、愛人や妾のあいだで交される会話はすべてフランス語で行われた。スペイン、イタリア、ポルトガルから、イギリス、ドイツ、オランダ、ロシア、スウェーデンにいたるまで、君主はフランス語を学び、フランス語で手紙をしたため、例や手本としてフランスに目を向けた。

スウェーデンの若い貴族は、グスタフ三世（在位・一七七一～九二年）が即位するほぼ百年も前からパリに留学していた。グスタフはフランスびいきの国王になり、ラシーヌやヴォルテールに心酔する。フランス語で育てられ、フランス語の本を読み、ほかの外国語を話さなかった。フランスの演劇をスウェーデンに紹介し、フランス人画家を招いて城の装飾をさせ、ヴェルサイユから届くニュースに通じていた。一七八六年にお忍びでルイ十六世とマリー・アントワネットをヴェルサイユに訪れ、この訪問後まもなく復活させたスウェーデン・アカデミーは今日でも活動している。

フランスびいきの君主はヨーロッパではめずらしくない。ロシアのエカテリーナ二世（在位・一七六二〜九六年）は即位前にヴォルテールやモンテスキューの作品を熱心に読み、治世中にヴォルテールと文通し、ヨーロッパや世界のできごとについて意見を交換し、アカデミー・フランセーズを手本にしてロシアの作家のためにアカデミーを設けた。啓蒙専制君主だったのか、ただの暴君だったのかは、いまだに意見が分かれている。いずれにしろ、帝政ロシアをりっぱにしようと努力し、さまざまな考え方を求めてフランスに目を向けた。フランスの知識人や科学者、芸術家、産業界の指導者を招き、フランス語教師をパリに留学させ、フランス人教師を呼び寄せ、城内でフランス語劇の夜会を開く。ロシアの王侯貴族は誰でも、十九世紀半ばまでフランス語を流暢に話し、一九一七年にロシア革命が起こるまでフランスとロシアの結びつきは強かった。

プロイセンのフリードリヒ二世（在位・一七四〇〜八六年）の場合、事情はもっとこみ入っている。フリードリヒは熱心なフランスびいきになり、フランス語で学び、ものを書きたいとひたすら願った。ヴェルサイユ宮殿をまねてサンスーシ城（「憂いのない」城）を建て、フランス語を話す人を大勢、宮廷に配した。軍隊にはフランス人の兵隊がいて、行政機関にはフランス人の役人がいた。フランスの役者や劇しか見たがらず、フランス語で詩作する。長年文通していたヴォルテールにあてた手紙でフランス語のしゃれを用いたのはよく知られている。たとえば、晩餐会の暗号めいた招待状がある。

p　à　ci
venez　sans

訳すとVenez sous p（pの下にvenez）à sans sous ci（ciの下にsans）となり、声に出して読むと、**Venez souper à Sans Souci.**（サンスーシの晩餐においでください）となる。

フリードリヒは即位するとまもなく、アカデミー・フランセーズを模範にしてベルリンにベルリン＝ブランデンブルク学術アカデミーを再編成した。一七八三年にリヴァロルとシュワッブが受賞した懸賞論文コンクールを主催したアカデミーだ。

フランスびいきとはいえ、フリードリヒ二世はフランスとロシアを敵にまわした戦争を思いとどまることはなかった。情け容赦のない領土拡張政策を推しすすめ、ロシアとオーストリアと手を結んでポーランドを分割したときのように、フリードリヒのヨーロッパでの名声は傷つく。フランソワ一世が人文主義者を登用したのと同じ目的で、哲学者《フィロゾーフ》を登用した。外国での評判が芳しくないときに評判を回復するために、世論の代弁者の支持を得ようとしたのだ。結局、攻撃的な外交政策のせいでヴォルテールとの友情もこわれ、機知に富んだ招待状を送ることもなくなった。

各国上流社会に流行するフランス語

イギリス人のフランス好きほどうらはらなものはない。四世紀にわたってフランスと張り合いながら国家のアイデンティティーを築いてきたのだから、驚くにあたらない。それでも、フランス語はイギリスの上流階級でまぎれもない品質保証マークでありつづけた。若き士官ジェイムズ・ウルフは、ケベック市の城壁外でフランス軍をうち破る数年前のこと、「光の都」とうたわれたパリに五か月間派遣され、舞踊やフェンシング、乗馬、オペラ鑑賞にいそしみ、フランス語の腕を上げていた。ケベック駐留のイギリス士官はたいていフランス語を話した。ホレス・ウォルポールとデヴィッド・ヒュームは書簡のほとんどをフランス語でしたため、イギリスの貴族やジェントリー階級の人びとは、子弟にヨーロッパを横断するイタリア旅行をさせたものだ。かならずフランスは旅先の訪問地になり、しばしば目的地にもなった。

十八世紀を通して、大旅行はイギリスで風刺のきいた紀行文学の格好の題材になる。ローレンス・スターンは何年間かフランスで暮らし、小説『センチメンタル・ジャーニー』でフランスを「ややまじめすぎる」が「洗練された国」と呼んだ。主人公は身も心も軽く各地を飛びまわり、文化的な視野を広げるというよりは人妻を追いかけていたのだが、そのついでに洗練や放蕩、情事、機知、優雅、自信といった、いかにも当時のフランス人らしい特徴をそなえた人びとと出会う。おもしろいことに、sentimental（感傷的な）という単語がフランス語に入ったのは、スターンの影響だった。フランス語にはまだこの形容詞がなく、それでフランスの翻訳者と出版社は英語の単語をそのまま使ったのだ。

イギリス人がフランスとフランス人に贈る賞賛は、手放しのものではなかった。フェルディナン・ブリュノは十九世紀に出版した『フランス語史』で、イギリス人は十八世紀にフランス語をヨーロッパ語として認めたが、ほかの国と違って、フランス文化が優秀であると認めていたわけではなく、フランス語は「世界中で通じる便利な言語」にすぎないと考えられたのだと述べている。イギリスの思想家や科学者の著作がヨーロッパ中で読まれたのは、フランス語版が普及したおかげだ。ジョン・ロックは、イタリアでは、『啓蒙論』のフランス語版で有名になった。ホッブスの著作もフランス語でヨーロッパ各地に普及する。オックスフォード大学では一七四一年からフランス語を第二言語として教えたが、ブリュノによると、イギリス人は実際には「フランス語そのものではなく、ヨーロッパの言語を学びたかった」だけだ。

ヨーロッパの上流階級以外の人びとがフランス語の習得にかりたてられたのは、何よりも、ヨーロッパ語を探し求めるこの動きが原因だった。十八世紀を通して、貴族や中流階級の家庭はフランス語を話す世界に入りこむ方法を必死で探していた。フランス語の辞書や文法書はおもに地方の中産階級や貴族向けに書かれたが、読者はほかにもいた。ドイツの公国では、ドイツ語が役に立つのは馬に話しかけるときくらいだと考えていた人が少なくない。子どもたちはフランス語で授業を行う学校に送りこまれ、ユグノーが運営する学校はとりわけ人気があった。百五十年のあいだにこれらの学校はフランスのコレージュとリセのネットワークの背骨を形成する。家庭にも、フランス語を話す子守がフランスやスイスからやって来た。ヨーロッパの少なからぬ地域で、フランス語は、フランスやフランス人と何の関わりもなく、独自に発展する。フランスの本やフランス語に翻訳された本、フランス語の演劇はヨーロッパのどこの首都でも見られるようになり、フランスびいきの人びとはいつでもフランスの最新ニュースを手に入れることができた。『オランダ新聞《ガゼット・ド・オランド》』と呼ばれたフランス語新聞が十数種発行されていて、それを読んでいたからだ。インディアナ大学のクライド・ソグマーティンによると、この紙名は国際的なフランス語紙ならどんな新聞でも指し、ロンドンで発行されていても、ベルリンでもモナコでもルクセンブルクでも同じ名前だった。

フランスびいきの種はヨーロッパの外にも広がっていた。フランス語は当時、モルダヴィアとワラキア、つまり将来ルーマニアとなる地域にも進出していた。ルーマニア人はもともとロマンス語を話していたので、フランス語習得はたやすかった。フランス語は、ルーマニア人がフランスびいきのロシア人や、ギリシアにいたオスマントルコの行政官と接触して広く普及する。トルコの行政官も熱烈なフランスびいきだった。一八五九年にナポレオン三世の援助でワラキアとモルダヴィアが統合され、現代のルーマニアが誕生する。二十世紀になっても、しばらくはフランスの援助とエリートたちの強烈なフランスびいきが、独立国家ルーマニアの建設に必要だった。ルーマニア人はソヴィエト社会主義の支配下にあっても、気持ちの上ではフランス語との結びつきを維持した。

英語がフランス語に取って代わるなどありえないとリヴァロルが論じたのは誤りだった。当時の識者は世の中を観察して、英語がやがて世界の共通語になるとすでに予測していた。フェルディナン・ブリュノによると、英語自体よりもイギリスの思想に対する関心が高かったが、英語には、フランス語に対抗できる兆候がすでに現れていた。ジャン＝クリスト・シュワッブは、英語は魅力に欠けるとしても、きわめて習得しやすい言語だと考えた（ドイツ人の視点で）。英語がかかえる大きな問題は、普及がうまくいかなかったことだと述べている。けれども、英語がアメリカで「栄えある帝国」を獲得したときには、それは変わるだろうと予測した。

6 革命とフランス語

フランス革命が勃発した翌年の一七九〇年八月、国民議会は世界初の言語調査の実施を、人望の高かった革命派聖職者アンリ・グレゴワール神父に命じた。グレゴワールは医師や法律家、大学教授を全国の村に派遣し、国民の話す言語がフランス語なのか、ドイツ語、イタリア語などの外国語なのか、あるいは俚語《パトワ》――俚語とは地域語の蔑称――なのか、俚語ならどのようなものなのか、などをことこまかに調査した。

グレゴワールは四年間で調査結果をまとめ、報告書を提出した。調査の規模が大きく、詳細な情報を処理しなければならず、しかもデータ収集時には国が革命のさなかにあって小規模な内乱状態だったことを考えれば、驚くべき成果だ。

報告は一七九四年に国民公会〈一七九二年から〉に提出され、今日でも外国人が驚くようなフランスの姿をみごとに伝えている。一七九〇年代のフランスは文化や言語の寄せ集めだった。国民二千八百万人のうちフランス語をきちんと話せた人は、わずか三百万人。文字が書けた人はもっと少ない。ほかに六百万人がフランス語で会話ができ、少なくとも六百万人はまったく話せなかった。残りの千三百万人は理解してもあやふやだった。地域語は国中で三十もあった。ヴィレール＝コトレの勅令から二百年以上たっても、フランス語はいまだに国家機構からほかの言語を追い出していなかったのだ。国境付近では、日常会話や法廷や行政にイタリア語やドイツ語が使われていた。

革命＝帝政期はフランス語に甚大な影響を与え、新しい政治部門や制度を言い表すためにおびただしい数の新語が誕生した。フランス語が国内で果たす機能も大幅に、しかも突如として変化し、言語は革命期に国を中央集権化する道具となる。このようにして、フランス語は初めてフランスという国家の存在を証明する基盤になったのだ。国外で果たす役割も変化し、エリートの言語という地位が強化される一方で、「自由の普遍言語」という新しい称号を獲得する。

革命＝帝政時代

それまでのフランスの数十年間、あるいは百年間の政治的状況を考えたら、革命が起きたこともうなずける。一七八九年七月十四日のバスティーユ襲撃とともに革命の火ぶたが切って落とされたと一般に見なされているが、引き金となる政治危機はその十週間前の五月に始まっていた。そのころ、ルイ十六世は破産に直面していて、三年続きの不作のあとに暴動が発生し、もはや増税を選択する余地もなく、三部会に意見を求めなければならなかった。三部会は聖職者と貴族と平民の三つの異なる身分の代表が構成する議会だが、一六一四年以来、招集されていなかった。三部会の非難は高まり、怒りが一気に爆発する。平民代表はことに激昂し、貴族と聖職者の特権だけでなく、国王の専制支配にも腹を立てていた。

平民は、すでに自らを人民の唯一の代表と宣言し、国の体制を一夜にしてくつがえそうとした。六月二十日、自分たちの権利を定める憲法を手に入れるまで議会を解散しないとし、自らを国民議会と宣言する。六週間後に貴族の特権を廃止し、封建体制を倒した。その後、事態が激しく推移する中で、フランスは内戦、独裁政治、帝国の征服戦争に引きずりこまれる。

フランスは、一七八九年から一八一五年までに、大まかに五つの段階を経た。一七八九年から一七九二年までは立憲君主政だったが、ルイ十六世は専制君主と見られるにいたり、一七九三年に処刑された。これをきっかけに革命でもっとも過激な時期、大恐怖政治時代を迎える。マクシミリアン・ド・ロベスピエール率いる公安委員会が国を統治し、ロベスピエールは国内の内乱を鎮圧し、革命に敵意をいだく隣国に戦争をしかけた。反対分子およそ一万七千名が首を落とされ、三万五千人が投獄されたが、一七九四年にはロベスピエール自身が反クーデターでギロチン台に登った。

一七九四年に総裁政府というブルジョア政府のもとで事態は収束するが、政治は腐敗し、一七九九年に若き英雄ナポレオン・ボナパルト〈一七六九〜一八二一年〉が権力を掌握し、自らを第一執政、すなわち終身の独裁者であると宣言した。ナポレオンは五年のあいだみごとに指揮をとり、国内に秩序を取りもどす。しかし一八〇四年に自らフランス皇帝を名乗ると、征服戦争をしかけて領土を広げようとした。政治体制はしだいに専制的になり、崩壊の道をたどる。ナポレオンは一八一五年にワーテルローでイギリス軍に大敗を喫し、セントヘレナ島に流されて生涯を閉じる。

政変が相次いだ一七八九年から一八一五年までのいわゆる革命＝帝政期は、政治、経済、軍事の絶え間ない危機の時代だった。ロベスピエールは、反対意見をたたきつぶして共和国を維持する手段は恐怖政治しかないと考えたが、同時に熱烈な民主主義者にして人権の擁護者で、フランスがどんな犠牲を払うことになろうと奴隷制廃止を支持した。ナポレオンは独裁者かつ帝国主義者で、奴隷制復活に尽力したが、それでも民法典や行政機構などの制度を定めた。次にシャルル＝モーリス・ド・タレイランが登場する。タレイランは政治の激流を乗りこえるために、ひたすら自己変革をはかった。革命に参加したときはロワール川流域のオータンの司教で、革命が激化すると亡命する。一七九七年に帰国し、総裁政府の外務大臣となり、帝政時代にもその地位にとどまったが、ナポレオンの野望に歯止めがかけられなくなると、一八〇七年に反旗を翻す。ルイ十八世の短い治世中に外務大臣を務め、一八一四年のウィーン会議では、和平交渉のフランス代表となる。一八三〇年、長期間の引退後に復帰し、ルイ・フィリップがシャルル十世から政権を奪った七月革命時にはルイ・フィリップの顧問となり、最後はイギリス大使を務めた。

アンリ・グレゴワール神父は、革命でもっとも信念をつらぬいた気骨ある人物に数えられるだろう。一七八八年に進歩的な評論『ユダヤ人の新生』を著して有名になる。知的好奇心が旺盛で、黄経局〈革命暦を作成した暦作成局〉からユダヤ人や奴隷の解放にいたるまで幅広い活動を展開した。三部会の聖職者代表として、国民議会が発足したときにまっ先に平民側につく。革命期には熱狂的な愛国主義者で、共和国に忠誠を誓った最初の聖職者。大恐怖政治時代に聖職者がギロチン台に引っ立てられていたころ、司祭服を着て平然と町を歩いた。カトリック教会の国有化を支持し、のちにナポレオンがローマ教皇と和解したときには、公然と反対を表明する。葬儀では、学生たちが馬を放して自らの手で馬車を引き、二万人の参列者が行進した。

革命政府の言語政策

国民議会が発足して数か月もすると、言語が革命の実現にどれほど重要か、議員たちは痛感した。革命政府が威令を行きわたらせようとすると、たちまち言語問題が浮上するのだ。当初、国民議会はなるべく多くの人が理解できるように、法令や法律を領土の地元の言語、アルザスではドイツ語に、ブルターニュではブルトン語に、また、カタロニア語やイタリア語にも翻訳しようとした。ところが、地方の言語には、明確な規則や文法あるいは定義された語彙がないものがいくつもあった。さらに困ったことに、どこでどんな言葉が話されているのか、さっぱりわからない。そもそも国民議会がグレゴワールに言語調査を依頼したのも、フランスの言語状況を把握し、その対処法について助言を得るためだった。

言語問題への取り組みは急速に展開した。法律や法令をすべて翻訳する方法が国民議会にはなかったせいもある。さらに、現実的な問題として、共和政と法律を施行するには、共通の言語を確立しなければならない。一七九一年、グレゴワールの調査結果が提出される以前に、当時は議員だったタレイランが「フランス語をフランス国内で使われる共通の言語とする」と宣言している。

国民議会の議員たちはすぐに、フランス語が、国家のアイデンティティーを生み出し、強固にする手段になると考えた。旧体制時代は、多言語国家であっても、国を団結させる忠誠心を国王が鼓舞した。今や政治体制は国民の支持がなければ成り立たない。国民議会は人民の支持を得るために、フランス語を、全国民がそこにアイデンティティーを見出せる何かにする作業に乗り出した。フランス語を、国民議会に劣らぬフランスの制度にするというのだ。

私たちは、フランスに住んでいたときに、フランス語が制度と呼ばれるのを聞いていささか戸惑った。私たちにとって制度という言葉は、公共サービスや建造物、法人などにあてはまる。もちろん、純粋な意味では、「制度」は制度化されたものを指している。確立されたもの、設立されたもの、あるいは導入されたものだ。まさにここに、フランス人のフランス語観がある——国家機構の固定された、不動の部分としての言語だ。このような言語観は、英語を話す人びととフランス語を話す人びとの文化における基本的な相違の核心に関わっている。イギリス人はとかく自分たちの制度を過小評価し、憲法は不文律で、法律制度はまとめて成文化されていない。言語への姿勢もこれを反映している。英語には規則があるが、規則は重視されない。一方、フランス人は、あんなに役人がいても自分たちの機構制度を自慢し、あんなに規則だらけでもフランス語を自慢する。

フランス語の公共教育

革命家は、フランス語を制度にするには、人民にしゃべらせなければならないことにすぐに気づき、目標を達成する手段として、教育に目をつける。一七九一年に書かれた憲法の第一条は、共和国の「もっとも重要な社会的目標」を、すべての国民が無償で受けられる公共教育であると定めている。そこで国民議会は公共教育委員会を設置した。おもな目標は、子どもにフランス語で読み書きを教えること。教育を通して、フランス語は制度化されるのだった。

計画は、教育現場を聖職者の手から奪い、教会の権力を弱めるという利点もあった。パリを除くと、聖職者の大多数が君主政を支持し、革命に敵対していた。革命政府はフランス語を「制定する」ことで、フランスの領土で話されていた多数の俚語《パトワ》や外国語を一掃しようとも考えた。地域語は革命が起こるはるか昔から俚語と呼ばれていた。その一世紀前には、アントワーヌ・フュルティエールが『百科辞典』で俚語を「正しい話し方を知らない農夫や子どもが使うような、なまりのある粗野な言語」と定義している。地域語自体が言語と見なされず、なまりのあるフランス語と誤解され、俚語という名称で十把ひとからげにされ、無知の証というレッテルを貼られた。実際にはフランス語の源泉となった言語なのだが、フランス語がなまったものという考え方は、一九八〇年代までフランス人の心に植えつけられていた。

革命期には、俚語《パトワ》が新たな意味を帯びた。君主政と反革命の支持者が多い農村部ほど俚語が行きわたっていたのだ。農村部で話されている俚語を一掃できるなら、農民の偏見も一掃できるし、新たな共和政の価値観へ転向できるとタレイランは主張し、そう考えた人は少なくなかった。グレゴワール神父もまもなく同意し、フランス語を押しつければ、「市民を国民としてひとつに融合させて、偏見の代わりに普遍的な真実と美徳を与える」ことができると報告の中で述べている。

全国に無償の初等学校を設置する計画が革命期に立てられたが、実現は困難だった。人材不足だったし、政情も混乱していた。フランス語を話す教師がひとりもいない町もあり、新たに教師を養成する資金がある町はほとんどない。国民公会は、フランス語の教科書を作成して配布する野心的な計画を提案したが、革命という政治的、社会的激動のさなかで、本は印刷されなかった。一七九四年、公共教育委員会のお粗末な仕事ぶりを見て、革命政府はパリに師範学校を設けることにする。「教師の資質をそなえた」人材を四名パリに派遣せよという命令が各県に出されたが、すべての人民の教育を順調に開始するには足りなかった。万人のための初等教育制度が確立されるのは、十九世紀半ばまで待たねばならない。

フランス語が全国に普及したわけ

フランス語が革命期に急速に普及した原因は、ほかにあった。行政官が中央政府から全国各地に派遣されたので、異なる地域の出身者が出会い、共通語としてフランス語を使わなければならなかったのだ。ロベスピエールが開始した大規模な徴兵制でも、さまざまな地方出身の兵隊が共同で暮らし、共通語のフランス語で話さなければならなかった。

当然ながら、国内でも国外でも、革命に対する抵抗が山ほどあった。早くも一七九一年には反乱が内戦の様相を呈す。パリ南西のヴァンデでは戦闘が激しく、革命政府の代議士ジャン゠バティスト・カリエは反乱者をひとまとめにしてロワール川の船着き場で溺死させて処刑した。一方、ヨーロッパの君主は革命が引き起こした脅威（と好機）に目ざめ、オーストリアとプロイセンはフランスを攻撃し、イギリスは、フランスに勝ち目がありそうだと見るや、参戦する。フランスの人民は、新たに手にした権利を失うまいと、ただちに結集した。ライン軍の軍歌は、マルセイユからパリに上った兵士たちがあちこちに広め、『ラ・マルセイエーズ』となり、一七九五年に国歌に採用される。

国が危険にさらされているときには、言語が敵を見わける方法になった。革命家は、バスク地方やブルターニュなどの地域で話されている言語や、ドイツ語、イタリア語、カタロニア語など国境地帯で話されている外国語を、あきらかな治安妨害と見なし、ドイツ語を話す東部の人びとやスペインとの国境付近で暮らすバスク人を共和国に逆らう生まれながらの陰謀者と考えた。

革命政府は、早くも一七九三年に、フランス語以外の言語の使用を禁止する法律を定める。土地の言語を使って業務を行った役人は、六か月の禁固刑を受け、解雇される場合もあった。法令がついに、ヴィレール=コトレの勅令に威力を与えたのだ。じつに、勅令制定の二百五十年後だ。公共教育委員会は中等教育でラテン語を教えるのを禁止し、聖職者がミサでラテン語を使うのをやめさせようとしたが、従わせられなかった。ロベスピエールが独裁政治を行った九か月のあいだ、フランス語以外の言語を話す役人は国外追放の危険にさらされていた。ところが、こういった弾圧はまったく効果がなく、いわゆる俚語《パトワ》は第二次世界大戦までしぶとく根づく。

国民公会は、一七九二年十一月以降アカデミーの新会員の指名を禁じた。アカデミー会員は、ギロチン刑や亡命、投獄、自然死で人数が減り、一七九三年の夏には四十人から十七人になる。同年、アカデミーは、王党派の機関であるとして閉鎖された。この論法はどう考えてもおかしい。アカデミー会員には貴族や聖職者や上流階級の人びとが多く、かつて国王はアカデミーの後援者だったが、にもかかわらず、アカデミーを牛耳っていたのは、啓蒙の理想を固く信じ、そもそも革命の炎をあおった哲学者《フィロゾーフ》だった。

国民公会はほかの四つの王立アカデミーも閉鎖した。ところがフランス人は、アカデミーがないともの足りなかったらしい。アカデミーが閉鎖されて二年後、政府はフランス学士院を設立する。学士院には科学、芸術、歴史、人文の四部門があり、言語のための特別な部門はなかったが、学士院は一七九八年にアカデミー・フランセーズの辞書の第五版を出版した。一八〇三年に、言語と文学をあつかう五番目の部門をナポレオンが設け、アカデミー・フランセーズは、名称を除いて復活し、一八一六年には、名実ともにアカデミー・フランセーズとなる。

革命がフランス語に与えた影響

フランス語の音声体系と文法が革命でそれほど大きな影響を受けなかったのは、おもに、革命がきわめて短期間に展開したからだ。貴族階級の発音がいくつか貴族とともに消滅したが、このような変化は、革命が語彙に与えた膨大な影響とくらべたら、取るに足らない。フランス語は、新しい政治の現実や制度、さまざまな革命政府が行った過激な実験を言い表す新しい単語が必要だった。

すでに存在した言葉が新しい意味を獲得した場合もある。révolution（革命）という言葉は、中世には天文学で使われ、「周期」という意味だった。「政府を倒す」という意味は、百年前から革命の嵐にさらされていたイギリスから借用された。révolutionner（革命を起こす）、révolutionnaire（革命の）、anti-révolutionnaire（反革命の）といった派生語が次々と誕生し、révolutionnairement（革命的に）という言葉まであった。過激な革命家は enragés（熱狂的な人びと）と名づけられる。enragés は「狂犬病にかかった」という意味の古い言葉だったが、革命期に「狂信的、狂った、あるいは激怒した」という意味を獲得した。nation（国家）は、以前は言語集団を指していたが、一地域に住む集合体を表すようになる。nationalisation（国有化）、nationalité（国籍）という言葉も誕生した。中央集権推進派はジャコバン派（Jacobins）と呼ばれ、一方、ジロンド派（Girondins）は連邦主義者（fédéraliste）を意味した。連邦主義者という言葉には軽蔑的な含みがある。ブルジョア（bourgeois）も同様で以前は都市部の中産階級を指していたが、革命期には、当然、反動主義者と受け取られた。もっとも過激な下層階級の革命家は sans-culotte（サンキュロット・半ズボンをはかない人びと）と呼ばれ、sans-culotte から sans-culotterie（サンキュロットの行動）、sans-culottisme（サンキュロットたちの信条）、形容詞の sans-culotique（サンキュロットの）、はては les sans-culottides（フランス革命暦の閏日《うるう》）という語まで生まれる。

新語のいくつかは革命期の過激な時代が過ぎるとすたれたが、長生きしてほかの言語に取り入れられた言葉もある。vandalisme（蛮行）、anarchisme（無政府主義）、terrorisme（テロリズム）はどれも革命期の造語で、今日の英語でも同じ意味を持っている。parlement（旧体制の高等裁判所）は王党派の機関であるとして一七九〇年に廃止されるが、それから数十年後に、英語の意味と同じ「議会」でフランス語に再登場する。

平民も言語に影響を与えた。革命当初、ルイ十六世付きの医師ジョゼフ＝イニャース・ギヨタンは死刑の改革を積極的に推しすすめていた。革命以前は、斬首刑に処されるのは高貴な罪人だけで、斬首刑は絞首刑や縛り首、四つ裂きよりも人道的だった。ギヨタンが発明した斬首装置は、装置を完成させたアントワーヌ・ルイにちなんでルイゼット、ルイソンと呼ばれたが、一七九〇年に guillotine（ギロチン）と名づけられる。ギヨタンは大恐怖政治時代に、世間の注目を集めた改革支持者とともに、革命思想がじゅうぶんでないとして投獄されたが、自らが発明した処刑装置の世話にはならず、一八一四年に自然死した。

ナポレオンはフランス語自体には関心がなかったが、フランス語に多大な影響を与えた。Conseil d'État（国務院）から préfet（知事）や lycée（リセ）にいたるまで、ナポレオンが執政、皇帝時代に設けた国家の新しい機構や施設を言い表すために、役所の専門用語が大量に作られ、どれも今日でも使われている。ナポレオンの民法典（ナポレオン法典）と中央集権的な統治は、départment（県）や arrondissement（区）、commune（コミュン、最小の行政区）など数百もの新語が必要になり、フランス銀行や chambre de commerce（商工会議所）などの造語も同様だった。

この時期には、フランス軍のほぼ全面的な改革も行われ、levée en masse（国民総動員）や tirailleur（狙撃兵）などの新しい言葉ができた。技術者のクロード・シャップは、軍隊の旧式な視覚信号を、旗を用いた視覚コードに置き換える提案をして、コードを sémaphore（腕木信号）と呼んだ。また、信号装置と最新技術の光学機器をそなえた塔による通信網に設備投資するよう当局を説得する。シャップの télégraphe（信号）網はみごとに機能し、フランス軍の伝言をパリから南海岸のトゥーロンまで二十分で届け、ナポレオンの作戦指揮に多大な貢献をした。

メートル法と革命暦の制定

革命家は社会のあらゆる面を近代化しようと考えた。一七九五年に通貨のリーヴルはフラン、その下の単位はサンチームとなる。神は、存在が一時的に否定されていたが、「至高の存在」となる。革命でもっとも大がかりな事業のひとつは、混乱をきたしていた度量衡制の見直しだ。イギリスは一四九六年に度量衡を統一したが、フランスはそこまで手がまわっていなかった。国土が広大だったことも理由のひとつで、各地に独自の尺度があり、小麦粉一ポンドとパン一ポンドの重さはまちまちだった。タレイランが最初に度量衡の統一を提案し、一七九一年に科学アカデミーがメートル（語源はギリシア語の「測る」）を測定の基本単位とするよう勧告した。

科学アカデミーは、一メートルを地球の子午線の四分の一、つまり北極から赤道までの距離の一千万分の一とすると定め、北極と赤道のあいだの距離を推定するために、二チームの調査隊が六年の歳月をかけてダンケルクとバルセロナの距離を測定した。メートルの長さは重要だった。体積や重量、面積などほかの測定がすべてメートルから得られるからだ。たとえば、一トンは水一立方メートルの重さで、一トンは千リットル、一リットルは一キログラム。メートル法は十進法で、数量を示す接頭辞は、統一されている。kilo（キロ）は千という意味で、ギリシア語から借用した。メートル法は一七九五年に正式に制定され、それから、深く根づいた習慣を克服して新しい制度を日常生活に浸透させるのに、さらに四十五年かかる。

革命家は何もかも白紙にもどそうと考えて、グレゴリオ暦を廃止することにした。グレゴリオ暦は月や曜日や祝日に異教やキリスト教にちなむ名前をつけているので宗教色があるというのだ。革命家は暦の作成に取り組み、暦を十進法にした。新しい暦は一年が十二か月で、一か月が三十日（年末に五日か六日が閏《うるう》日として追加される）だったが、一週間は十日、一日は十時間、一時間は百分にした。

革命政府は詩人のファーブル・デグランティーヌを雇い、月と曜日に新しい名前を考えさせた。秋は vendémiaire（葡萄月）、brumaire（霧月）、frimaire（霜月）、冬は nivôse（雪月）、pluviôse（雨月）、ventôse（風月）、春は germinal（芽月）、floréal（花月）、prairial（草月）、夏は messidor（収穫月）、thermidor（熱月）、fructidor（実月）となる。デグランティーヌは日に野菜や動物、農具にちなんだ名をつけたいと考えたが、国民公会はおそらく、曜日にラテン語の数字から、primidi（第一曜日）、duodi（第二曜日）、tridi（第三曜日）などと名づけようとして、悪のりに気づいたのだろう。

この詩的な命名には問題があった。最大の問題は、以前の暦がきちんと機能し、誰もがなじんでいたことだ。革命暦は、見かけは万人向けでも、パリ周辺の風物に合わせていて、アルプスなどほかの地区にはあてはまらない。さらに、かならずしも人民が使いやすく作成されていなかった。革命暦の第一日はグレゴリオ暦の一七九二年九月二十二日で、君主政が正式に幕を閉じた日だ。グレゴリオ暦の一月一日は雪《ニヴォーズ》月十一日にあたる。ロベスピエールは二年熱《テルミドール》月九日（一七九四年七月二十七日）に追放され、それでこの事件は今でもテルミドールのクーデターと呼ばれている。推進者は、休日を古い暦の七日に一日ではなく、十日に一日だけとすることで墓穴を掘った。ナポレオンは非実用的で人気のないこの暦を十四年雪月十一日（一八〇六年一月一日）に廃止する。革命暦の施行中に制定された法律は、いまだに革命暦の日付が記されている。

革命思想とともに外国に伝わるフランス語

革命はフランス語が国外に普及するのにも貢献する。当初から革命家は自分たちの思想を、必要ならば力ずくで広めようとした。オックスフォード大学教授で作家のセオドア・ゼルディンが述べたように、イギリス人は自分たちのために自由を作り出したが、フランス人は万人のために自由を作り出した。アメリカ独立戦争は自由の名のもとに戦われたが、独立派は新しい政治理念を広めようとしなかった。フランス人は、人権の新思想が普遍的であるべきで、すべての人にあてはめるべきだと考えた。この運動はやがて帝国主義の征服を正当化する方向に進展したが、フランス革命はあとに続くすべての革命の青写真となる。スペインの植民地でも反乱を触発した。反乱者はみなフランスびいきで、南アメリカの革命家シモン・ボリバル（一七八三〜一八三〇年）も例外でない。

革命の理念は、当時まだオスマントルコの支配下にあったルーマニアにも大きな影響を与えた。帰国した学生は、フランス語を好んだことからボンジューリストと呼ばれる。フランスとルーマニアの関係はこの時代に強化され、フランスが独立国家ルーマニアの誕生を積極的に支援したときに、さらに強化された。同じころ、『ラ・マルセイエーズ』がヨーロッパで自由の賛歌になる。

革命が発生してまもないころは、ヨーロッパの君主は革命のニュースを歓迎していた。フランスの勢力が弱まると期待し、革命が、万人に賞賛された哲学者《フィロゾーフ》の信条を初めて現実の世界にあてはめるものだったからだ。少なからぬ作家、とりわけドイツとイギリスの作家が、フランス人は理想の社会を作りあげたと考えた。カントはフランスを「すぐれた組織」の国家と呼び、ヘーゲルは「思想に基づいて現実を組織した」とフランスに祝辞を述べた。イギリスでは、革命はコールリッジやブレイクなどロマン派詩人に着想を与える。ポルトガル政府はフランスをまねた改革の実施をせきたてられる。一八〇四年には、ベートーヴェンが第三交響曲をナポレオンに捧げようと考えていた。ようやく現実が見えてきたのはもっとあとで、国王や公爵やあらゆる特権階級、とりわけ専制君主は、革命思想によってどれだけ危険にさらされているかに目ざめた。まもなく隣国がフランスを攻撃する。先陣を切ったのは一七九二年、オーストリアとプロイセンだ。

革命期には貴族や王政派、革命に抵抗した人びとおよそ二十五万人が国外に脱出し、イギリスやスイス、北イタリアなどヨーロッパのあちこちに亡命していたユグノーの勢力が強化される。亡命者のおよそ四割がのちに帰国したが、残りの六割は亡命先にとどまり、特権と収入の道を奪われ、教職などほかの職についたり、本屋を開店したり、印刷業者になった。外国で重要な地位を占め、当地のエリートのあいだでフランス語の影響を保つのに貢献した人びともいる。革命＝帝政、ナポレオンの最終的な敗北でさえ、ヨーロッパの外交用語としてのフランス語の地位を揺るがすことはなかった。そのおかげで外国政府の行政官や外交官に上りつめた亡命者が少なくない。

フランスの領土が拡大するにつれて、フランス語も広まった。征服地の人びとにフランス語を話すよう強制したからだけではない。二十か国以上の国の人びとがフランスの軍隊で戦い、フランス語を習得したのだ。一八〇三年には、フランスは現在のオランダとベルギーの全域、イタリアの大半、ドイツのほぼ半分を統合し、革命＝帝政期の改革、とりわけ民法典が各地で根づいた。帝国の絶頂期には、フランスの面積と人口が倍になり、新たに獲得された地域はフランスの法律に支配され、どこでもエリートはフランス語を話した。

ところが、最終的には、ナポレオンの征服はフランス語にとって裏目に出る。ドイツやイタリア、スペインなどでは、フランス帝国は反フランスの巻き返しを生み出し、国語の発展がうながされる。ナポレオン自身はドイツの数百もの公国や都市国家、王国を、より整然とした三十いくつかの公国にまとめた。これが、ドイツ語の国民文学や独自の文化の誕生をめざして一七六〇年代から作家のあいだで進行していた運動を促進させた。ゲーテやシラーなど、ドイツ語はフランス語に負けない、いや、もっとすぐれているとドイツ人に納得させようとした作家もいる。このようなナショナリズムの気運は、一八〇〇年のヨーロッパではまだ本格的ではなく、フランス語の影響力に与えた衝撃が十全に感じられるのは、ようやく一八七〇年代になってからだ。

7　国境を越えて――ハイチ、ベルギー、スイス

フランス革命が勃発したあと、カリブ海プランテーション植民地の奴隷が自由を要求するのに長い時間はかからなかった。国民議会は奇妙な板挟みにおちいる。一七八九年に「人権宣言」を採択していたが、奴隷制を基盤にして膨大な利益を生み出すカリブ海植民地の経済を崩壊させてもいいと言えるような余裕などなかった。革命家は奴隷制廃止に反対するが、そのころには革命の理念は普及していて、国民議会の手に負えなくなっていた。一年とたたないうちに、マルティニク、グアドループ、サンドマングで奴隷の全面的な反乱が発生する。

ハイチの独立

中でもサンドマングはスイッチの入った時限爆弾だった。現地の白人三万二千人は人口のわずか七パーセントで、白人とほぼ同数の解放奴隷とムラート〈白人と黒人の混血〉は市民権がなかったが、奴隷を所有することができた。残りのおよそ四十万人は奴隷で、植民地政府はしばしば奴隷の激しい反乱を弾圧しなければならなかった。一七九一年五月、国民議会は裕福な有色自由人〈解放奴隷およびムラート〉に市民権を与えることを承認してわずかに前進をみせ、一年後にすべての有色自由人に市民権を与えた。白人の農園主階級は警戒し、決議をくつがえすよう強く要求するが、

働きかけは裏目に出る。解放奴隷とムラートが奴隷の反乱につけこみ、同年に全面的な反乱を起こして奴隷側についたのだ。白人側はスペインとイギリスから支援を得るが、フランスは、イギリスが状況に乗じて植民地を乗っ取ろうとしていることに気づいて反乱の鎮圧をあきらめ、サンドマングの奴隷だった者たちに市民権を認める。

この時点で、サンドマングに独立国家への道が開ける。この豊かな植民地を取り仕切っていたのは、解放奴隷だった。そのひとりトゥサン・ルヴェルチュールは天才的な軍人で、稀有な指導力を発揮した。トゥサンは読み書きができ、革命前は主人の農園を管理し、二〇ヘクタールの自分の土地を経営し、奴隷を十三人所有していた。ハイチ革命で天才的な指導者として頭角を現す。目先のきく男で、ヨーロッパの列強を相手に巧妙に立ちまわり、島から追いはらう。一八〇〇年にはサンドマングに自由政府ができていた。一八〇一年に新しい憲法が起草され、トゥサン・ルヴェルチュールを終身総督と宣言する。

フランスは、大きな儲けを生み出す植民地の放任を考え直しはじめていた。一八〇二年、ナポレオンは義弟ルクレール将軍を三万五千人の兵士と九十六隻の船とともにサンドマングに派遣する。フランスがそれまでに送り出した最大規模の遠征軍だった。同じ年に、ナポレオンは奴隷制を復活する。マルティニクの農園主階級の出身だった妻ジョゼフィーヌがけしかけたという説もあるが、実際には、ナポレオンにはもっと戦略的な目論見があった。サンドマングの砂糖生産の支配を取りもどし、サンドマングを大ルイジアナ開発の拠点にしたかったのだ。大ルイジアナはスペインがフランスに返還するとすでに約束していた。トゥサン・ルヴェルチュールは捕らえられ、フランスで獄死する。まもなく、ルクレール将軍は部下の大半とともに黄熱病で命を落とし、フランスは撤退することになるが、サンドマングに誕生しかけていた共和国〈ハイチ〉にとって、トゥサンという有能な指導者を奪われたことは痛手だった。

ハイチ〈先住民アラワク族の言葉で、「山の多い陸地」を意味する〉は一八〇四年に独立を宣言する。以後、独力で歩むしかなかった。どこの国も手を差しのべず、フランスは一億五千万フランの賠金を要求して経済を麻痺させ、一八三八年まで承認しなかった。アメリカ政府がようやく承認したのは一八六二年で、南北戦争がほんとうは奴隷制に対する戦いなのだと決断してからだ。ハイチは十九世紀のあいだ唯一の「黒人共和国（当時はしばしばそう呼ばれた）」だったが、皇帝や、国王、独裁者の支配が続き、為政者が代わるたびに腐敗と無能が深刻になり、黒人とムラートの激しい人種対立による泥沼からぬけ出せなかった。

ハイチのフランス語

ハイチの誕生はたちまち、フランス語の将来に大きな影響をおよぼす。およそ一万人の亡命者がハイチからキューバに、一八〇四年以降はニューオーリンズに避難した。ところがフランスはスペインからすでにルイジアナを取りもどしていて、労働者や資金を供給して基地の役割を果たすサンドマングという植民地がなくては、この広大な領土をうまく治められない。ナポレオンはルイジアナをアメリカ政府に売却する決定をした。ジェファソン大統領が求めていたのはニューオーリンズとフロリダだけで、残りのルイジアナをつけ加えて千五百万ドルという売値をナポレオンが提示したときには、大統領の交渉者は仰天した。この価格は今日ではばかばかしいほど安いと思われるが、当時は合衆国政府の一年間の歳入のかなりの部分に相当する。

ハイチでは、独立後の経済発展ははかばかしくなく、勤勉と識字という伝統が国民になかったので、事態は悪化するばかりだった。それでもハイチは画家や作家、詩人にとって活気ある芸術の中心地となり、また、フランス語を公用語として採用する。クレオール語は二十世紀初頭までまともな言語と見なされず、一九八七年になってようやく公用語と定められた。

ハイチのエリートはつねに強固なフランコフォンだった。作家はフランス語の正しい用法をきびしく心がけている。けれどもクレオール一般大衆は言語の用法に天賦の才があり、たゆまぬ創造性、とりわけ隠喩による創造性に富んでいる。ハイチ出身のケベックの大作家ダニエル・ラフェリエールはこう言う。「フランス語は我々の戦利品だ。我々のものなんだから、好きに使うさ」

ハイチ系の名高い作家といえばアレクサンドル・デュマ（一八〇二～七〇年）をおいてない。デュマには黒人の血が四分の一流れていた。その生涯は、自分の小説に負けず劣らず波乱に富んでいる。祖父のアントワーヌ・ダヴィ・ド・ラ・パイユトリはサンドマングのモンテクリストというところで奴隷大農場を経営していた。妻のセゼット・デュ・マは奴隷で、彼の息子を四人産んだ。一七七〇年、ド・ラ・パイユトリは経営難におちいり、妻と息子たちを売りとばし、あとでお気に入りの子トマ＝アレクサンドルを買いもどす。アレクサンドル・デュマの父親だ。

トマ＝アレクサンドルはムラートだったのでド・ラ・パイユトリという高貴な称号が認められず、母親の姓デュマを名乗った。フランスで兵士として出発し、昇進して一七九三年に革命軍の将軍にまでなる。九年後にアレクサンドルが生まれると、その直後に世を去った。一族の波乱に満ちた歴史がデュマの歴史文学好きの肥やしになったのは、まちがいない。二五〇の作品のうち、とりわけ歴史小説が出色で、誰にもまねのできないみごとな才能が現れている。『三銃士』の誓いの言葉「ひとりは皆のために、皆はひとりのために」は知らない人がいないほど有名だ。

ベルギーの誕生

ハイチと同様、ベルギーもスイスも、ナポレオンの軍事的挫折のおかげで存在している。ナポレオンの驚異的な勝利と強力な宣伝活動で、ますます莫大な戦費がのしかかる現実がかすんだが、一八〇五年にすでに制海権を失い、外交政策の不手際が災いして同盟国が反旗をひるがえしていた。ナポレオンは一八一二年のロシア遠征で敗北を喫し、三年後には最後の戦いとなったワーテルローの戦いに敗れる。ナポレオンが失脚すると、一八一五年にウィーン会議が開催され、各国はヨーロッパ全体の平和を守る方法を模索し、中立の緩衝国を作るという案に合意する。当初は、オランダとスイスがフランスに目を光らせるだけでなく、緩衝国の役割を担うと考えられていた。

ベルギーが誕生する話など、どこにもなかった。この地域はフランドルあるいは南部連合州と呼ばれ、数世紀にわたってフランス、オランダ、オーストリア、スペイン、イギリスが熾烈な争奪戦をくり広げていたが、地元の人びとはへこたれず、自立を守っていた。ところが、ウィーン会議で、あっさりと、オランダを筆頭とする北部連合州の手に落ちる。問題は、フランドルの住民がそう簡単には引き渡されようとしなかったことだ。フランスとの国境付近のフランコフォンとオランダ語を話す北部のフランドル人はみなカトリックで、アムステルダムからやって来たプロテスタントに支配されるなどまっぴらごめんと猛反対した。カトリック教徒のほうが数が多く四百万人で、オランダの人口は三百万人だった。

一八三〇年、ベルギー人は反乱を起こし、自前の国を樹立した。イギリスは、フランスの北に強力な緩衝国を作るという計画に水を差され、フランスがハイチにしたのと似たような対応をする。新しい国家を承認したものの、オランダが抱えていた膨大な負債も含めて、過酷な条件を負わせたのだ。さらに、中立国となって、緩衝国としての本来の目的を果たすよう強要する。フランス人の王子がベルギー国王になることにまで反対し、ドイツとイギリスの王室と姻戚関係のあったザクセン＝コーブルク＝ゴータ家の王子レオポルドを押しつけ、王子はレオポルド一世となる。

フランス語は、誕生したばかりのベルギーで驚くほどうまくやっていた。最初は人口の半分がフランス語話者だったが、ヨーロッパの言語という不朽の名声のおかげでフランドル人の貴族や中産階級や富裕層がこぞって話したため、言語勢力の均衡が傾いたのだ。憲法もフランス語で書かれた。フランス語を話すベルギー人はベルギーをフランス語の単一言語国にしたいとまで考えたが、挫折する。フランス語が十いくつもの地域語と張り合っていたフランスとは反対に、ベルギーではひとつの言語と張り合わねばならず、その言語を話す人びとが固く結束していたのだ。当時、フランドル人は言語の再生運動に乗り出していた。フランコフォンのエリートは、うかつにも言語問題の計画を推しすすめてしまう。非妥協的な態度が大きな原因となって、フラマン語の再生運動が分離運動に変身し、今日まで続いている。

ベルギーという国家が誕生してから百二十年間、フランス語は政治的に優位を保っていた。一八三一年、国王レオポルド一世はイギリスの意向を裏切り、フランスの王女マリー＝ルイーズ・ドルレアンと結婚する。フランス語は政治でも経済でも幅をきかせていたため、首都ブリュッセルの住民はしだいにフランス語を話すようになった。ブリュッセルのフランコフォンは、一八三〇年にはわずか一五パーセントだったが、現在では八五パーセントと考えられている。今日でも、フランス語を第二言語として学ぶフランドル人は多く、フランス語話者のベルギー人でフラマン語を学ぶ人よりも多い。ベルギーなまりはよく知られ、フランスではさんざん笑いものにされているが、ベルギー生まれのフランコフォンのアクセントではなく、第二言語としてフランス語を話すフラマン系ベルギー人のアクセントの場合が多い。

ベルギーは工業国としてめざましい発展をとげる。大陸ではベルギーから産業革命が始まり、ベルギー人は何よりも道路と鉄道の建設で名を馳せた。豊富な石炭と鋼鉄を輸送するために必要だったのだ。石炭の生産高が減少すると、港を拡張して新しいタイプの貿易に取り組む。国内市場が小さいので、科学技術の才能を輸出して、世界中でターンキープロジェクト〈発電所・化学工場設備などのプラント契約などで「かぎを回せば設備が稼働する」状態にするまでの一括請負方式のプロジェクト〉を、とりわけ鉄道部門で推しすすめた。実業家は、遠くは南北アメリカやアジア、ロシアで産出される原料に投資し、ヨーロッパや南アメリカ、英領インド、ロシア、中国で鉄道を建設した。実業家男爵エドゥアール・アンパンはパリの地下鉄一号線の掘削で功績があり、ロシアでリスクの高いターンキー式製鉄所を建設した最初の人物。ベルギーは十九世紀から一九一四年まで大陸でもっとも活発な工業国だった。科学者と発明家は研究開発の最前線に立ち、十九世紀に押し寄せた発明ブームの波に乗り、中でも力学や視力測定法、工学などの分野で活躍する。発明家アドルフ・サックスは新しい楽器サクソフォーンの特許をとった。

ベルギーの植民地コンゴ

ベルギー経済の活力はコンゴという植民地があったからこそで、この小国は、おそらく、第二期植民地進出でヨーロッパ列強のどこよりも利益を得た。探検と入植においてベルギーがとった方法は類を見ないほど残酷で、人種差別が激しく、搾取が過酷だったと言われているが、ベルギーが有能な植民地強国で、ドイツよりもはるかに先を行っていたことは異論の余地がなく、赤道アフリカ、とりわけコンゴ川流域でのフランス語普及に大いに貢献した。

ベルギー人は、中央アフリカの広大な地域を探険したスコットランド人宣教師デヴィッド・リヴィングストンの噂を聞いて、赤道アフリカに関心をいだいた。一八六六年にリヴィングストンが行方不明になると、ニューヨークの新聞記者ヘンリー・モートン・スタンリーが捜索に派遣され、ついに一八七一年にタンガニーカ湖付近で発見した。最初に問いかけたひと言「リヴィングストン博士でいらっしゃいますか」は、アフリカの植民地時代でもっとも有名なセリフになる。このスタンリーの探検のおかげで、赤道アフリカにフランス語が足場を固める。

スタンリーはコンゴ川を発見したあと、それから先の探険に気前よく出資してくれる国が見つからないため、風変わりなベルギー国王レオポルド二世（在位・一八六五〜一九〇九年）の支援を受け入れる。レオポルドはアフリカの地に足を踏み入れたことはなかったが、王位につくや、エキゾチックな海外領土の購入に熱中し、自分の所領にしては高価な財宝を搾り取った。スタンリーの先導で、王の搾取先はアフリカに落ち着く。王は精神が錯乱していたが、アフリカの探険には正当な理由があるように見せかける必要があることは承知していた。国際アフリカ協会を創設し、いかにも人道主義的な目標を掲げて人目をごまかすが、実際には、アフリカから手に入れられる財宝を奪い取ることしか考えていなかった。

スタンリーは一八七九年から一八八四年までレオポルドに雇われ、コンゴ川左岸の部族長と協定を結び、道路や要塞を建設し、川の航行を整備した。二十世紀に入るころには、レオポルドとスタンリーがアフリカ人を拷問にかけて恐るべき状況で働かせ、象牙を狩らせたり、ゴムを採取させたりしていることがヨーロッパ人の耳に届いていた。レオポルドは、あくまで、自分はアフリカに「文明」をもたらしているのだとヨーロッパ諸国を言いくるめる。言い分は効を奏し、一八八五年にコンゴ川南の領土を譲り受けた。領土は皮肉にもコンゴ自由国と名づけられ、何百万人というアフリカ人がレオポルドの支配下で命を奪われる。ジョゼフ・コンラッドはベルギー領コンゴを題材にして小説『闇の奥』(一九〇二年刊)を書いた。

ベルギーのフランス語

ベルギー人はフランス語の物語のあちこちで顔を出す。アフリカでもヨーロッパでも、ベルギーは活力にあふれ、フランスやイギリスの指図を受けず、フランス語が世界に普及するのに重要な役割を果たした。二十世紀には国際連合の設立メンバーとなり、さらに時代が下るとブリュッセルは新しい形態の国際主義、ヨーロッパ連合の本部が置かれる。この気運の兆しが最初に現れるのが一九〇七年の国際団体連合の創設で、この組織は今日でも活動している。

ベルギーはつねにフランス語の中核的な勢力範囲に入っていた。フランス語はフランスにとっても、ベルギーにとっても母語である。「我こそは、ロマンス語の地域語が現代フランス語に発展したるつぼの中心なり」と主張してもおかしくない地方もある。フランク王国が首都をパリに移す前は、王国の中心地だった。神聖ローマ皇帝になったフランク王国の王シャルルマーニュは、七四二年にベルギーのリエージュで生まれ、ロマンス語ではなくフランク族の言語を話し、北部フランスの勢力増強に貢献し、その結果ラングドイルの発展をうながす。ロマンス語で書かれた最古の文献、聖女ウーラリの詩の原本は、国境のフランス側にあるヴァランシエンヌの修道院に保管されているが、書かれたのはおそらくベルギー側で、リエージュとトゥルネーの中間あたりだったようだ。ふたつのラングドイル、ピカルディー方言とワロン語はしっかり確立されていて、フランス語を生み出した歴史のるつぼに放りこまれたが、貢献度については学者のあいだで議論されている。ベルギーの言語学者ジャン＝マリー・クリンケンベルクは、ベルギーをフランスの言語学的郊外、衛星と評した。ブリュッセルは歴史的にはフランス王国の内よりも外にあったときのほうが長いとしても、たしかに、紋章はフランス王国の紋章、百合の花と同じだったし、現在でもそうだ。

ジャン＝ブノワはフランスにいるときに「ベルギーの方ですか」としょっちゅう尋ねられる。尋ねられる回数は、北部よりも南部にいるときのほうが多い。お世辞を言われているのではないことは、わかっている。どういうわけか、フランス人はベルギー人をジョークのネタにする。けれども、ベルギー人とケベック人を混同するフランス人がいるのは、それなりの理由がある。どちらも、母音を二重母音にしたり、引き延ばしたりするが、パリでは、もはやそんな発音をしない。ベルギー人とケベック人の発音は実際にはまったく異なるのだが、長年つちかわれた言語の純粋主義のせいでフランス人は耳が鈍くなり、ベルギー人とケベック人が発音する二重母音の微妙な差が聞き分けられない。典型的な例をあげるなら、ベルギー人はèの音のあとにiを加え、それでaller（行く）を「アレー」ではなく「アレイ」と発音し、ベルギー人はbière（ビール）は、「ビエール」ではなく、èを伸ばして「ビー・エール」と発音する。ケベック人はたいていeと二重母音を伸ばし、その結果「ビー・ア・エアー」のような発音になる。

ベルギー人自身もいわゆるベルギーなまりがどういうものなのか意見が一致しない。顕著ななまりは、フラマン語が母語でフランス語を第二言語としているフランドル人か、フラマン語の影響がきわめて強いブリュッセルに住んでいる人びとに見られる。ほかの地域では、ベルギー人は、ピカルディー方言とワロン語の影響を受けたかなり規範的なフランス語を話す。どちらの地域語もフランスとベルギーの国境の両側で話されるので、特にベルギーの言語というわけではない。ベルギー人のフランス語に共通する明白な特徴は語彙にある。フラマン語とピカルディー方言とワロン語の影響を受けたためだ。maire（市長）をbourgmestre、lycée（リセ）をathénéeと言い、wassingue（床拭きぞうきん）やdrache（土砂降り）などの語がある。ゲルマン語の影響でune fois（一度）などの言葉を使うようになったが、これはフラマン語のeenmaalの借用翻訳〈外国語を翻訳して新しい言葉を作る〉だ。

ベルギー人は数の数え方もちがう。フランス人は七十をsoixante-dix（六十と十）、八十をquatre-vingts（二十が四つ）、九十をquatre-vingt-dix（二十が四つと十）と言うようになったが、ベルギー人はもっとわかりやすいseptante（七十）、huitante（八十）、nonante（九十）を守った。

八十は octante と言う人もいるが huitante のほうが好まれる。septante や nonante と言うと現代的に聞こえるが、実は、古い数え方だ。

語彙や用法のこうしたわずかな例外を除けば、ベルギー人は、フランス人と同様に、おおむね、きわめて純粋主義的な言語観を持っている。教育制度がフランスの教育制度の影響を強く受けているることが大きい。そのため、ベルギーの作家や知識人でフランス文化圏にすんなりと入っていく人もめずらしくない。一九三六年にフランス語文法の決定版『ボン・ユザージュ』を出版したモーリス・グレヴィスはベルギーの教師で学者だった。

スイスの繁栄

スイスの歴史はベルギーの歴史よりもはるかにこみ入っている。スイスは、ドイツ語を話す人びとの州が連邦となって一二九一年に誕生したが、フランスが与えた影響はいつでも強大だった。フランソワ一世は、イタリア進出を図ったスイスの野望を一五一五年にマリニャーノの戦いでうち砕いたとき、フランスとの交易特権を与え、フランスは革命が勃発するまでスイスのお得意さまになった。西部のフランコフォンの州、ヴォー、ヴァレー、フリブール、ヌーシャテル、ジュネーヴはもともとスイスに加盟していなかったが、スイスとたびたび同盟を結び、サヴォワ公国やフランス、イタリアの都市国家、ドイツの諸公国から身を守った。これらのフランコフォンや半フランコフォンの州が順次、連邦に参加し、一八一五年にウィーン会議で正式にスイスに統合される。スイスは中立が承認され、ヨーロッパの中央で平和の聖域となる。

スイスがフランス語に影響を与えたのは、ある町の数奇な運命による。ジュネーヴだ。地図を見ると、ジュネーヴは盲腸のように飛び出し、フランスとの国境は延々一一八キロにおよぶが、隣の州との境界線はわずか七キロしかない。宗教改革の時代に、フランスから亡命してきた神学者ジャン・カルヴァンが政治、宗教の教義を確立し、独立した都市国家に変身させたのだ。十六世紀の宗教戦争の時代には、フランスのユグノーの避難先になる。一五四九年から一五八七年に第一陣の八千人がやって来て人口を倍増させ、ナントの勅令が廃止されると第二陣が続き、フランス系プロテスタントの中心地となった。ユグノーは織物工業や金細工、時計製造で活躍する。

数世紀にわたって商業で繁栄したジュネーヴの銀行は、巨額の資本を蓄積した。この都市は、十八世紀に銀行取り引きの中心地として名声を獲得する。スイスの銀行家は外国投資に抜群の商才を発揮した。ルイ十六世の最後の財務長官ジャック・ネッケルもそのひとりで、スタール夫人の父親でもあった。スタール夫人がレマン湖のほとりで開いた名高いサロンは、金持ちや有名人の避難先になった。ヴォー州のローザンヌもおこぼれにあずかり、今ではスイスのリヴィエラと呼ばれる高級リゾート地として知られる。富を蓄積したジュネーヴは知的活動の中心地に変身する。印刷の中心地としてはオランダにおよばなかったが、フランス語を捨てなかった。これに対してオランダのユグノーは十八世紀に同化してしまう。ジャン=ジャック・ルソーはジュネーヴで生まれ、パリで名をあげたのち、一七五四年に帰国した。ヴォルテールもジュネーヴにしばしば姿を現した。

スイスの国際的な活躍

スイスのフランコフォンは、今日でも、ベルギーのおよそ四百四十万人に対して百四十万人と数の上ではいつも劣っているが、国際協力の発展にめざましい役割を果たしてきた。中でもジュネーヴのフランコフォンの活躍は際だっている。ジュネーヴは、十九世紀になるころに時計製造と工業の評判が落ち目になり、まったく新しい形態の国際的活動を生み出して自己変革を図った。人道的援助だ。ジュネーヴは長いあいだフランスやイギリスのエリートに人気の高い観光地だったし、中立国だったので、フランスやドイツ、イギリスなど、つねに敵対していた国の代表団が顔を合わせて共通の利益を追求する会合の開催地として理想的だった。一八五三年から、国際衛生条約（のちの世界保健機関）や世界気象機関がジュネーヴに設立され、伝染病予防や天気予報に尽力している。

国際赤十字社の生みの親アンリ・デュナン（一八二八〜一九一〇年）は、ジュネーヴが新たに国際舞台で活躍するにあたって重要な役割を果たした。波瀾万丈の生涯は映画になってもよさそうなほどだ。デュナンはジュネーヴ人だが、一八五〇年代にスイスを離れ、アルジェリアでスイス人の入植地を経営した。精白所を開こうと考え、所定の書類を手に入れるために、皇帝ナポレオン三世の居所をつきとめ、イタリアまで追いかけて行った。一八五九年に、戦闘直後のソルフェリーノにたどりつく。この戦闘で、実に四万人の兵士が命を落としたのだが、死因はほとんどが医療不足だった。デュナンは一八六二年に手記『ソルフェリーノの思い出』を出版し、目のあたりにした恐ろしい光景を語り、負傷者の手当を行う国際的な団体の設立を呼びかけた。

アイデアは実を結び、デュフール将軍やギュスターヴ・モワニエなどジュネーヴの有力なフランコフォン四人の功績で一八六三年に赤十字国際委員会が設立された。翌年、十六か国が第一回赤十字条約（ジュネーヴ条約）に署名し、署名国は、戦闘中に国籍に関係なく負傷者の手当を行い、医療関係者の安全を守ることが義務づけられる。条約は近代戦を野蛮さから救い、先駆的で、人道的な法律の基盤となった。デュナンは同年に破産し消息不明になったが、一八九〇年代後半に、公営の救貧院で暮らしているところを発見され、一九〇一年に第一回ノーベル平和賞を受賞する。

芽を出した国際協力の波及効果はたちどころに現れ、一八六五年にジュネーヴに万国電信連合の本部が置かれる。ベルンは一八七四年に万国郵便連合、一八八六年には世界知的所有権機関の本拠地になった。一九一五年、第一次世界大戦の戦火が荒れ狂うさなか、ピエール・ド・クーベルタンは国際オリンピック委員会をパリからローザンヌに移し、委員会はスイスの中立性に守られた。ジュネーヴには、ほかにも二百五十以上にのぼる大小の国際機関が集まっている。

スイスのフランス語

スイスのフランコフォンはスイスロマンド人と呼ばれ、人口の五分の一を占めるが、数州にくまなく広がって暮らす。実際には、スイスロマンド地域の統一された方言はない。歴史的には、スイスロマンド人が住む州はフランコ＝プロヴァンス語と呼ばれる地域語圏内に入っていた。フランコ＝プロヴァンス語はロマンス語の地域語で、ジュネーヴ周辺の狭い地域で話されていたが、ブザンソンやリヨン、グルノーブル、ヴァレ＝ダオスタにも入っている。ジュネーヴの人びとが話したフランコ＝プロヴァンス語はサヴォワで話されていた方言と関連していた。スイスのフランコフォンのあいだでは言語の純粋主義が根強く、ロマンド方言は絶滅したと外部から来た人はとかく考えるが、スイス人は、よその人には標準化されたフランス語で話しかけ、同郷人のあいだでは、とりわけ農村部で、さまざまな方言を今も話している。

ベルギー人と同様に、スイス人のアクセントの問題は複雑だ。スイス人特有のアクセントがあると言うフランス人は少なくないが、実は、それはフランス語を第二言語として話すドイツ系スイス人のアクセントで、スイスロマンド人のアクセントは、スイスとの国境付近のフランスで耳にする話し方とほとんど変わらない。ゆっくり話すことで知られているが、実際のちがいは語や文のどこに強勢を置くかだ。標準的なフランス語では語や文の最後の音節に強勢が置かれるのに対して、スイスのフランス語では最後から二番目の音節に置かれる。そのため発音が音楽的になる。この特徴はすぐにわかるが、スイスで話されている言語よりもフランコ=プロヴァンス語にいっそう典型的に見られる。ベルギー人やケベック人と同様に、スイスのフランコフォンも同型同音異義語を区別できるように母音を発音する。peau（肌）と pot（つぼ、びん）はパリでは同じように「ポ」と発音されるが、スイスでは「ポ」と「パー」となる。

スイスの純然たる言語的特徴は、おもに語彙に見られ、ドイツ語の影響があきらかだが、想像されているほど大きくない。スイス人は chlaguer（打つ・ドイツ語の schlagen が語源）、pouster（掃除する・ドイツ語の putzen が語源）と言い、ジャガイモをすりおろして作ったパンケーキを rösti、温風とヘヤドライヤーを foehn と呼ぶ。二十世紀初頭にスイスの純粋主義者がドイツ語的用法の使用を非難して、《Il a aidé à sa mère》（彼は母親の手伝いをした）のような構文はドイツ語の影響だと言ったが、実際には、前置詞 à を挿入するのはフランス語の古い形だ。ベルギー人の発音の例で見たように、スイス人はフランス人が忘れてしまった資源を利用する。たとえば、「雨が降りそうだ」を《Il veut pleuvoir》（雨が降りたがっている）と言い、複複合過去と呼ばれる独特な時制を使って「完了した過去の動作」を表す。たとえば、《Il a eu neigé》（雪が降った・英語の過去完了形“It had snowed”と同等)。パリの人はこの構文を奇妙だと思う。ルソーはスイス人のフランス語の「誤り」を著作の中でときたま指摘している。

ベルギー人とスイス人は同じ語彙を用いてまったく異なる政治制度の話をするので、両者のあいだの政治談義は、まさに誤解の地雷原となる。 fédéralisme (連邦制度) は、スイスではフランスやベルギー、カナダと意味が異なる。フランス人は中世の無政府状態を思い浮かべ、ベルギー人はワロニア地方とフランドルのあいだの権力の分離を表す。スイス人には、さまざまな部分をひとつに統合すると言う意味だ。スイスの政治用語にはそれほどまぎらわしくない例もある。スイスでは、「投票」は、フランスやケベックで使われる vote ではなく votation。救助隊は、フランス語では secouristes だが、スイスでは samaritains。lycées (リセ) は gymnases と呼ばれ、ドイツ語の gymnasium (ギムナジウム・中・高等学校) に似ている。

スイス人が守ってきたフランス語の古い表現は山ほどある。たとえば、タンポポを dent-de-lion と言うが、フランスではとっくの昔に pissenlit になった。もっとも愛すべき (パリの人には別) 地方色は、パリの人が話すフランス語を表す françouillon 〈少し発音が変わるが、couillon は古くは「睾丸」を意味し、「間抜け」という意味で用いられる〉という蔑称で、ベルギー人が使う Frans-killon や Francillon を思いおこさせる。数もベルギー人と同じように数え、数字の表現を合理的にして、八十を quatre-vingts ではなく huitante と言うのがふつうだ。

8　「純粋な言語」へのこだわり

リヨンでたまたま買ったカラー印刷の大型ポスター集は、歴史上のできごとを題材にした古風な図柄が描かれ、五十年も前に製作され、学校の教室に貼るためのものだった。それぞれに教訓が込められ、共和国の信念を若者の頭にたたきこもうとしている。「ジュール・フェリー以前の学校」という題のポスターには、さまざまな年齢の子どもたちがひとつの教室で算数の授業を受けているようすが描かれ、教室は掘っ建て小屋で雑然とし、ニワトリや犬が生徒のあいだを走りまわっている。ポスターが伝えるメッセージはあきらかだ。一八八〇年以前のフランスの学校はよく組織されていない未熟な施設だったが、初代教育相ジュール・フェリー（一八三二〜一八九三年）のおかげで公立学校制度が整備された。だから子どもたちはフェリーに感謝しなさい、というのだ。

革命時代、教育は国家の悲願だったが、教師や資金や関心が不足するあまり数多くの計画が頓挫し、それからの数十年間、教育は実質的に教会の手にゆだねられていた。フランスはまだ大半が農業社会で、子どもたちも野良仕事にかり出され、勉強をさせてもらえる子はほとんどいなかった。ジュール・フェリーのおかげで、一八八一年に学校の授業は「誰もが受けられるもの」になる。フランスで教育制度が整備されたのは、古典主義と言語純粋主義の理想が復活した時代だった。フランス語はそれ以来ずっと、この影響の痕跡を残すことになる。国家の教育のもとで純粋主義が学校に入りこみ、大衆に浸透する。アンドレ・ジッド（一八六九～一九五一年）は「誰でもフランス人の心の中にはヴォージュラが眠っている」と述べた。純粋主義と「よき慣用」という中心的な教義を唱えた十七世紀のあの文法学者、ヴォージュラだ。

ギゾーとフェリーの教育改革

ジュール・フェリーは一八八〇年から八一年に公立学校を義務制にしたのだが、あのポスターは、ほんとうなら「フランソワ・ギゾー以前の学校」とするべきだった。ギゾー（一七八一～一八七四年）は、フェリーに先立つこと五十年前に、誰でも受けられる学校教育制度をフランスに設ける決定的な第一歩を踏み出していたのだ。フランスで最後の国王ルイ・フィリップの重鎮となった大臣で、一八三二年から三七年にかけて文相を務める。歴史学者でプロテスタントのギゾーは、産業革命のさなかに国民の潜在能力を目ざめさせるには文章を読む技術が必要なこと、国家の建設には有能な官僚がなくてはならず、そのために学校が必要なことも承知していた。

ギゾーは、まず、すべての公立学校で読み書きを必修にした。一八三三年、各町に男子の初等学校を一校、各県に宗教や修身、読み書き、計算など基本的な知識を教えるための師範学校を一校、設置する法律を制定する。学校は男子には義務とし、女子も含めて社会のあらゆる階層に教育の門戸を開き、学校監査官を設けた。一八八〇年には初等学校は千七百校から七万五千校に増加し、教員数は十一万にのぼり、六百五十万の少年少女が学校に通う。一八八〇年代には、フランスのほとんどの子どもが少なくとも何らかのフランス語に接していた。

第三共和政の大黒柱ともいえるジュール・フェリーは、一八八〇年から八一年に国民教育省を設立し、公立学校を義務、無償、非宗教とした。学校教育は初等学校、中等学校、リセ〈高等中学校〉の三段階に組織される。フェリーの目標は、生粋の共和主義の学校でもあった。聖職者を公立学校教育から永久に追い出したかったのだ。教会は革命後も学校の運営を奨励されていたが、聖職者は共和国の価値観を拒絶し、専制的な統治を支持していた。いくつもの地方で、とりわけブルターニュでは、共和国に対する抵抗として土地の言語を守り、奨励さえしていた。フェリーの非宗教の教師は「共和国の黒戦士」と呼ばれる。あだ名は簡素な黒い制服を着ていたことにもちなんだ。教師は反啓蒙主義と戦う訓練を受け、共和国の価値観を積極的に宣伝した。

フェリーは実際にはギゾーが始めた仕事を拡張したのだが、今日のフランス人が、ギゾーではなくジュール・フェリーが登場する前と後の学校について話をするのは、わけがある。ギゾーは保守派で、民主主義の恩恵にあずかるのは土地を所有する階級に限定するべしと考え、聖職者が教育現場で大きな役割を果たすことも奨励した。一方、フェリーは近代的で非宗教という共和国の思想を推進した。それでフェリーは共和国教育の偶像になり、ギゾーはならなかったのだ。

とはいえ、両者の尽力による教育を通して、フランス語をいくらかでも理解できる人の数が大幅に増えた。革命時代には、フランス語を流暢に話す人は国民の半分もいなくて、四分の一はフランス語がちんぷんかんぷん。ところが、第二次世界大戦時には人口の五〇パーセントが母語として地域語を話していても、ほぼ誰もがフランス語を理解し、たいていはきちんと話せた。フランス語への切り替えによって国家と民主主義は強化された。作家とメディアが作品やニュースを伝えられる公衆の数が格段に増え、そこから十九世紀に強力なフランス大衆文化が誕生する。

アカデミズムと辞書ブーム

革命＝帝政期にさんざんいためつけられたあと一八一五年に返り咲いた王室は、アカデミーとアカデミーの思想（アカデミズム）を強化した。王室が古典と古典主義を押しつけたのは、順応主義的で、挑戦的でなかったからだ。モリエールやラシーヌ、コルネイユ、パスカルなどはこの基準を満たすと考えられ、フランス文学の規範を形成する。芸術アカデミーとアカデミー・フランセーズはそれまで以上に美と言語の用法に基準を設けた。

純粋主義への回帰は、まさにギゾーが教育制度を確立しはじめた時期に始まる。一八二〇年から四〇年までは、大半のフランス人がまだフランス語を話せず、学校のフランス語教育は実質的には第二言語教育で、その結果、きわめて規範的で、規則に忠実だった。新しいアカデミズムの影響は、この傾向に拍車をかける。一八〇〇年から六〇年にかけて出版された文法書は、千点を下らない。最大の影響力を誇ったのは、一八二三年に出版されたフランソワ・ノエルとシャルル＝ピエール・シャプサルの『新フランス語文法』。簡約版があとに続き、八十回以上も版を重ねた。アメリカ版の翻訳にも簡約版と完全版がある。

十九世紀が明けて三、四十年は、言語指導教材の驚異的な出版の嵐が吹き荒れた。一八三四年、ベシュレル兄弟も文法書を出版し、『ベシュレル』は、今では動詞の活用変化を専門にしているが、その名はフランス語文法の世界に燦然と輝いている。一八四九年にはピエール・ラルースが、初めて文法とつづりの教授法をくまなく解説する『初等文法辞典』を世に出し、三年後に出版社を設立し、『フランス語辞典』（一八五六）を編纂する。同じころ、辞書学者のエミール・リトレは『フランス語辞典』を出版し、独自の定義と語源解説、文学作品からの引用によって、この分野の新しい基準を定める。ラルースとリトレは今日でも辞書業界の巨人で、一九六七年に『ロベール』が登場するまで『ラルース』は実質的に学校を独占していた。

一八三五年、アカデミー・フランセーズは『辞書』の第六版を出版したが、毎度のことながら評判は芳しくなかった。ところがギゾーの影響もあったのか、政府はこのころ、公務員志願者に筆記と口頭の試験を課すことを定め、基準が必要になって、アカデミーに協力を求めた。これは、アカデミーの仕事が純粋に公的な性格を帯びた最初で最後の例で、その影響力は最盛期を迎え、辞書の海賊版が出まわる事態まで発生する。この時流に乗って、モリエールやラシーヌやラ・フォンテーヌなど古典作家の作品が新しい公式のつづりで編集され再出版された。それ以来、フランコフォンは、フランスの古典作家は一八三〇年の中産階級とまったく同じ文章を書いたという神話を信じてきたのだ。言語のこの修正主義は、ルイ十四世の時代からフランス語は固定されていたという宗教もどきの信念をフランコフォンに植えつけ、信念は今日まで根強く残っている。あきらかにまちがっているが、フランス語を話すたいていの人と少なからぬ外国人が信じている。

アカデミー・フランセーズの仕事は公的な地位を獲得したが、純粋主義運動を後押しする実際の原動力は学校から生まれた。教師は純粋な言語という理念が頭にこびりつき、理想化された中産階級のフランス語を生徒に押しつけるようになり、古典を模倣して純粋に完璧に書くことを子どもたちにたたきこむ伝統が生まれる。フランコフォンが、話しているように文章を書くのではなく、文章を書いているように話そうとするのは、そのためだ。

誤りは罪

言語の純粋主義は、教育を通して数世紀にわたってフランス人の頭にたたきこまれてきたが、けっしてフランス人の専売特許ではない。けれどもフランス国外のフランコフォンは言語の変化におそらくもっと寛容だ。自分たちの話すフランス語が、フランスの教育が押しつける規範的なフランス語からはずれているからだろう。北アメリカのフランコフォンは、言語のまちがいを大目に見る文化の影響も受けている。この大らかさは、周囲にいる多数派の英語話者によく見うけられ、とかく、形式よりも意思が通じることを尊重する。それでも、フランコフォンは誰でも――フランコフォンでない人びとでさえ――純粋主義の圧力にさらされている。

純粋主義信奉は強力で、言語の障壁を超え、フランスで話されているフランス語はベルギーやカナダで話されているフランス語よりも「純粋」だという信条を受け入れているフランス語教師は、アメリカでも少なくない。カナダの英語話者の中には、子どもにわざわざフランス語イマージョン〈フランス語を使って生活しながらフランス語を習得する〉教育をほどこす親が何十万人もいるが、こういった人びとでさえ、どこかべつの場所で話されている理想的なフランス語があると考え、それはフランス、とりわけパリだと思っている。ほんとうは誰も話していない理想のフランス語だ。ところが、純粋主義はアクセントや地域による変化を取り除くことが、これまで一度もできなかった。書き言葉をおもな対象としているからで、それでフランス語はどこで書かれても、びしっと統一されているのだ。純粋で規範的なフランス語を話す場所や団体など、どこにもない。地球上には言語を話す人びとの幅広い層があるだけで、理想にこだわる程度もさまざまだ。人前で極端に規範的なフランス語を話すアフリカの人をよく見かけるが、誰にしても、自分の家ではそんなふうに話さないだろう。

純粋主義の姿勢は、十九世紀に発展した特殊な観念から説明できる。la faute（誤り）だ。フランス語の「誤り」は「単なるまちがい」ではなく、道徳上の不名誉になる。この語は、十五世紀ごろまでは「原罪」に近い肉欲の罪を意味した。十七世紀の言語純粋主義者は、話したり書いたりするときのまちがいに罪というニュアンスを持たせたのだ。ジャン＝ジャック・ルソーは十八世紀になってもなお、自分の言語の使い方を不適切と言うにとどめている。「誤り」という、心を傷つける語がフランス語を話す何百万もの人びとの心に植えつけられたのは、強力な純粋主義の教義に基づいて教育制度が確立された十九世紀になってからで、今日でも人びとの心に残っている。

不名誉は十九世紀に「書き取り《ディクテ》」の導入でさらに強化された。どこの文化でも言語教育の一環として書き取りを行うが、フランコフォンは書き取りを信頼し、学業の中で実に長い時間をかける。フランスのテレビの人気者ベルナール・ピヴォは、一九八六年に書き取りコンテストを開始し、フランコフォンの世界で書き取りを競技に変えた。コンテストは毎年恒例になり、数十か国から数十万人が参加して「ディコ・ドール（黄金の辞書）」賞めざして競う。ピヴォの書き取りは、実のところ文法やつづりの引っかけ問題で、実際にどのように使われているかとはほとんど関係ない。けれども使用が問題なのではない。書き取りの趣旨はもっぱら、誤りを犯さずに書けると証明すること、現実の世界のおしゃべりや文化活動や仕事ではまったく使われない言葉でもちゃんと書けるということだ。

長年にわたって、フランス語は、正確なつづりと文法、「誤り」の回避に重点を置いて教えられてきた。フランコフォンはつねにお互いの発言や文章について意見を述べたり、まちがいを直したりする。フランス語となると正義感を示すこともあり、清教徒が罪という概念に立ち向かった姿にそっくりだ。罪と同様に「誤り」は避けられない。それで、「誤り」は罪なりという考え方は、違反がどんなふうに受け取られるだろうかと、話す人をびくびくさせる規制のような機能を果たす。「誤り」を犯すのではないかという恐怖感から解放されるには、毛の生えた心臓が必要だ。どこのフランコフォンの物書きでも、「誤り」の恐怖が自制の強力な要素になっていることを、私たちは本職の立場で証明できる。「誤り」を犯すと、フランス語を書くに値しないどころか、フランス語の反逆者とまで思われてしまうのだ。

フランコフォンは寛大な人と厳格な人に分かれる。純粋主義者は厳格で、十九世紀以来、基準を設けてきた。それでフランコフォンは、めったにお目にかからない単語をつづり、複雑な文法の罠に対処することを学ぶ。全体的な効果はエリートを生み出してきたことで、エリートはフランス語をみごとに使いこなし、その書き取りは絶対的な真実と見なされる。

アカデミーのつづり改革

「よき慣用」を重視したため、かつてはきわめて進歩的だった純粋主義がすこぶる保守的になった。フランス語に規則を作ることで、十七世紀の純粋主義者はフランス語を近代のラテン語にしてしまう。十九世紀には、純粋主義は「誤り」を盾にして、革新や斬新、新しい規則や発音、とりわけ新しいつづりを拒んだ。純粋主義は「フランス語とはつづりなり」という考え方をフランコフォンの頭に植えつけ、つづりを変えようとするのはフランス語に対する攻撃とまで思われた。

このような新しい姿勢は、アカデミー・フランセーズが十九世紀につづり字改革を試みたときに問題になる。一八三五年、アカデミーの辞書の第六版は多数のつづりを修正した。奇妙な理由づけもいくつかある。enfan（子ども）が enfant になったのは語源が理由で、動詞の enfanter（出産する）と一致させるためだった。全体として、変更はそれほど反対されずに受け入れられた。このとき、語尾の -ois が変化して、たとえば françois（フランス語）が français になる。ところが一九〇〇年にアカデミーが再度つづりの改善を検討すると、純粋主義者は反対の声をあげた。psychologie（心理学）を psycologie と書くなど、もってのほか。そんな変更をしたら、フランス語が愚かしく見えるし、古典が読めなくなると言うのだが、実にばかばかしい。古典作品のつづりは、ほんの六十年前にすっかり現代化されていたのだ。歩み寄りがなされ、一九〇一年、アカデミーはいくつかの提案をして、政府が「寛容の布告」を発表した。修正勧告をする——以前のつづりを取り替えることはしない——というのだ。純粋主義者がつづりの修正を一度に一語しか行わせないので、大規模な文法改革は十九世紀以来とどこおってきた。フランコフォンはいまだに、判じ物のような複雑な規則、たとえば「過去分詞の一致」とつき合わなければならない。

新語《ネオロジスム》は純粋主義の敵

言語の純粋主義はフランコフォンの職業活動に毎日、首をつっこんでくる。ジャン＝ブノワは私たちの前著のフランス語版で裏表紙に紹介文を書き、mondialisateur（グローバル化させる［形容詞」）という言葉を用いた。mondialisation（グローバル化）も mondialiser（グローバル化する）も辞書に載っているが、mondialisateur はない。ジャン＝ブノワにはそれほどこじつけとは思えなかったのだが、フランス人編集者は、「そんな言い方はない」と言って拒んだ。「フランス語じゃないからよ」とまで言い放つ。

編集者は現代的な若い女性で、挑戦的な考え方を好んだが、言葉遣いとなるとフランスのたいていの同業者と同様、波風を立てたがらない。こだわりの根拠は、mondialisateur が新語《ネオロジスム》だったことにある。新語を邪悪視する純粋主義は、単語の定義はそれぞれにひとつあるべきで、ある定義にあてはまる単語はひとつのみだと言って譲らない。ここには、保守的な純粋主義が障害になってきた理由がはっきり見てとれる。文法と発音の改革はすべて「誤り」と頭から決めつけられる。ほかの言語から単語を借用したり、新しい言葉を作ったりするのは、無知の表れとなる。語彙でも、文法でも、音声体系でも、フランス語のあるべき姿に人びとを合わせたがるので、新しいものごとを説明する単語を見つけるのがきわめて困難になる。

アカデミーは辞書の第六版で、bateau à vapeur（蒸気船）がどういうものか、vapeur（蒸気）の項目の中で解説した。一八七八年に次の版が出るころには、世間では、「蒸気船」は un vapeur と男性名詞にし、「蒸気」は une vapeur と女性名詞にして同じ語を用いていたが、アカデミーは vapeur を男性名詞として新しい意味を設けることを拒んだ。新語《ネオロジスム》だからと言うのだが、この場合、すでに存在する単語に新しい意味を加えるにすぎない。両方を載せる決定をした一九三五年には、蒸気船などもう誰も使っていなかった。まるで笑い話だが、純粋主義者が新しい発見や発明、新しいものごと、新しい姿勢を採り入れるのにかならず反対したことを物語っている。mondialisateurの例を見てもわかる通り、フランス語には資源が不足しているわけではない。英語より融通がきかないわけでもない。過去二百年フランス語を支配してきた純粋主義者のおつむに問題がある。

それでも世の中は移り変わる。今では、純粋主義者は、「新しい語」と自分たちで呼んでいるものと新語《ネオロジスム》を区別している。「新しい語」は新しいものごとを説明するが、新語は、説明する語がすでに存在しているものごとを説明する新しい語だそうだ。しかし、こんな難解な区別では、純粋主義の堅苦しい影響力から生じた問題を解決できない。アカデミーはrécré（récréation・休憩の短縮形）を辞書に載せようとしない。récréは新語で、危険な先例を作り、gymnase（体育館）のgymやprofesseur（教授）のprofも認めることになると心配しているのだ。こういった単語は誰もが使っているのに、なぜかアカデミーは好ましいフランス語と考えていない。ありがたいことに、ほかのフランス語の辞書はどれも認めている。このような例は、アカデミーがどう考えようとフランス語は発展していることも示しているが、純粋主義者はしつこく論争をむし返すだろう。

地域語

純粋主義が栄光の極みに達していたころ、ほかの現実がフランス語と地域語を突き動かしていた。革命以降、地域語は俚語《パトワ》の地位に格下げされても、ギゾー後も百年は地歩を保ち、俚語による授業が一八五三年と一八八〇年に禁止されるほどだった。十九世紀のフランスは農村から都市への人口の大移動を経験していた。教育制度が実施されるとともに、住民が移動により混在し、フランス語を共通語として採用しなければならなくなる。それでも故郷の言語を捨てたフランス人は少なく、たいていの人が二種類の言語を使った。

十九世紀の人口移動で、俚語《パトワ》がフランス語の本流に入ってきた。アルデンヌから spirou（リス）、リヨンから gones（子ども）、ボージョレーから cabochon（頑固）、プロヴァンスから tartifles（ジャガイモ）など数百語はある。ところがフランス語が着実に母語となるにつれ、借用は少なくなり、一九〇〇年には、こうした地域語のほとんどが衰退の段階に入っていた。地域語の衰退をうながしたのは学校教育ではなく、徴兵制度とマスコミの発達だった。新しい時代に即した語彙や文法をそなえた俚語はほとんどなく、共通語としてフランス語が近代の事物や概念に名前をつける仕事を引き受け、俚語は昔ながらの活動や私生活の場に追いやられてしまう。

十九世紀に詩人と思想家が地元の言語を救う運動に乗り出した。詩人のフレデリック・ミストラルはさまざまなラングドックを再興させてプロヴァンス語と名づけ、フェリブリージュという団体を設立する。プロヴァンス語で詩を書き、一九〇四年には、少数言語で書いた作家で初めてノーベル文学賞を受賞する。残念ながら、今日では、フランス語誕生以前の地域語の生き残りの中で、プロヴァンス語は優等生とは言えない。

一九九九年の調査では、フランスの人口の一二パーセント、七百万人が今でも地域語で話すと答えた。べつの調査では、七十五の地域語が話されていることがわかったが、これには海外領土の民族《エスニシティ》の言語も含まれている。フランス本土では、今だに二十数種の言語が話されていて、おもなものに、ラングドック（二百万人）、アルザス方言（およそ九十万人）、ブルトン語（二十万人）、コルシカ方言（十二万五千人）、カタロニア語（十万人）、バスク語（四万人）がある。ラングドックを除くと、話されているのはいずれも国土の片隅だ。こうした言語はおもに話し言葉として用いられ、読み方や書き方を知っている人はほんの少ししかいない。そのため、語彙と文法が時代の流れについて行けない。ラングドックの話者が最大なのは、プロヴァンス語（おもにアヴィニョンとニースのあいだの内陸部で十万人が話している）などの五つの言語が含まれているからだ。二十世紀を通して、地域語は、本流のフランス語に与えた影響よりもはるかに大きな影響をフランス語から受けてきた。

ロマン主義の旗頭ユゴー

皮肉なことに、十九世紀の作家はアカデミズムに反感を持ち、フランス語を新たな方向に発展させる。言語純粋主義の二百年間、文学と詩は順応をしいられ、アカデミーの基準は、実質的に法律のような強制力を持っていた。悲劇は、時と場所と筋の一致という古典の作劇法〈三単一の法則と呼ばれ、アリストテレスの『詩学』で展開されている作劇法〉に従って構成されなければ、つまらぬメロドラマとして無視される。詩はアレクサンドランで書き、文学作品の登場人物は、貴族でも農夫でも、「美しき言葉」で話さなければならなかった。アカデミーは文学の新しいジャンル、小説を芸術の正統な形式として認めようとしなかった。デュマやゾラなどの大小説家がアカデミーに迎え入れられなかったのは、詩を書かなかったからだ。アカデミーはゾラの立候補を実に二十四回も拒否している。

この堅苦しい純粋主義と保守主義は、結局、創造の爆発となったロマン主義運動に火をつけた。

フランスでは、その衝撃がどの社会よりも大きく、二百年後の現在でも感じられる。フランスはロマン主義に乗り遅れていた。ロマン主義はドイツとイギリスでは十八世紀後半にすでに始まっていて、革命で亡命した人びとが吸収してフランスに持ち帰った。フランスのロマン主義者は、ドイツやイギリスの先輩と同様に、十七世紀の古典主義を拒み、自然や中世、少なくとも古典主義以前のものを取り入れた。ロマン主義者は理性よりも感情を重視し、芸術的な創造が自己の表現となる。

十九世紀のフランス語の発展は、ロマン主義運動に参加した非凡な天才たちに負うところが大きい。作家の中ではヴィクトル・ユゴー（一八〇二〜八五年）が傑出している。ナポレオン軍の将軍の息子だったユゴーは、わずか十四歳のときに「絶対にシャトーブリアンになる」と教科書に落書きした。十七歳で最初の文芸雑誌を刊行し、やがて詩や大衆小説で頭角を現す。前時代の作家とは異なり、自由に気ままに書いた。二十一歳で王室の年金を獲得し、最初の戯曲『クロムウェル』で名士の仲間入りを果たす。序文は「グロテスク」（民衆の世界）と名づけたものを追求し、時と場所と筋の一致という古典の規範に反駁し、フランスロマン主義の宣言になった。「きまって鳥かごには骸骨しか入っていない」と述べている。

そのころ、ユゴーは散文で、ちっとも理想的でない人物を主人公にする新しい手法を試みた。『ノートルダムのせむし男』では、貧しいロマの娘、醜い鐘撞き男、好色な助祭長を中心人物に配した。この小説は何度も映画化され人気を博したが、ゴシック様式で名高いノートルダム大聖堂を解体から救うために書かれたことを知るファンは、あまりいない。ノートルダムは革命期に硝石工場として使われ、十九世紀には、すっかりうち捨てられて、建築業者が石を橋の建造に再利用しようとしていた。当時、ゴシック様式は醜悪で不快と見なされていて、ユゴーの舞台選びは意図的だった。グロテスクな登場人物を、醜いとされる芸術と結びつけたのだ。小説の初めの三章は、この偉大なゴシック様式の建造物の保存を訴えている。

ユゴーは三十八歳の若さでアカデミー会員になった。小説ではなく、詩と戯曲が評価されたのだ。大統領ルイ・ナポレオンが一八五一年に政変を起こして第二帝政を宣すると、妻子と愛人を連れてチャンネル諸島のガーンジー島とジャージー島に亡命し、そこでフランス詩を革新する。さらに、もうひとつの名作『レ・ミゼラブル』を書き、たちまち十いくつもの言語に翻訳される。

この章の冒頭に登場した「ジュール・フェリー以前の学校」のポスターは裏もポスターになっていて、「ヴィクトル・ユゴー」と記されている。言うまでもなく、ユゴーはフランス共和国の偶像だった。ポスターの像は、トレードマークの雪のように白いひげをたくわえたユゴーが、子どもたちに取り囲まれている。政治への妥協を許さない姿勢、文学のあり余る才能によって、フランス共和国の祖父のような存在にまでなったのだ。王政派として人生を歩みはじめたことを思えば、数奇な運命だ。フランスの作家の誰にもまして、フランス文化で理想とされる社会問題に関心を持つ《ミリタン》知識人の典型になった。絶大な尊敬を集め、八十歳の誕生日には五十万人がバルコニーの下を行進し、楽隊の楽器は実に五千五百を数えたと言う。一八八五年に八十三歳で世を去ったときには、凱旋門に亡骸が安置され、三百万の弔問者が訪れた。

市民権を獲得する隠語

政治活動、文学的才能もさることながら、ユゴーがフランス語の歴史で意義深いのは、十九世紀の小説家・劇作家の運動の最前線に立っていたからだ。小説家や劇作家は、リアリズムの名において、登場人物に庶民の言葉を話させ、隠語《アルゴ》を用いることも辞さなかった。隠語の語源は標準的なフランス語と同じくらい古い。隠語はもともと暗語《ジャルゴン》を用いる山賊や泥棒、人殺しの犯罪組織を指す。隠語は言語というよりもむしろ単語の体系で、犯罪者が、部外者や、盗みの対象になる中産階級や貴族、追跡してくる当局に意味がわからないように使った。十七世紀にはブルジョアジーが犯罪集団のこの暗語を隠語と呼ぶようになる。

隠語《アルゴ》は、意味の上ではフランス語だが、地方の言語や外国語から言葉を借用したり、接尾語をつけてもとのフランス語の単語を隠したりする。**roupiller**（眠る）はピカルディーから、**zigouiller**（殺す）はポワティエから、**pognon**（お金）はリヨンから取り入れた。**loustic**（ならず者）はドイツ語、**gonzesse**（少女）はイタリア語、**flouze**（現金）と**souk**（混乱）はアラビア語が語源。標準的なフランス語に**-iergue**、**-uche**、**-oche**、**-igue**などの接尾語をつけた隠語もあり、**vous**（あなた）は**vousiergue**、**moi**（私）は**mézigue**となる。

作家が隠語《アルゴ》を使いはじめたのは一八三〇年代、隠語を使っていた犯罪組織を当局が解散させたころだ。ユゴーの小説では、パリの下水道に住む泥棒はポンパドゥール夫人のような話し方などしない。一八三〇年に出した小説『死刑囚最後の日』では囚人に隠語をしゃべらせ、当時の人びとに衝撃を与えた。『レ・ミゼラブル』では、社会の下層の人びとや犯罪集団がどんなふうに隠語で自分の気持ちを述べるのかふたつの章を用いて詳細に説明している。ユゴーは隠語を採用することで、隠語がりっぱなフランス語であるだけでなく、しばしば表現力がより豊かなことを証明した。

ユゴーの時代には、隠語《アルゴ》はすでに、犯罪者の仲間言葉と、低俗で汚いフランス語〈＝俗語〉という二重の意味を持っていた。ひとつの単語に両方の意味を持たせていることからも、純粋主義のエリートの物の見方が透けて見える。ユゴー自身はふたつの意味のあいだでためらったが、エミール・ゾラが『居酒屋』を発表した一八七六年には、民衆の話し方はすべて隠語的と呼ばれるようになる。隠語は今日でも生きていて、長年にわたってフランス語の語彙創造の鍛冶屋になってきた。歌手エディット・ジョヴァンナ・ガションの芸名ピアフ（Piaf）は、両大戦間のパリの隠語で「雀」という意味。パリの肉屋は loucherbem（肉屋言葉）と呼ばれる仲間内の言葉を発達させた。単語の先頭の文字をlに置き換え、先頭の文字を末尾に持ってきて、隠語風の語尾 -em、-oque、-ique などをつけ加えるのだ。loucherbem 自体が boucher（肉屋）の肉屋言葉だ。この造語法は今でも生き残っていて、よく使われる loufoque（頭がまともでない）は fou（正気を失った）から来ている。けれども隠語の意味はこの百年でいくぶん薄められた。一般には俗語の同意語として使われるが、少なからぬ商業取引、あるいは高等専門学校で、自分たちの特殊化された専門用語を argot de métier（職業用語）と言う。

百三十年間フランスの植民地だったアルジェリアは、独立を要求して一九五四年から一九六二年まで戦った。熾烈をきわめた内戦は後遺症を残し、傷跡は今も見られる。アルジェリアはフランスから受け継いだ伝統を少なくとも公式には認めず、フランス語を公用語にしていない。

フランスの植民地支配が刻印したものは複雑で、ことに言語に関しては単純でない。私たちはトレムセンを訪れたことがある。そこで出会った若い原理主義者は、入植者の言語などお断りとばかりに、英語しか話せないふりまでした。しかし、フランスへの敵意がフランス語の拒絶にすんなりと結びつくわけではない。それどころか、アルジェリアはフランス語話者の割合が旧植民地の中でもっとも高い。国民の半数がフランス語を流暢に話し、新聞の八〇パーセントとテレビのチャンネルのほとんどがフランス語で、ほぼ全員がフランス語をそれなりに理解できる。アルジェリアの植民地時代の歴史は悲惨だった。おおざっぱに言って一八三〇年から一九六〇年までがフランスの第二期植民地進出にあたるが、この時期はフランス語普及の第二期でもあった。

第二期植民地進出

今日、フランス語は数十の国と領土で公用語になっている。アフリカやインド洋、インドネシア、ポリネシア、中東、カリブ海、それにラテンアメリカなど広い地域で話されているのは、強大なヨーロッパの列強が進出に失敗した地域でフランスとベルギーが成功したからだ。植民地進出にはヨーロッパ各国がこぞって参加し、フランスはイギリスに次ぐ広大な植民地帝国を築いた。最盛期の一九三〇年代には、アフリカのゆうに三分の一とインドシナのほぼ全域、インドの一部、太平洋の広大な一帯、カリブ海、南アメリカの一部にフランスの国旗がひるがえり、エジプト、トルコ、中国、パレスティナにも支配がおよんだ。ベルギーが中央アフリカを領有してフランス語の植民地帝国はさらに拡大し、ある意味で、帝国の太陽はまだ沈んでいなかった。

ドイツとオランダが失敗し、フランス自身も百年前に失敗していた地域でフランスとベルギーが成功したのは、両国が海に面し、アフリカに接近しているため戦略上有利なだけでなく、植民地を建設する動機も大きかったからだ。十九世紀末、フランスは人口の増加が近隣諸国に遅れをとり、ベルギーは経済を支える天然資源が底をつき、こうした弱点を補う方法を探していた。第二期植民地進出では、フランスは第一期よりも一貫性のある方法を採用する。セネガルやポンディシェリーなど第一期植民地帝国の生き残りもあり、基地として利用できた。

フランスもベルギーも、とくに独創的な植民地化を推しすすめたわけではない。ロシアやアメリカなど植民地列強の例に漏れず、植民地帝国建設を正当化する「文明化の使命」という建前をかつぎだしたのだ。同化という原則に基づくフランスの植民地主義と、いわゆるイギリスの父権的権威主義では、どちらがましだったのか、いまだに歴史家が比較している。私たちにいわせれば、歴史の修正主義にほかならない。イギリスの唱える「白人の義務」がフランスの「文明化の使命」よりすぐれている点など、ひとつもない。列強はどこも私腹を肥やすために植民地化を行ったのだ。

フランス人は、文明化の醜悪な面を隠すために言葉の意味を巧みにすり替え、植民地で育てたエリートを開化民《エヴォリュエ》と名づけた。植民地政府は原住民制度《アンディジェナ》による特別な地位を作る。これは、原住民法によって原住民《アンディジェーヌ》に特別な司法制度を与える、新たな形態の奴隷制度である「強制労働」が定められるなど、きびしいものだった。原住民の話すくずれたフランス語は**petit nègre**（片言のフランス語）と呼ばれた。今日でも聞かれる人種差別用語**bougnoul**（土人）はもともとウォロフ語の「黒い人」で、セネガルの開化民を指す蔑称だったが、今日ではアラブ人を指す。

フランスの植民地経営のほんとうの特徴は、いわゆる「文明化の使命」ではない。植民地化の究極の目的は文化の同化で、フランス人は大衆教育で達成できると考えた。フランスはどこの国よりも、植民地臣民の教育とフランス語学習を重視し、フランス語は植民地帝国建設の道具となる。

当然ながら、建前と現実はしばしば食いちがう。アルジェリア、セネガル、コンゴ、インドシナ、レバノンでフランスとベルギーが行った教育政策は均質ではなく、結果も均質ではなかった。教育は、西アフリカ、とりわけセネガルでは十九世紀初頭に開始されたが、コンゴと中央アフリカでは実質的にはそれから百年後になる。教育が国家の事業だった地域もあれば、宣教師だけがたずさわっていた地域もあったが、たいていは協力して行われた。どこもかしこも一般大衆の教育に失敗するが、いわゆる開化民《エヴォリュエ》のエリートの訓練には成功し、開化民は手先となり、独立後は国の運営を引き継ぎ——これがフランスの植民地経営の特徴になる。

植民地臣民の教育によって、第二期植民地進出でフランス語が広範に普及したわけではない。フランス語が普及したのは、第一期植民地進出とは逆に入植者を派遣したからだ。太平洋地域ではニューカレドニアが一八六〇年に植民地になり、四人四万人が送りこまれたが、この数字はヌーヴェルフランスに渡った入植者と契約労働者の四倍にあたる。チュニジアには一九〇六年までにヨーロッパ人(フランス人とイタリア人)十五万人が流入した。アルジェリアに定住していたヨーロッパ人は一九三〇年代には百万人にのぼり、ほかの仏領植民地に住んでいた定住者の総数と等しい。当然ながら、第二期植民地進出がフランス語に与えた波及効果は、第一期植民地進出よりも大きい。

アルジェリアの植民地化とフランス語

数百年のあいだ、アルジェリアの海賊は地中海を航行するヨーロッパ船を襲い、キリスト教徒の船員を奴隷として売りとばしていた。一八一五年から一八二四年にかけて、イギリスやアメリカ、オランダの船団はこの常習行為をやめさせようとして、アルジェリアの船団を襲ったり、首都のアルジェを砲撃したりした。フランスは、国王シャルル十世の指揮のもとアルジェに上陸し、一八三〇年七月に町を占領する。次の国王ルイ・フィリップは、王座に着くや、さっそくオランはじめ地中海沿岸の包囲にとりかかり、一八三三年、アルジェリアにフランス領北アフリカ総督府を設置して、植民地にした。

フランスは植民地建設の歴史で初めて、植民地に入植者を送りこむことを真剣に考えた。入植希望者がいたという理由もある。フランスは産業革命の波に乗り遅れ、一八四〇年代はまだ農業国だった。人口が増加し、土地が不足すると、土地を持たない農民は、北アフリカの肥沃な農地がいくらでも手に入るという約束にそそのかされた。一八五〇年には、アルジェリアにヨーロッパ人入植者が二万五千人いた。漁師と農民がほとんどで、半分がフランス人、あとはスペイン人やイタリア人、マルタ人、コルシカ人。その後の数十年に、パリやアルザスの失業者がどっと流れこみ、一八七六年にはヨーロッパ人の数は三〇万にのぼり、半分がフランス人だった。

フランス人兵士と入植者がアルジェリアの原住民《アンディジェーヌ》と接触して、フランス語にアラビア語使用の第二波が押し寄せる。第一波は十字軍の時代にさかのぼり、科学技術用語の借用だったのに対し、十九世紀に入ってきたアラビア語はどれも一般的な言葉だ。最初に借用したのは兵士で、軍隊の雑嚢を **barda** と呼んだ。アルジェリア語の **tabib**（治療師）は **toubib**（軍医・今日でもフランスで医者の意味で使われている）となる。借用語はほかにも **chouya**（ほんの少し）や **maboul**（変人）、**kif-kif**（同じ）、**nouba**（酒盛り）があり、どれも今日でもフランス語で一般に使われている。一方、**casbah**（要塞）や **raï**（ライ・アルジェリアの大衆音楽）など英語に入った言葉もある。この時期の借用語は数十とあり、食べ物に関するものが少なくない。**couscous**（クスクス）はフランスの国民料理になってきている。

フランス人は、アルジェリアに植民地を作った当初から、アラビア語をフランス語に置き換えようとした。行政官はフランス語を植民地の公用語と宣言し、フランス語を習得させる方法を模索した。子どもたちに一日二フランと食事を一回与えてフランス語の学校に通わせる計画もあったが、失敗する。一八五〇年には、政府が部族長の子弟の学校をパリに作ったが、成果はほとんどなかった。おもな障害は、アルジェリアにすでに教育の伝統があったことだ。征服される前は、国民の四〇パーセントがイスラムの学校でクルアーンを勉強して読み書きを覚えていたから、フランス人が

「文明」をもたらしてくれるという話なんぞを信じる北アフリカ人はほとんどいなかった。一方、入植者は、じゅうぶんな教育を受けていない原住民《アンディジェーヌ》から搾取する労働力に依存していたため、パリの教育政策の導入にあまり熱心でなかった。

それでも、フランス人は教育という目標を捨てなかった。一八五〇年代、植民地政府は「混合方式」の学校を作り、生徒は午前にアラビア語を、午後はフランス語を学んだ。一八六三年までに入学した生徒は数千人にすぎない。一八七九年以降は、フランス政府はアルジェリアにリセやコレージュ、法律学校や医学校を設け、一九〇一年にフランス語だけの学校制度が作られたが、イスラム教徒のアルジェリア人は子どもをこういった学校に通わせることに強く抵抗し、一九一四年までにフランス語の学校に通った子どもは五パーセントしかいない。原住民は、同化のもうひとつの大きな手段である異民族間の結婚にも強く反対した。

その一方で、フランス人はアルジェリアにいるほかのヨーロッパ人入植者をほぼ全員、同化していた。ヨーロッパ人の子どもはみな、またユダヤ人も、移民、地元出身を問わずフランス語の学校に通う。一九一四年には、人口四百五十万人のおよそ百万人がフランス語を母語としていた。

教育計画が挫折してもフランス語は急速に浸透したが、その理由はほめられたものではなかった。入植者が植民地政府の援助を受けて農業用地の一等地をせしめ、雇われたアルジェリア農民は、雇い主の言語を話さなければならなかったのだ。一八四八年、政府はアルジェリアをフランスの領土と宣言し、本国の各省庁がそれぞれの分野を管轄する。フランス語は行政の言語となり、軍隊の言語にもなった。イスラム教徒が軍役に就いたのは、「特別兵役」とひきかえに市民権を認めると政府が眉唾な約束をしたからだ。その結果、一九三〇年には、アルジェリアのどこでもフランス語が通じた。

セネガル

アフリカで最初のフランス語の授業として後世に伝えられている授業は、一八一七年にセネガルの町サンルイで行われた。教師は、伝説になったジャン・ダール。セネガルにやって来て学校を開いたころ、在住フランス人は数千人しかいなかった。ダールはセネガルで話者がもっとも多いウォロフ語の研究に着手し、一八二六年にはフランス語=ウォロフ語の最初の辞書を出版する。さらにフランス国外でフランス語を教える方法を開発し、「相互方式」(翻訳方式)と名づけた。母語のウォロフ語で読み書きを教え、それから翻訳してフランス語を学ばせる方法で、めざましい成果をあげたと言われる。残念ながら、ダールは健康上の理由で一八二〇年に帰国し、一八三二年にセネガルに戻ったが、翌年に世を去る。

ダールの方式が根を下ろしていたら、アフリカでのフランス語の将来はちがっていただろう。ところが、ダールの同僚と後継者は「直接方式」を採用する。母語でさえ読み書きができない人に最初からフランス語を教えるという方法だ。ダールの教授法では、教師がウォロフ語を習得しなければならず、これは負担が大きい。そこで、本国で学校の生徒に教えるときに使っていた教授法をそのままアフリカに持ちこんだのだ。となると学校でウォロフ語の使用を禁止しなければならず、子どもたちを家族から引き離して遠くの村のフランス語学校に入学させるという手荒いまねまでした。子どもたちはまごつき、混乱し、疎外感に襲われた。

一八五〇年代までは、セネガルには教育政策と言えるようなものがなく、初代総督ルイ・ド・フェデルブ将軍がようやく政策を定めた。今日のセネガルがアフリカのフランコフォン文化の中心地になっているのは、フェデルブの活躍の成果と言っていいだろう。一八五四年にフェデルブがやって来たときには、一万二千人から一万五千人のフランス人が住んでいたが、経済活動はほとんど行われていなかった。フェデルブはピーナッツ・プランテーションを導入して植民地の経済を活性化し、サンルイやリュフィスク、ダカールの港を発展させ、十五年で貿易高を三倍に伸ばした。一八五七年に部族長の子弟向けの最初の学校を作り、アフリカ植民地のエリート層を養成する制度を発足させる。「フランスに協力的な役人を養成する」ことが目的だった。対象は、役人や教師、商人などで、学校はのちにゴレやダカール、リュフィスクにも建てられる。フェデルブは、かの有名なセネガル狙撃兵も養成した。隊員数は一九一四年には十八万人にのぼり、フランス語化の強力な手段になった。上官にフランス語で話さなければならなかったからだ。

フェデルブの政策は大きな成果をあげ、学校から送り出された最初のセネガルのエリート層は、フランス語が出世の鍵であることを理解する。フランスはあの手この手を使ってこの趨勢を強化する。シェイク・アンタ・ディオップ大学の文学教授アマドゥー・リは、「セネガル人は、フランスがほかのアフリカ諸国を植民地化する手助けをしました。植民地政策の手先だったのです」と語った。フランスは一九一六年に、ダカール、リュフィスク、サンルイ、ゴレの四か所の植民地基地の居住者にも市民権を与える。四つの町の人びとはフランス市民となり、地元民《オリジネール》と呼ばれ、原住民《アンディジェーヌ》よりも地位が高かった。一九四六年以降、四市はパリの国民議会に議員を派遣し、ダカールは植民地時代を通してフランス領西アフリカの中心都市となる。二十世紀の半ばまで、植民地の行政官が西アフリカ各地からやって来た。それを受け入れたウィリアム・ポンティー学校は植民地の補助者や、行政官、獣医にも研修を行う。第二次世界大戦後、フランスはアフリカの青年がフランスでより高度な教育を受けられるように奨学金制度を設ける。西アフリカ最初の大学、ダカール大学（現在のシェイク・アンタ・ディオップ大学）は一九五〇年に開校した。

西アフリカのフランス語教育

ほかのセネガル人たちの教育成果は芳しくなく、フランス語を学んだ人はわずかだった。一九〇三年、フランス政府はアフリカで非宗教初等教育を実施する政令を定めた。目標は、一般大衆を教育し、アフリカにフランス文化を根づかせ、原住民職員を養成し現地エリートを創出すること。一九一二年には、西アフリカの少年一万三千五百人と少女千七百人がフランス語学校に通学したが、成果はとぼしく、一九二五年になっても、子どもたちは読み書きがほとんどできないまま卒業した。一九二五年以降、フランスは村の学校制度を導入する。フランス語の習得能力がある子どもをそこで選抜して地域の学校に集めるためだ。入学者は一九四五年までに九万四千四百人に増加したが、フランス領赤道アフリカでは無に等しかった。

フランス語教育はアフリカの根本的な問題を克服できなかった。まず、学校にじゅうぶんな資金を投入しなかった。教育費は、植民地の予算のせいぜい六パーセントを占めるにすぎない。フランスの植民地政策は、植民地の財政的自立を原則とする。本国では、植民地政策が国民からあまり支持されなかったこともある。このため基盤整備にじゅうぶんな投資が行われず、宣教師に教育を頼りがちだった。植民地教育に最大の努力がなされた一九六〇年代の独立運動直前でも、フランス語の学校に通っていたアフリカ人の子どもは一五パーセントにすぎない。それでも十五年前の三倍だった。アルジェリアの就学率はわずかに高く、最高で二〇パーセント。チュニジアとインドシナではもう少し高かった。パリ第七大学のパスカル・バルテレミー教授によれば、「一九四五年から一九五〇年代末にかけてフランス領西アフリカで就学率を三倍にしたといっても、中等学校に進学できる子どもは百人中四人しかいなかった」。

教育方法が大きな障害になっていた。植民地時代を通じて、有資格の教師が不足し、師範学校を設立しようとした時期もあったが、フランス語を第二言語として教える満足な指導方法を編み出せなかった。当然ながら、アフリカ人にフランス語習得意欲を持たせる方法も見つからない。フランスが一七九一年以降に自国で普通教育を確立するのに九十年もかかったのだから、目標達成はきびしかった。外国の教科書を押しつけられたら、若いアフリカ人がどれほど嫌気を起こすか想像に難くない。私たちがセネガルで会った高齢者には、「われらが先祖、ガリア人よ」という有名な一節で始まる教科書を覚えている人がいた。

植民地での一般大衆教育は、フランス人が目的をよく把握し、少なくとも明確にしていたら、効果があっただろう。本国では学校が市民教育に貢献し、共和国の価値観や実務に役立つ技術を教え、エリート教育向けの優秀な秀才を選別していた。ところが植民地では、手先にするエリートを除くと、権利も市民権も持たない人びとに共和国の本国で行われているのと同じ教育をほどこして、何を達成しようとしていたのか不明だ。アルジェリアだけでなく、アフリカに入植した少なからぬフランス人が、原住民教育に反対した。一般大衆教育は支配階級にとって危険に思われた。問題は、入植者が教育計画を実施することになっていた点だ。これでは、失敗が運命づけられていたようなものだ。

ベルギー領コンゴの場合は、この問題がもっと深刻だった。ベルギー人はフランス語を教えることに関心がなく、現地の言語で教育し、一般教育よりも技術研修を行うことが多かった。エリートを誕生させたら、いつの日か立ち上がって独立を要求するのではないかと恐れたのだ。一九二〇年には、ベルギー領植民地でフランス語を学んでいた生徒は一〇パーセントしかいない。

ベルギーの植民地でフランス語がフラマン語よりも浸透したのは、出世に都合のいい言語だったためだが、フランス語が大きな存在になるのは、ようやく第二次世界大戦後になって、ベルギー人が系統立てて学校制度を組織してからだ。技術教育に力を入れた結果、独立してザイールとなったとき、大学を卒業した地元民は四人しかいなかった。

宣教師の活躍

フランス語教育で費用効率がもっともよかった教師は、何といっても宣教師だ。列強が公式に植民地の領有を主張する前の数十年間、場合によっては数百年間、宣教師は遠い土地に出かけて、異教徒を改宗させてきた。列強の中でもフランスは十九世紀を通して群を抜き、フランス領西アフリカやインドシナ、太平洋の諸島に宣教師を派遣して、学校や病院を建設させ、フランス語を教えさせた。フランスが十九世紀に海外の宣教に送りこんだ聖職者や修道女、修道士の数は、ヨーロッパ諸国でもっとも多い。一九〇〇年の時点で、世界各地の宣教団四十四のうち二十八がフランスの教団で、宣教師七万人のうち五万人がフランス人だった。

十九世紀には、共和国は徹底して反宗教の立場をとったが、海外では宣教活動を奨励する。フランスは一八八〇年と一九〇一年にイエズス会を国から追い出したが、同じ時期に、助成金をたっぷり与え、海外での活動、とりわけレバノンでの活動を継続させた。理由は明白で、たとえ助成金を払っても、宣教は公立学校よりも安上がりだ。言語の教師として、宣教師は通常の教師よりも成果をあげた。活動する地域の言語を習得するからだ。現地の言語を話せば、住民をキリスト教に改宗させるのに役立つ。さらに、フランス語を教えることは、一般奉仕活動の一環だった。フランスは宣教師を財政面で援助して、この奉仕活動に期待したのだ。

帝国主義の時代には、ヨーロッパの支配者たちは「文明化」という錦の御旗を掲げながら、植民地拡張の先駆者として宣教師が果たす役割をじゅうぶんに承知し、活動を監視した。ナポレオン三世が太平洋諸島でカトリックの宣教を後押ししたのは、イギリスとアメリカの植民地拡張に対抗するためだった。宣教は太平洋、とりわけポリネシアで決定的な役割を演じる。宣教師が太平洋のワリー＝エ＝フチュナに到達したのは一八三〇年代で、フランスが領有を宣言する五十年前だった。それから数十年で、カトリックの宣教活動がトンガとニューカレドニアで開始されていた。それほど急がれたのは、イギリスのプロテスタント宣教団がすでに太平洋のハワイやタヒチ、ニュージーランドでしっかり根を下ろしていたからだ。

パスカル・バルテレミー教授によると、アフリカ全土の宣教団系学校に通った児童数は、政府系の学校に通った児童数とほぼ等しい。アフリカや中近東、インドシナでは、宣教団が数千校を運営した。オスマントルコだけでも、一九〇〇年までにフランスの宣教団系校に入学した生徒は十万人にのぼる。ベルギー人はほぼ全面的に宣教団に頼った。レオポルド二世はコンゴ川流域を直轄にしていたときに、カトリックの宣教師を財政援助のもとにアフリカに派遣して学校を開かせた。ベルギー政府は一九〇八年にコンゴ自由国を引き継ぐと、ベルギーのカトリック宣教団系学校に助成金をたっぷり与え、現地での仕事を続けさせた。一九二〇年までに十八万五千人の子どもがカトリックとプロテスタントの宣教団系校で学んだが、国営の学校に通った子どもは二千人に満たなかった。

インドシナの植民地とフランス語教育

宣教師はどこでも大きな成果をあげたわけではない。ヨーロッパの宣教団がインドシナに進出したのは十七世紀で、フランスが香料貿易の確立に失敗したころだ。宣教師はベトナム語をアルファベットで書き表したが、フランス語教育は障害に直面する。インドシナにはフランス人が来る前から中国語教育の長い伝統があったので、人びとはフランス語学校に抵抗を示し、フランスが「文明」をもたらしてくれるとは、ちっとも思っていなかった。すでに文明があったのだ。フランス政府は一九一九年に教育制度を導入したが、宣教団も政府も抵抗にうち勝てなかった。

インドシナに移住したフランス人が少なかったことも問題だった。一九三七年には人口千二百万人のうちフランス人は三万人で、半数が兵士、残りの大半が教師とその家族。作家マルグリット・デュラスはそうした教師の娘だ。小説『愛人《ラマン》』は、フランスのインドシナ領有が衰退に向かっていた時代を舞台に開化民《エヴォリュエ》との激しい恋愛を描いたもので、すばらしい映画にもなった。

ところが、意外にもフランス語はインドシナに浸透した。アルジェリアと同様に、現地の商人と役人が取り入れ、たちまち、成功を約束する言語になったのだ。総督ポール・ドゥメール（在位・一八九七〜一九〇二年）は仏領インドシナを作りあげた人物と言われ、フランスの積極的な管理を強化した。人びとはフランス語を習わされ、行政に関与するようになる。ところがドゥメールの事業がのちに敵意をよびさまし、反乱をあおり、独立運動にまで発展する。一九三〇年代には、インドシナ人の十人にひとりが二言語使用者で、その大半が都市に集中していた。インドシナの著名なフランコフォンには、ホー・チ・ミン、ポル・ポト、ノロドム・シアヌークがいる。フランス語のピジン語はインドシナ全域で使われていた。

レバノン

大シリアが一九二〇年にイギリスではなくフランスの委任統治領になったのは、数百年にわたってフランス語が浸透していたからだ。フランスの植民地拡張はシリアから始まったとも言える。その歴史は十二世紀の十字軍にさかのぼり、フランク王国の十字軍戦士は今日のレバノンにいたマロン派キリスト教徒とともに戦った。十六世紀には、フランソワ一世がオスマントルコのスルタンと協定を結び、オスマン帝国に住んでいたキリスト教徒の保護者となる。フランスの宣教師がシリアで活動を開始したのは十七世紀で、フランスは、一八一六年にレバノン山にマロン派の自治区を設けるようオスマントルコに強く要求し、一九四三年にレバノンが誕生する基盤を作った。

十九世紀を通して、フランスはこの地域との商業関係を強化した。ヤッファとエルサレムを結ぶ鉄道と、一八六九年に完成したスエズ運河はその目玉。十九世紀半ばには、フランス語が英語とともに、コレージュ・マロニト・ロマンの現代語講座で教えられ、世紀末には、十いくつかのフランスの信徒団が五十数校で七千人の生徒に教えていた。一八七五年には、フランス人イエズス会士が政府の出資金でベイルートに聖ヨセフ大学を開校する。イエズス会士はフランスの委任統治領が設けられるまでベイルートで医学や工学、法学の学校を運営した。

第一次世界大戦が終結してオスマン帝国が崩壊すると、この地域は連合国の軍事的管理下に置かれる。言語のおかげで、フランスが国際連盟からシリアを委託されるのはあきらかだった。委託は、植民地の「文明化」という十九世紀ヨーロッパの理念に立っていたので、この地域の独立をうながす役目を負っていた。とはいえ、独立への道は予想以上に険しかった。一九三〇年代初めに独立が実現間近になると、現在のレバノンで人口の半分を占めていたキリスト教徒は、イスラム教徒に抑えつけられるのを恐れ、レバノンという国家を作ってベイルート、トリポリ、シドン、テユロス、さらに南部の諸地域を支配できるようにフランスを説得する。フランスは一九四三年にシリアをふたつの国に分け、シリアの沿岸部を減らし、将来、両国が紛争を起こす種をまいた。

フランスのレバノンへの影響力は興味深い移住を促進し、それは今日まで続いている。レバノン人は委任統治領になる前からすでに、フランス植民地帝国の各地に入植していた。植民地でしばしば仲介者の役割を求められ、それは、イギリスの植民地帝国がインド人商人に頼ったのとよく似ている。とりわけアフリカでは、ぜひとも必要だった新しい血統を入植者にもたらした。セネガル独立時のレバノン人の人口は七万人以上にのぼり、ヨーロッパ人入植者の数を大幅に上まわった植民地も少なくない。レバノン人ディアスポラの規模は桁外れに大きく、今日、世界中に広がっている。有名人には、アメリカの活動家ラルフ・ネーダー、カナダのポップシンガー、セリーヌ・ディオンの夫でマネージャーのルネ・アンジェリル、ブラジル生まれで現在ルノー日産のCEOカルロス・ゴーンがいる。

私たちが二〇〇五年五月にセネガルを訪れたとき、宿泊したホテルはダカールの中心にあり、通りの向かい側に「ミッション・レバネーズ」があった。この社会集団の理解を深めるために私たちは会長のサミール・ジャルマルシュと会った。家族は一九二〇年代にセネガルに移住したレバノン人移民団の第二波に属した。父親はアメリカへ行くつもりだったが、「幸か不幸か、船がダカールに停泊したときに、同じ村の出身者とばったり出会い、結局セネガルにとどまった」そうだ。

レバノン人が初めてセネガルにやって来たのは一八八〇年代で、このときはオスマン帝国から避難してきた。フランスのどの植民地とも同様に、織物や家具の工場、不動産業、食料雑貨販売の経営にたずさわる。フランス人がめったに足を踏み入れなかった地域でピーナッツ工場と貯蔵所を管理し、セネガル内陸部での「フランス語」の存在を強化した。もっとも成功した人びとは仏領西アフリカのほかの地域で事業を興し、今日ではその子孫が全域に広がっている。レバノン人はアフリカのどこの国でも経済界のエリート層に属し、レバノン出身のセネガル人でもっとも裕福なシャララー家は、旧仏領西アフリカのすべての国で事業を経営している。

一九四八年、セネガルにいたレバノン人の社会集団はダカールにミッション・レバネーズを開設し、子どもたちをフランス語とアラビア語で教育し、自分たちの宗教であるマロン派信仰を維持した。この施設は社会集団を支える中枢になるが、セネガル独立後は、レバノン人の人口は七万人から二万人に激減する。セネガル生まれのレバノン人は大半がウォロフ語とアラビア語を話すが、セネガル人との関係はかならずしも良好でない。レバノン人は子どもを引きつづきフランス語で教育し、セネガル人と結婚することはめったにない。セネガル人はこれに批判的で、レバノン人がセネガルの経済界でなおも占めている大きな役割を手に入れようと熾烈に争っている。フランス植民地支配の複雑な置きみやげのせいで、レバノン人には三重の帰属があり、それは、今後数十年は続くだろう。ジャルマルシュが「私はフランス人で、レバノン人で、セネガル人です。そしてここが私の家です」と語った通りだ。

10 取り残されたフランス語圏——カナダ、ルイジアナ

一九四二年五月十八日、アメリカのルーズヴェルト大統領はカナダのキング首相に手紙を書いた。第二次世界大戦中のもっとも暗い時期で、ナチスのドイツと日本の勢いは止めどがなく、世界中が戦火に包まれていたが、ルーズヴェルトはもうひとつ、問題を抱えていた。三週間前にカナダで徴兵について国民投票が行われ、カナダ人の大半が賛成したのだが、フランス系カナダ人の七〇パーセントが海外従軍を拒み、モントリオールでは暴動が発生していた。国論分裂でカナダの戦意がくじかれるのではないかとホワイトハウスは懸念し、ルーズヴェルトはキング首相に宛てた手紙で、カナダに残っているフランス語話者を同化するためにカナダと合衆国が協力して、「何らかの計画を……なるべく明文化しないで」実施することを提案する。

戦時中にルーズヴェルトがフランス系カナダ人問題に目を向けていたというのは意外だが、フランスが敗北し、北アメリカ大陸から撤退して二世紀が経っても、さまざまな困難にもかかわらず、フランス語はアメリカの一言語であることに変わりなかった。どうしてなのかと不思議に思った人はルーズヴェルトだけでない。フランス語を母語とする人びとが北アメリカからいなくなればいいと考える人も少なくなかった。

アメリカのフランス語の物語は、世界のほかの地域とまったく異なる。言語学上は、ヨーロッパの言語が起源からすっかり切り離され、独自に発展した最初の事例と言える。一七六三年以降、フランス系カナダ人はいわば言語学的な意味での「失われた世界」に住んでいた。カナダとフランスの接触はごくわずかに限定され、フランスの統治が終わったあとにフランスの船がケベック市の港に投錨したのは、一八五五年。実に九十二年ぶりだ。

カナダでは、フランコフォンを同化させるさまざまな試みがなされたが、裏目に出ただけでなく、フランス語話者を二種類誕生させていた。フランス系カナダ人とアカディア人だ。数百年のあいだに、どちらも強力な帰属意識を発達させ、自分たちの言語を必死で守った。

フランスがまだアメリカ大陸に足をかけていた一七六三年以前は、ケベックとアカディアの二か所に主要な植民地があった。今日ではアメリカのネイティヴのフランコフォンはみな、関連性はあってもまったく異なるこの二本の幹のどちらかに属し、幹から生えた枝には何世紀ものあいだにからまってしまったものもある。ケベックを本拠地とするフランス系カナダ人は最大の集団で、現在、ケベックには六百万人のフランコフォンが住んでいる。自らをケベック人と名乗るが、この呼称が使われるようになったのは、一九六〇年代になってからだ。フランス系カナダ人はいくつかのグループに分かれ、現在ではオンタリオ州のフランス系住民が五十万人、カナダ西部にフランス系カナダ人が十万人いて、フランス系アメリカ人は二十万人でメイン州、ニューハンプシャー州、ロードアイランド州に集中している。

同化政策の犠牲者アカディア人

アカディア人はまったく異なる集団だ。今日のノヴァスコシア州にいた初期のフランス人入植者の子孫で、一七一三年に植民地がイギリスに奪われたときには、一万人を数えた。四十年後に半分が、イギリスやイギリス領のアメリカ植民地に追放される。残りの半分はイギリス軍の手から逃れて、おもに今日のニューブランズウィック州に逃げた。現在、ニューブランズウィック州では三十万人のアカディア人が人口の三分の一を占めている。ほかの人びとはルイジアナに逃れ、カディアンと呼ばれ、のちにケイジャンとなる。今日では、子孫がおよそ二十万人いる。ニューイングランドのアカディア人はアメリカ市民となり、数百年のあいだに、やはりニューイングランドに移住したフランス系カナダ人と混血したので、今日では正確な人数はわからない。けれども、アカディア人一掃という暴力的な企てをかいくぐってつちかわれた強力で明確な帰属意識は、フランス語を話さなくなった人びとのあいだでさえも、今日まで生きつづけている。

アカディア人の歴史は皮肉に満ちている。十七世紀に勤勉なフランス人入植者がノヴァスコシア北部突端の潮汐湿地数千エーカーを北アメリカで有数の肥沃な農地に変身させ、アカディアと名づけた。アカディアはイギリスとフランスが激しく奪い合い、国旗が十数回も交代し、一七一三年にユトレヒト条約で永久にイギリスに引き渡される。その後の四十年間、アカディア人は中立を保ち、繁栄するが、イギリスは、フランスとの植民地戦争でアカディア人が敵に味方するのではないかと恐れ、アカディア人を追い出して肥沃な農地をイギリス人入植者に開放しようと考えた。

一七五五年、イギリスは、アカディア人が強制移住《グランデランジュマン》と名づけて今でも忘れないアカディア人狩りに着手する。家族は引き離され、家屋は焼かれ、抵抗する者は撃ち殺され、生き残った一万人は船に押しこまれ、十三植民地各地やイギリス、フランス、フォークランド諸島にまで、分散して連れて行かれた。沈没した船もある。溺死や病気からまぬかれて生き延びた人びとは、たどり着いたときにはうす汚れ、一文無しで、栄養失調になり、しばしば家族と生き別れた。

追放は、たしかにイギリス人入植者に土地を開放したが、アカディア人をアメリカ大陸から抹殺することはできなかった。数千人がイギリス人の手から逃れ、現在のニューブランズウィックにヌーヴェルアカディアを建設する。国外に追放されたアカディア人は、同化政策にあくまで抵抗した。イギリスの十三植民地に追放された人びとの大半が、ケベックまで歩いて帰るか、ニューブランズウィックやルイジアナなどほかの安全な避難地へ行くかした。

アカディア人の強力な帰属意識

強制移住《グランデランジュマン》はアカディア人を根絶するどころか帰属意識をつちかう好機になり、アカディア人は北アメリカ大陸各地に散らばり、同化した人も少なくないとしても、帰属意識は今日まで生きつづけている。私たちがアカディア人の強烈な帰属意識を目のあたりにしたのは、二〇〇四年の夏に第三回世界アカディア人大会に出席したときだった。大会は、今もアカディア人が一万六千人暮らすノヴァスコシアで開催された。私たちはノヴァスコシアのフレンチ海岸にあるフランコフォンの村を訪ねたあと、アカディアの心のふるさと、グランプレに着いた。国外追放が始まったといわれる土地だ。私たちは大会の閉会式グランメス（大ミサ）に参加した。グランメスは野外ミサで、八千人が参列し、カナダ首相、ノヴァスコシア、ニューブランズウィック、ルイジアナの州知事（最後のふたりはアカディア人）も列席していた。車のナンバープレートを見ると、お祭りに参加してうかれている人びとが、遠くはニューヨークやペンシルヴァニア、ルイジアナからやって来たことがわかる。猛暑の中で数千人が赤と白と青（アカディアの旗の色）のパラソルの下に座り、頭を垂れ、アカディアの聖職者と司教がフランス語でミサを執り行う。

私たちは以前にルイジアナに行ったときに、あることに気づいていた。ルイジアナに住むアカディア人の子孫は、数百万人がフランス語を話すケベックでもなく、アカディア人の中心地ニューブランズウィックでもなく、フランス語話者がほんの数千人しかいないノヴァスコシアに大きな関心を持っていることだ。グランプレに来てそのわけがわかった。ケイジャンの帰属意識は、国外追放という歴史上のできごとに基づいているのだ。

夏のあいだ引きも切らずにやってくるアカディア人は、大ミサが始まる前に、町の教会近くの野原に立つ十八世紀の美しい百姓娘の像を見物する。少女はエヴァンジェリーヌ・ベルフォーユという名の架空の人物で、アメリカの詩人ヘンリー・ワーズワス・ロングフェローの作品に登場する。ロングフェロー自身はアカディア人ではなかったが、国外追放で離ればなれになった恋人たちの伝説を聞いてアカディアの歴史に心を打たれ、伝説をもとに叙事詩『エヴァンジェリーヌ』を書きあげた。物語は、婚約発表パーティの最中にエヴァンジェリーヌがイギリス人によって婚約者から引き離される場面から始まる。エヴァンジェリーヌは船で遠方に連れて行かれたあと、婚約者を探しつづけ、ついにデラウェアで死の床にある婚約者を見つける。詩は一八四七年に発表され、たちまち大好評を博し、一八六五年にはフランス語に翻訳され、十九世紀のアカディア人の覚醒運動にも貢献したと言われる。

一七五五年から十九世紀半ばまで、アカディア人は忍従することで生き延びる。カトリック教徒だったため、ニューブランズウィックでは一八三〇年まで投票権が与えられなかったが、一八五〇年代には大学を設立し、新聞を刊行するようになっていた。一八八一年に全国大会まで組織し、ニューブランズウィック州メンラムクックの聖ヨセフ大学に五千人が集まり、守護聖人に聖母マリアを選んだ。一八八四年には、国歌『アヴェ・マリス・ステラ』と、フランスの三色旗の左上に金色のマリアの星《マリス・ステラ》を配したアカディアの旗が作られていた。大会はアカディア人の覚醒運動の発端となり、以後、類似の行事が開催される。一九六〇年代までは、教会とフランス語を除くと、アカディア人を団結させるものといえば、こうした象徴しかなかった。

ルイジアナに移住したアカディア人

国外に追放されたアカディア人の中でもっともよく知られた集団は、一七八〇年代にルイジアナに入植した三千人だ。十八世紀と十九世紀にはフランコフォンのさまざまな集団がルイジアナに定住したが、中でもアカディア人がもっともしぶとく同化から生き延びた。発端は、アメリカ政府が大ルイジアナを一五〇〇万ドルでフランスから買い取った一八〇三年にさかのぼる。当時は、やがてアメリカのルイジアナ州となる地域に四万三千人が住み、九割がフランス語を話していた。住民は三つの集団に分かれていた。ひとつはカディアン集団（アカディア人）。次に、最初にルイジアナに入植したフランス人入植者で、もとからいたスペイン人や先住民、黒人の奴隷とすでに混血していた。最後はサンドマングから避難してきた一万人で、クレオール入植者や有色の自由民が多かった。出身地を別とすれば、集団間のおもなちがいは、アカディア人が他集団と混血しなかったことだ。アカディア人はニューオーリンズから遠く離れた、ミシシッピ川西岸のヴァーミリオンヴィル（現在のラファイエット）周辺に住んで家族経営の農場を営み、裕福になった。

一八七九年にはクレオール農場経営者の八割が英語に同化していたが、ルイジアナ州の人口の半分以上がまだフランス語を話していた。カディアンは広大なアチャファラヤ湿原で州のほかの地域から切り離され、時勢にさらされなかったが、湿原を越えてはるばるやって来たアイルランド人や先住民、黒人、ドイツ人を同化した。この混血から独特のケイジャン文化が誕生する。ザリガニや焼き海老の料理、ツーステップのダンス、ヴァイオリンをかき鳴らす音楽ザイデコ〈フランスとカリブの音楽要素がブルースと結びついたダンス音楽〉などだ。

アカディア人はどうして生き延びたのだろうか。南北戦争勃発まで、フランス語話者のルイジアナ人は、利用できる制度なら何でも抜け目なく利用して自分たちの言語を守り、同化に抵抗したのだ。一八一二年の州憲法では、法律はアメリカ憲法の言語で制定されなければならないと定められたが、州議会はフランス語が優勢で、その後五十年間もフランス語で法律を制定した。州法はフランス語でフランス民法典を参照し、刑法は一八二五年にフランス語で作成される。訴訟もたいていフランス語で行われた。ディキシーランドジャズで知られる dixie（ディキシー）は南北戦争以前の南部を意味するが、ルイジアナの紙幣の裏に記されたフランス語の dix《ディス》（十）が変化した語。

フランス語を守る

文化の面では、現在のケベック州があるセントローレンス川流域を本拠地としたフランス系カナダ人は、アカディア人やルイジアナのケイジャンよりもつねに恵まれていた。国外追放の憂き目にもあわず、人口が最初からアカディア人の五倍はあった。同化に対抗する最大の武器は傑出した出生率で、カナダに移住してきたイギリス人をほぼ一世紀で追い越し、当初五万人だった人口が一八三〇年には十倍の五十万人になっていた。

政治の舞台では、おそらく数の力で、つねにアカディア人やケイジャンよりも強い主張をした。策略をめぐらせてイギリス当局に圧力をかけ、フランスの制度を維持し、一七九一年にはケベックに自分たちの議会を設置することまで認めさせる。人口は一八六七年の時点では、カナダの全人口の三分の一にしかならなかったが、ケベック州では圧倒的多数を占めた。同年に制定されたカナダ憲法「イギリス領北アメリカ法」は、フランス系カナダ人の粘り強さの賜で、イギリス領北アメリカの五植民地が統合され、自治領カナダが誕生する。フランス系カナダ人はカナダを単一の国家ではなく、かつての植民地の連合体とするよう手をまわし、政治の舞台でいくらかの勢力を持つことになる。フランス語は正式な地位が与えられ、連邦でもケベック州でも、議会と法廷でフランス語と英語の両方を使用することが義務づけられた。これは政治的な勝利として歓迎され、とりわけ、一八七〇年に誕生したマニトバ州でフランコフォンの権利を連邦政府が守ったあとには、大きな希望が生まれた。ところがフランス系カナダ人は、連邦政府とイギリス系カナダ人が法律の精神も文面も尊重するつもりなど毛頭ないことをいち早く見てとり、自分たちの立場を尊重させるためにその後百年の歳月を費やすことになる。

波風を立てようとするフランス系カナダ人の態度は、つねにアカディア人やケイジャンの姿勢と一線を画してきた。もっとも過激な事件は一八三七年の反乱で、数百人の命が奪われ、フランス系カナダ人の地位向上は大きく後退する。反抗したのはケベック人だけでない。一八七〇年代になると、マニトバで、先住民とフランス系カナダ人の混血でメティスと呼ばれた人びとが、激しい反乱を起こす。当時、カナダ西部には、およそ一万人のメティスが今日のウィニペグのサンボニファスというフランス人教区を中心に住んでいた。メティスは勤勉な農民や狩猟民で、誰もがフランス語を話した。一八六〇年代末に、熱狂的反カトリック、反フランスのアイルランド人プロテスタントが大量に流入し、河川沿いの一帯で伝統的な土地分配制度を拒絶するという暴挙に出る。

ルイ・リエルはモントリオールで聖職者の教育を受けたメティスで、アイルランド人移民に対抗する反乱を率いた。リエルの活躍で連邦政府は、フランス語を話すメティスの権利をマニトバ州で保証するよう強引に約束させられる。ケベック以西のフランコフォンの権利にとって大きな進展だった。ところが一八八五年に再発したメティスの反乱は失敗し、リエルは捕らえられて処刑される。五年後、英語をマニトバの唯一の公用語とする新しい州法が宣言される。これはマニトバ法と矛盾していたが、連邦政府は連邦の法律を守らせるような手を何も打たなかったので、オタワ川以西のフランコフォンが、憲法で保護される恩恵にまったくあずからないことが明白になる。

フランス系カナダ人の自己主張の強さは、徴兵に反対して決行したデモ行進を見てもわかる。ルーズヴェルトがキングへの手紙で触れた反徴兵暴動は、カナダ全土に反フランス感情を巻き起こした。フランス系カナダ人には海外従軍を拒む理由がいくつもあったが、大きな理由は、七十五年のカナダの歴史で、カナダ軍が、建国に貢献したフランス系カナダ人兵士のためにフランス語の指揮系統を整えていなかったことだ。フランス系カナダ人曰く「フランス語で戦えないなら、我々の戦争ではない」。暴動は過激だったが、注目を集めなかった。過激なフランス系カナダ人、とりわけケベックの人びとがカナダからの分離を考えるようになったのは、このときだ。とはいえ、分離派は、一九六〇年代まできわめて少数派にとどまっていた。

頼もしいフランス系カナダ人

アカディア人とフランス系カナダ人が同化に抵抗する手段は、政治的駆け引きと抗議のほかにも、カトリック教会の政治活動力から、団体活動（地域社会活動だが、地元の地域社会を越えたもの）の重視、桁外れの出生率まであった。一七六三年以来、フランス系カナダ人とアカディア人の人口は百倍の七百五十万人になった。この数字には、カナダと合衆国で英語に同化された四百五十万人は含まれていない（北アメリカで苗字がホワイトという人は、ルブラン〈ブランはフランス語の「白」〉さんの子孫と思っていい。同化した人の中で最大の有名人は歌手のマドンナだろう。母親はフォルタン家出身の三代目フランス系アメリカ人）。一九六〇年代まで、フランス系カナダ人は高い出生率のおかげで人口で優位に立っていた。植民までして、数十万人が故郷を出てオンタリオや西カナダに、百万人がニューイングランドに定住した。

セントローレンス川流域の人的資源は、どうやら汲めども尽きることなく、フランス系カナダ人の小規模な下部集団も生み出した。こうした集団は大ルイジアナや、のちにはアメリカ中西部の探険に乗り出し、その影響力は十九世紀半ばまで続く。アメリカ開拓時代の伝説を作りあげた人びとのほとんどが、実は、フランス系カナダ人の罠猟師や船乗り、商人、ラバ追い人、宣教師だったと言ってよい。彼らがいなかったら、メリウェザー・ルイスやウィリアム・クラークは一八〇四年から五年にかけて行った大陸横断の旅でかなり苦労していただろう。フランス系カナダ人開拓者は、その功績にもかかわらず、アメリカ史では付け足し程度に扱われるのが関の山だ。

私たちはミシシッピ川を下ってルイジアナへ向かう途中で、ミズーリ州セントルイスのゲートウエイ・アーチのたもとにある博物館に立ち寄った。驚いたことに、開拓時代のフランス系カナダ人がほとんどとりあげられていない。公平を期するために言うなら、罠猟師《クルール・ド・ボア》が蔑視されているのは、先住民女性と結婚したり、自身がいわゆる「混血」だったりして、無教養な連中だという偏見があるからだろう。その一方で、ニューメキシコに最初に定住したのも、ロッキー山脈を越える鉄道を敷くルートを見つけたのも、カリフォルニアで金を発見したのも、アメリカ西部開拓の伝説に登場する人びとに力を貸したのも罠猟師だ。罠猟師の社会は今日のミズーリ州を中心としていた。一八四〇年代まではフランス語が優勢だったが、それ以降は英語を話すアメリカ人が勢力を拡大して同化されてしまう。

フランス系カナダ人とアカディア人が生き延びたもうひとつの理由は、他民族、とりわけ英語を話す人びととの結婚を奨励しなかったことだ。ルーズヴェルトもこの「問題」をキングに宛てた手紙で指摘している。フランス系カナダ人は、他民族と結婚するようになったらカナダでフランス語が絶えてしまうことを知っていた。ところが、おもしろいことに、フランス系カナダ人は他民族との結婚をえり好みしていた。英語を話す人びとを同化できると思ったときには、むしろ積極的だったのだ。ケベックの政界で大物一族のジョンソン家やライアン家などは、もともとはアイルランド人だったが、こうしてフランス語を話すようになった。カナダの元首相ピエール＝エリオット・トルドーやブライアン・マルルーニ、ケベック州知事ジャン・シャレスト、ニューブランズウィック州知事ベルナール・ロードはこのような民族間結婚の賜だ。

高い出生率と、他民族との不利な結婚を避ける傾向も一助となって、フランス系カナダ人とアカディア人には部族もどきの強力な帰属意識が生まれた。顕著な特徴に、その子孫で同化している人でさえも家系図に大きな魅力を感じていることがあげられる。家系の古い人びとはほとんど誰でも、大陸に初めてやって来た先祖の名前を知っている。十七世紀に来た人が少なくないのだから、驚異的だ。理由は単純明快。入植者を連れてきたフランスの会社が氏名の完全な記録を残し、のちにカトリックの教区が記録をきちんと保管していたのだ。世界アカディア人大会の開催中には、北アメリカ全土から訪れたアカディア人がニューブランズウィック州モンクトンまで足を運び、モンクトン大学のアカディア研究センターに保管されている家系図を熱心に調べていた。センターには、ケベック系祖先人名録なるものまである。

カトリック教会の影響

フランス系カナダ人のきわだった出生率は、自然の成り行きではない。不撓不屈の組織カトリック教会が、子どもが十人、十五人、十八人もいる家庭を理想としたのだ。教会は一七六三年から一九六〇年代まで、フランス系カナダ人社会を支える柱だった。聖職者は学校を設け、直接あるいは修道会を通して運営にあたった。十九世紀後半には、教会は西のマニトバとアルバータに宣教師と入植者を派遣し、フランス語学校や大学、修道院、宿泊施設、病院、教区のネットワークを国中にはりめぐらせる。ニューブランズウィックで最初の大学は、ケベックとフランスの信徒団が創設した。教会は病院も運営し、日常生活の問題で教会が管理していないものはほとんどなかった。

トクヴィルは『アメリカの民主主義』の取材メモに、フランス系カナダ人聖職者はフランス人聖職者よりも教養があり品行方正で、教区民がイギリス当局と衝突したときには教区民を守ったと記し、カナダとフランスの政治の相違に触れ、フランス系カナダの聖職者は民主主義的な代議制を支持するが、フランスの聖職者は保守的なだけでなく民主主義制度に反対する人が圧倒的に多いと述べている。フランス系カナダの聖職者は喧嘩っ早くても、反乱を率いたことは一度もない。政治的な緊張が高まると、当局に味方して、あからさまな反抗には反対した。

聖職者はフランス系カナダ人の権利を拡大させたが、教会の方針は、かならずしもフランス系カナダ人のためになったわけではない。百年にわたる宗教的ナショナリズムは、「言語よ、信仰を護りし者よ」とか「言語を失わば、信仰を失う」など数えきれない標語を生み出した。けれども、信仰と言語の利害が衝突したときには、かならず信仰が優先された。言語以外の分野では、反動的と言ってもいいほど保守的で、近代社会の害悪と考えたものからフランス系カナダ人の魂を守るために、ありとあらゆる手をつくす。その結果、ケベックのカトリック聖職者は、フランスの最先端の文学作品や映画を禁止し、都市生活や産業、はては金銭全般を敵視する説教をした。そうしたものはプロテスタント的で、したがって不道徳とされた。このため、フランス系カナダ人はフランスの本流からますます切り離され、近代社会の現実や進歩から愕然とするほど取り残される。

同化を食いとめる

同化に抵抗するために、フランス系カナダ人とアカディア人は、言語会議や文化協会から秘密結社まで、ときには奇抜な形態の団体活動を発達させる。最初の協会は、一八三四年六月二十四日の洗礼者聖ヨハネの祭日にモントリオールで開かれた祝宴で誕生した。協会の主要な任務はフランス系カナダ人の権利を守ることだった。それから数十年のあいだに数十の協会がケベックやフランス系カナダ人の共同社会で形成される。運動は多様な象徴を生み、カエデの葉やビーバーがカナダの紋章になった。洗礼者聖ヨハネ協会は聖歌『おおカナダ』まで作曲し、これがやがてはイギリス国歌『神よ、女王を守り給え』に代わって一九八〇年にカナダ国歌になる。青地に白十字と四つの百合を描いた協会旗は、一九四四年にケベック州の州旗とすべてのフランス系カナダ人の正式な象徴になる。旗はオンタリオやマニトバ、さらにニューハンプシャー州マンチェスター、ロードアイランド州ウーンソケットでも学校で掲げられ、一九六〇年代にはケベック独立運動の象徴になる。国民大会《コンヴァンション・ナショナル》はフランス系カナダ人のもっとも華やかな催しで、一八六五年にニューハンプシャー州マンチェスターで始まった。一八七四年にはモントリオールの人びとが、すべてのフランス系カナダ人に開かれた最初の大会を催し、フランス系アメリカ人も一万八千人が参加した。代表団は北アメリカ全土から、さらに遠くはフランスやハイチからもやって来た。行事の花形は、三十一組のブラスバンドと十二台の山車、フランス系カナダ人ズアーヴ兵（教皇庁護衛兵）の連隊、職業別協会や商業協会や聖職者の代表がねり歩く三時間の行進で、ケベック州知事も参加した。アカディア人はこの第一回国民大会にいたく感銘し、一八八一年に自分たちの国民大会を開催する。

二十世紀にフランス語運動が最高潮に達したのは、「カナダでフランス語を話す会」が主催して一九一二年と一九三七年、一九五二年にケベック市で開催された三回のフランス語大会だった。宗教的であると同時に愛国的、観光客向け、学術的な性格を持った大会で、合衆国やヨーロッパから代表団が訪れ、アカデミー・フランセーズの代表もいた。大会は、北アメリカのフランス語を守るという宣言のようなもので山場を迎えるのが常だ。一九一二年の大会では、閉会式で参加者がフランス語に忠誠を誓い、一九三七年の大会では、ケベックの助祭で尖鋭的な活動家リオネル・グルーが、カナダの内部にフランス語国家を建設しようと呼びかけた。このとき初めて、ひとつの言語集団だけでなく組織的な政治集団を指す語 nation《ナシオン》 がカナダで用いられる。ケベックのナショナリストが政治的な分離を求めるのは、それから二十五年後だ。

同化に抵抗する常軌を逸した計画がルイジアナで実行されたことがある。ケイジャンの上院議員ダドリー・ルブランが自分版「王の娘たち」を連れてきて、ケイジャンがアメリカ人と結婚する傾向に歯止めをかけようとしたのだ。ルブランは多彩な経歴を持つ実業家で、一九四〇年代にハダコルという強壮剤を販売して一財産を築いた。ルイジアナで他民族との結婚が進み、フランス語で育てられる子どもが少なくなったことに気づき、カナダからアカディア人女性を連れてきてケイジャンの男性と結婚させる計画を思いつく。十七世紀の「王の娘たち」計画を現代風に改造して、一種の文化交流のように見せかけたのだ。

私たちはルイジアナで「アカディアの娘たち」の話を耳にしていたが、作り話だと無視していた。ところが、世界アカディア人大会でかつての「娘」(今ではおとなの女性)のひとりに出会って、事実に直面せざるをえなかった。女性は、現在、モンクトン大学の教授（名前は本人の希望で伏せる）を務めているが、自分をだまして「交流事業」に参加させるのはたやすかったと語った。一九六〇年代に高等教育を受けた若い女性なら誰でも、ニューブランズウィックから飛び出す方法を探していたからだ。若い女性二十二人が誘いに乗ったが、彼女はルイジアナに着いてまもなく事業全体にうさんくさいものを感じて引き返し、代わりにフランスに留学した。計画はうまく行くはずがなかった。

フランス語いじめの政策

歴史的には、とかく北アメリカの人びとはフランコフォンの同化を、当然とはいわないまでも、英語話者が大量に押し寄せた中で少数だったことを考えれば必然的だったと見てきたが、同化は当然でも必然でもない。アカディア人の強制追放やメティスの弾圧は、フランス語のネイティヴを大陸から抹殺しようとしたきわめて暴力的な企てだ。合衆国だけでなくカナダでも、暗黙のものもあれば明白なものもあったが、フランコフォンは同化政策の集中砲火にさらされた。

ルイジアナでは、ヤンキーはほとんど一夜にしてフランコフォンから言語の権利を剝奪した。南北戦争でフランスが南部連合とルイジアナに味方したので、北軍占領政府はあからさまな反フランスの法案を採択した。一八六四年に制定されたルイジアナ州憲法では、州議会でも、法律でも、教育でも、フランス語に都合のいい条項はことごとく削除された。一九二七年、ルイジアナ州はフランス語で教えることを徹底的に禁止する。フランス語が理解できないのを確認して州外から教師を採用することまでした。戦前に教育を受けたケイジャンなら、トイレに行きたくても、教室から出てもいいですかと英語で言えずに、お漏らしをした子どもの話を覚えている。民族間結婚の問題は別にしても、フランス語を保護する制度的な枠組みが一八六四年に廃止されたために、フランス語はルイジアナから姿を消すことになったと歴史家が認めている。

ルイジアナだけではない。ノヴァスコシアは早くも一八六四年にフランス語で教えることを禁止した。ニューブランズウィックは一八七一年に同様の決定をして、一八九〇年にマニトバとサスカチュワンが、一九一二年にオンタリオがあとに続く。家族に退職した教師がいるフランス系カナダ人とアカディア人は、監査官の目を盗むために生徒が机に二重の底を作ってフランス語の本を隠した話を今でも聞かされるという。フランス語でフランス語を教えることさえ許されなかった。一九七九年に小説『牛車のペラジー』でゴンクール賞を受賞したアカディア人作家アントニーヌ・マイエは、英語で書かれたフランス語文法書でフランス語を学んだ。

カナダでは、ケベックと連邦機関のフランコフォンの権利はイギリス領北アメリカ法で守られたが、英語がフランス語よりも優遇された。一九六〇年代以前、連邦政府はケベック以外のフランコフォンの権利を擁護するようなことを何ひとつしていない。連邦の法律や国の憲法を適用しなかったのだ。たとえば、マニトバが一八九〇年に、フランス語地域社会を憲法で保障する条項を拒んだときだ。一九二七年に、北アメリカ法制定五十周年を記念するカナダの切手にフランス語が載せられたのは、ひとえにフランス系カナダ人がロビー活動をして、連邦政府が最終的に同意したからだ。フランス語は一九三六年以前にはカナダの貨幣に記されず、カナダ軍でフランス語が使われないことは、第二次世界大戦中でもまだ問題になっていた。

連邦政府の姿勢は、フランス語とカトリック教会の強い絆をかえって堅固にするばかりだった。憲法は宗教系の学校を保障したが、それは、州がフランス語の学校を禁止してもよいが、カトリック系の学校を禁止してはいけないということだ。カトリックの聖職者は、フランス語で学校を運営することによって、フランス語の救いの主となる。ところがニューイングランドとルイジアナでは、聖職者は、フランコフォンの地域社会を守るよりも、プロテスタントを改宗させることを重視した。英語を話す司教やアイルランド人の聖職者を任命し、中には根っからの反フランスの人もいた。この戦略はケベック以西のカナダのどの州でも使われた。オンタリオでは、二十世紀初頭の二十五年間に、アイルランド系カトリック教徒がフランス系カナダ人を「所定の位置」にとどめるべきだと主張し、その指導者マイケル・ファロン司教は、二言語使用のカトリック系学校を締め出そうと、ありとあらゆる手を打つ。戦略は、ケベック以外での最大の集団を形成していたオンタリオ州のフランス系住民の猛烈な反対にあって、効を奏さなかった。このやり方がすんなりと受け入れられた地域では、フランス語話者の地域社会が教区を失い、もっとも堅固な機関も失う。ルイジアナでフランス語の最後のミサが行われたのは、一九四〇年のことだった。

ほかの有力な集団もフランス語の足を引っ張った。カナダ西部では、クークラックスクランがあからさまに反フランス、反カトリックを唱え、保守政党と手を結んでフランス語教育の禁止を推進する。クランは、メイン州のフランコフォンに対抗する運動でも活発だった。

カナダのフランス語は異端か

十九世紀のあいだ、フランス語はまだ有力な世界言語で、どこでもエリートの言語だった。この名声は、ヨーロッパでのフランス語の地位と、アメリカでフランス語を第二言語として教えることを強化するのに役立ったが、英語を話すエリートに包囲されている特定地域のフランコフォンには何の助けにもならなかった。マギル大学の言語学者シャンタル・ブシャールの話では、イギリス系カナダ人とアメリカ人は、パリジャンのフランス語とフランス系カナダ人の俚語《パトワ》を明確に区別し、後者を蔑視し、ほんものの言語とさえ見なしていなかった。アメリカの大学が出したフランス語教員の求人広告には、しばしば「フランス系カナダ人応募無用」と記された。

言語の偏見が最初に報告されたのは一八五〇年代にさかのぼり、フランス人のエマニュエル・ブラン・ド・サントーバンが報告している。ブランは、英語を話す裕福なモントリオールの一家モンクス家で子どもにフランス語を教えていた。フランス人がとくに雇われたのは、母親曰く「フランス系カナダ人のとんでもない俚語《パトワ》」を子どもたちがぜったいに口にしないようにするためだ。ブラン自身はこの母親がいだいている偏見を持っていなかったが、フランス系カナダ人の俚語という概念がイギリス系アメリカ人のエリートにしっかり根づいていることに気づいた。

当時、ケベックで話されているフランス語とフランスで話されているフランス語のあいだに方言程度のちがいはあっても、そのちがいはイギリス系アメリカ人やイギリス系カナダ人のエリートが言いたてるほど大きくなかった。一八三〇年にトクヴィルは二週間ほどカナダを訪れたが、イリノイ州の奥地を旅したときに先住民の男性案内人がノルマンディーなまりのフランス語を話すのを聞いて驚いたという話は、この時代を物語っている。

俚語《パトワ》という用語には偏見が含まれているし、誇張とも言える。カリブ海の植民地で奴隷が発達させたフランス語系クレオール語とは対照的に、北アメリカで話されていたフランス語は本流からけっして逸脱していない。今日、フランス系カナダ人とアカディア人が話すフランス語がフランコフォンの世界でもっとも独特なのは、なまりだけでなく、多様な独特の表現のせいだ。けれどもパリジャンとカナダ人のフランス語のちがいは、イギリスとテキサスで話されている英語のちがいほど大きくない。方言程度のちがいはあっても、お互いに話が通じないほど極端ではない。

「フランス系カナダ人の俚語《パトワ》」というレッテルは、実際には、フランコフォンの同化を促進させるために使われた政治の道具だった。当時の主要な世界語を話す人として恩恵にあずかることができたであろう地位と評価をフランス系カナダ人からはぎとり、フランコフォンの自信をイギリス人の親分の目の前で骨抜きにしたのだ。

ケベックのフランス語に対する偏見は変わらず、今日も根強く残っている。私たちがフランス語教師に講演をすると、ジュリーのほうがジャン＝ブノワよりもフランス語をほめられる。ジュリーはケベックなまりが弱く、三年間フランスに滞在したときに国際的なスタイルのフランス語を身につけ、公式の場や人前で使っている。ジュリーが受ける称賛は、ときには、おとなになってフランス語を習得した人に対する励ましや感嘆の意味がある。ジュリーのフランス語にくらべ、ジャン＝ブノワのフランス語は理解できないと訴える教師が少なくない。奇妙な話だが、教師たちは、理解できないのは自分たちに落ち度があるからだとは思いもよらないようで、ケベックフランス語がどこかおかしいのは、言うまでもないことらしい。この考え方は愚かで、しかも始末におえない。フランス語なら、ジュリーよりもジャン＝ブノワのほうがはるかに達者だ。教師たちに悪気はないのだが、フランス系カナダ人を抹殺するためにでっちあげられた大昔の偏見がしみついているのだ。

古風なフランス語

カナダのフランス語が劣っていると考える理由などどこにもないが、俚語《パトワ》のレッテルは言語の事実上の相違に根づいている。十九世紀のあいだに、北アメリカとヨーロッパのフランス語の差異が大きくなり、二十世紀初頭には、かつてないほど顕著になり、フランス系カナダ人のエリートでさえ心配するほどだった。こんなことになったのも、フランス系カナダ人が隔離されたからだ。

方言の差異はイギリスがカナダを引き継ぐとすぐに拡大したが、先に変化したのは、カナダではなくフランスで話されていたフランス語だ。ヌーヴェルフランス《新しい》は実際には古いフランスだとトクヴィルはくり返し述べている。カナダ人は、oi という母音を発音するときに昔の貴族の発音を維持し、たとえば、moi（モワ・私を）、toi（トワ・君を）を mwê（ムゥエ）、twê（トゥエ）と発音する。今日でも北アメリカの古い家系のフランコフォンは、フランス統治時代にさかのぼる発音や語彙を使う。カナダ人は長母音を使いつづけているが、パリでは聞かれない。bête（獣）は、ケベック人は最初の母音を延ばして「ベート」、フランス人は短く「ベット」と発音する。ケベック人は二重母音も保ち、それが独特に変化した。faire（する、作る）は、フランス人は「フェール」、ケベック人は余計な母音を加えて、「ファ・エール」と発音する。ケベックでは、pâte（パスタ）は「パット」ではなく「パウト」、fort（強い）は「フォール」ではなく「ファウア」となる。

北アメリカのフランス語では昔の子音の発音、dj、tch、dz、ts なども使いつづけてきたが、これは標準フランス語では消滅した。tu dis「チュ・ディ」（君は言う）はしばしば「ツ・ヂィ」となり、子音のあとに強い歯擦音をともなう。私たちは、グアドループで話されているフランス語にもこの特徴があることに気づいたが、アカディア人にはあまり見られない。ジャン＝ブノワのおじさんにも、ケベックの農村部で育って、**tch** と **dj** を手放さないケベックフランス語を話す人がいる。**tiens**「ティアン」（取る）は「チアン」あるいは「キアン」とまで発音され、**marier**「マリエ」（結婚する）は「マルジェ」。この型の発音は、フランス中部のオーヴェルニュ地方などフランスのいくつかの地域でも、いまだにふつうに聞かれる。ケベック人は r を巻き舌で発音するが、巻き舌の発音は旧体制《アンシアン・レジーム》の時代に使われていた。

フランス系カナダ人のフランス語には、単語の構成や文法、構文でも、十七世紀に典型的だった特徴が見られる。チーズは **fromage**「フロマージュ」が正しいとアカデミー・フランセーズが決定していたが、ジャン＝ブノワのおじいさんは **formage**「フォルマージュ」と言っていた。アカディアでは、しばしば動詞を古い形式で活用させ、**je chante**「ジュ・シャント」（私は歌う）を **je chantons**「ジュ・シャントン」と言う。フランス系カナダ人は **quand**（いつ）ではなく **mais que** という表現もふつうに使い、**être en train de~**（~をしているところ）を **être après** と言う。

アカディア人とフランス系カナダ人は数百年のあいだに地域の語彙も発達させた。アカディア人は **étendre**（広げる）を **éparer** と言う傾向があり、ケベック人は **lancer**（投げる）を **garrocher** と言う。ケベックの **poudrerie**（粉雪）など、自分たちの環境に合った特別な用語も発達させた。アメリカ大陸のフランコフォンはフランス革命に遭遇せず、革命後の過激な反教権主義にさらされなかったため、宗教に関して罰当たりな言葉を使う生き生きした表現の伝統を持ちつづけた。これは独特の特徴で、すぐにわかる。

以上述べた特徴のすべてがひとりの話者に見られることはめったにない。今日のケベックの都市部で聞かれる一般の人びとの話し方は、五十年前とくらべはるかに洗練されている。規範は規範なのだから、高学歴のフランス系カナダ人やアカディア人は自分たちの方言を簡単に矯正でき、人前で話したり、書いたりするときにはそうする傾向がある。話すときにこういった特徴がどのように現れるかは、階層や学歴、そして出身が都会か農村かによる。ケベックの人が話すときに伝統的なケベックなまりがどの程度見られるかを説明する公式はどこにもない。なまりもひとつではなく、地方による変化形がいくつもある。ジャン＝ブノワは高学歴で都会に住み、ブルジョア階級だが、誰に話しかけるときでも強烈なケベックなまりで話す。現代のケベックフランス語が洗練されてきたとしても、主要な方言は今でも残っている。それが子どもの話し方にとりわけ目立つのは、子どもは「正しい言葉遣い」を意識しないからだ。

英語使用の増加

北アメリカのフランス語に見られるもうひとつの特徴は、英語使用だ。歴史的にも、フランス人とケベック人は英語とのかかわり方が大きく異なる。フランス人は国際語となった英語が比較的最近になっておよぼす影響に対処すればよいのだが、フランス系カナダ人とアカディア人は地元の支配的な英語に何百年ものあいだ対処してきた。その結果、少なからぬ借用語ができた。poutine（プーティーン）はフライドポテトとチェダーチーズにグレーヴィーソースをかけたケベック料理で、英語耳を持った人は、この名が英語の pudding（プディング）の転訛と知って驚くが、pudding 自体がフランス語の boudin（ブーダン・血入りソーセージ）の変化形なのだ。

英語使用がヨーロッパのフランス語とケベックフランス語で果たす役割は、まったく異なる。フランスでは英語を使うと、ある種の洗練された雰囲気がかもし出される。ケベックでは階層と学歴の尺度となり、ふつうは無知の証拠と考えられる。しかし、フランス系カナダ人が英語から借用した単語は多数あるとしても、その音声体系にはほとんど影響を与えていない。たしかに、借用語が、言語の骨組みになる音声体系や文法に影響をおよぼすことは、めったにないのだ。

ところが借用が十九世紀初頭にきわめて多くなり、とりわけ都市で増幅すると、アメリカで話されているフランス語の構造に影響がおよんでくる。ルイジアナやニューイングランド、カナダ西部では、動詞の活用変化ができなくなったネイティヴのフランコフォンが少なくない。文法を変化させるような英語使用は、ヨーロッパのフランス語ネイティヴのあいだではまず見られないが、北アメリカではめずらしくなく、ケベック以外の地域で、はるかによく聞く。これは同化が差し迫っている明白な指標になる。早くも十九世紀初頭に、フランス系カナダの新聞が英語使用と誤ったフランス語に警鐘を鳴らし、英語使用の進行を食い止めようとしている。努力の成果は一様ではない。二十世紀には、ケベック人は、英語使用が力関係の結果であることに気づく。イギリス系の上司がケベック人同士でも英語で話すようしばしば強要したのだ。

とはいえ、力関係ですべてが説明できるわけではない。科学技術が普及させた英語使用もある。十九世紀の初め、カナダのタービンや機関車は、フランスやベルギーではなく、イギリスとアメリカから入ってきた。その結果、ケベックの建設労働者や機械工の語彙が英語使用の調査対象になる。フランスの機械工は消音装置を silencieux、バンパーを pare-chocs、ワイパーを essuie-glace と言うが、ケベックでは le muffleur, le bumpeur, le wipeur（英語の muffler, bumper, wiper から）と言う機械工が多い。このちがいは、プジョーやシトロエンやルノーの取り扱い説明書と異なり、フォードやクライスラー、GMの取り扱い説明書がかつては英語のみで書かれていたことに起因する。科学技術関連の英語使用は北アメリカのフランス語に見られる変化形の主要な形態で、科学技術が文化の媒体であることを物語っている。

いうまでもなく、科学技術関連の英語使用は、十九世紀にフランスで発展していた科学技術や知的活動からフランス系カナダ人とアカディア人が取り残されていたことも、はっきり示している。

第3部

世界に根を下ろすフランス

パリ万国博覧会
（1900年）

11 パリに花咲く先端の文化

国際語ならどんな言語でも、普及した理由がふたつある。強制されたか、あるいは、習得したい人がいたかだ。十九世紀にフランス語話者が世界中で増加したのは、大いにフランスの植民地進出のおかげだ。それでも同じ十九世紀に、フランス植民地帝国の外のアルゼンチンやアメリカ合衆国、ドイツなど世界の各地でフランス語を話す人びとが増えつづけた。フランス語がわかれば、近代的なものや洗練されたもの、最新技術に触れられたからだ。今日フランス語を学んでいる人でも、その動機がいくらかは十九世紀フランスの発展に根ざしていることを理解している人は、あまりいない。十九世紀のフランスは、創造と革新の驚くべき中心地だった。芸術や科学、学術の分野から生み出される膨大な産物がフランス語の評価を世界中で高めたのだ。

花の都

一般の人びとが最初にフランスのどこに魅力を感じたのかを伝える記録はあまりない。ハーヴェイ・レヴェンスタインの『魅惑の旅』は、このテーマをとりあげた数少ない本の一冊だ。ジェファーソンの時代から大恐慌時代までのアメリカ人がフランスに観光旅行に出かけた歴史がくわしく述べられている。著者の説明によると、十八世紀のパリ観光旅行はたいてい、個人の見聞を広めることが目的の小規模な旅行だったが、十九世紀になって旅行者の数が増えるにつれ、娯楽が中心になる。蒸気機関が発達したので、陸路でも海路でも、かつてないほど速くフランスに行けるようになった。第一次世界大戦前には、毎年およそ二十五万人のアメリカ人がフランスを訪れ、イギリス人やドイツ人の旅行者はもっと多かった。

フランス語はヨーロッパでは上級レベルの政治・外交の言語の地位をまだ保っていた。この地位は一九一九年まで肩を並べるものがなく、フランスへの大きな関心を呼び起こし、フランスは未来を開く窓とも考えられた。十九世紀にフランスで開催された四回の万国博覧会には、目新しいものや進歩に憧れて、それまでにない数の人びとが訪れた。入場者数は一八五五年の博覧会で五百万人、一八六七年では三倍に増えて千五百万人にのぼる。一八八九年にはその倍以上の三千二百万人、一九〇〇年は五千万人に達した。国際博覧会としては、今日から見てもかなりの入場者数だ。

イギリス人は昔からヨーロッパ大陸を訪れ、文化の聖地をめぐり、この旅を「大旅行」と呼んでいた。長いあいだ、パリは「大旅行」で必見の訪問地だった。十九世紀に芸術や嗜好、科学、産業が発展して、パリはますます魅力を増し、フランスの料理やデザインが世界中のエリートにとって基準となる。服飾や香水、ワイン、料理といった分野の贅沢品はすでにフランスのお家芸だった。このような商品に対する需要が高まると、商魂たくましいアリスティッド・ブシコーが一八五二年にパリの生地屋オ・ボン・マルシェを買い取り、世界初の百貨店を開店する。

誰もが、何につけても最新のものを求めてパリに目を向けた。一般の人びとにニュースを知らせ、ヨーロッパ各国の首都に情報を伝えるために、一八四一年に翻訳者のシャルル＝エミール・アヴァスが世界で最初の通信会社アヴァス通信社を設立した。社員のジュリアス・ロイターは一八五一年にロンドンで独自に電信配信業を開始する。

フランス料理とレストラン

フランス料理の人気は、観光旅行の発展と歩調を合わせて増大した。今日にいたっても、フランス語の cuisine（キュイジーヌ・料理）は、どこの言語でも美食の同意語で、フランス料理はフランス語を学ぶ理由のひとつになっている。フランスは革命前からすでに料理で名を馳せていたが、当時の食事を見たら、今日のたいていの人が目を見張るだろう。料理は何日も前から準備され、大皿に盛ってテーブルに並べられる――ひとりずつに給仕されるようになるのは、ようやく十九世紀になってからで、ロシア式給仕法の影響だった。

変化が現れるのは、十八世紀末にレストランが発達してからだ。restaurant（レストラン）はパリのルーヴル宮殿の近くにあった店に由来し、この店は一七六〇年代に肉をベースにした「ブイヨン・レストラン（体力を回復させるスープ）」というスープを出していた。この料理名から、体力を回復させる場所としての「レストラン」が生まれる。大きな変動は革命とともに訪れる。それ以前には、たいていのシェフはブルジョア階級や貴族の家庭と大勢の招待客のために料理を作っていた。革命が勃発して、雇い主たちがギロチン刑や投獄から逃れるために外国に逃げ出すと、シェフや給仕頭は仕事にあぶれ、自分の店を開くようになった。パリのレストランの数は一八一〇年までに何と六倍に増える。一八三〇年のパリにはレストランが三千軒以上もあり、質も多様で、高級店もあった。レストランという語は、一八三五年にアカデミー・フランセーズの辞書に収録される。

オーギュスト・エスコフィエのような有名シェフが作る高価な料理は誰もが食べられるわけではないので、客層に合わせてbrasseries（ブラッスリー、カフェレストラン）やbistrots（ビストロ、大衆的なレストラン）、cafés（カフェ）が増えた。

haute cuisine（高級料理）は十九世紀以前にすでに人気を集めていたが、旅行者の目当てになり、とりわけ裕福なアメリカ人はお得意さんだった。このころ、アメリカでmenu（メニュー）という言葉が登場し、同じころ、イギリス人はボルドーと名づけた赤ワインを飲むようになる。十九世紀末には原産地表示制度〈原産地のラベルの表示、AOC制度ともいう〉が発達し、フランス製のワインが分類された。この制度は、やがてロックフォールのチーズやタマネギ、レンズマメ、肉などの製品にも拡大される。エスコフィエとスイスのホテル経営者セザール・リッツはフランス人シェフおよそ二千人を世界各地のホテルやレストランに配し、フランス料理を輸出する営業政策を開始した。意欲的な料理人にはフランス語が不可欠になり、それは今日でも変わらない。そのため英語では今日でも、料理用語にentrées（アントレ）、hors d'œuvres（オードヴル）、casseroles（鍋）、vinaigrettes（ドレッシング）などフランス語が使われている。

十九世紀のフランスは大きな政治変動で揺れに揺れたが、フランスの魅力はみじんも損なわれなかった。一八三〇年から一八七一年にかけて政治体制が実に四回も変わり、そのたびに暴動が発生している。パリは、一八七〇年に普仏戦争でプロイセン軍に包囲され、一八七一年のパリ・コミューンでも一部が破壊されたが、それでも旅行者はやって来たし、フランスのワイン業界がアメリカ原産の寄生虫ブドウネアブラムシの被害で全滅しかけたときでも、フランス料理とワイン作りへの関心はいささかも失われなかった。

人権の言語

フランス語は、エリート文化や嗜好とますます強く結びつけられる一方で、人権の言語にもなった。英語とドイツ語がしのぎを削ってはいても、十九世紀を通してフランス語がヨーロッパ・エリートの言語だったことに変わりはない。一八四八年の二月革命で国王ルイ・フィリップの統治が終わり、第二共和制がうち立てられ、君主政反対派の暴動がロンドンを除くヨーロッパのすべての首都に波及すると、フランス革命初期と同様に、フランス語はふたたび進歩的な改革運動と結びつけられた。反保守的な政治活動とフランス語の結びつきは、二月革命に貢献したユゴーやデュマ、ラマルチーヌなど大文豪の活躍でさらに勢いを増す。フランス語が民主主義運動の波に乗りながらもエリート主義的評価を保ちつづけたのは、意味論上の奇跡とでも言おうか。この二重の性格は、おそらく、十九世紀フランスに公的な場で発言する知識人層の台頭に由来するのだろう。今日でも、フランスはグローバル化時代に積極的な役割を演じる一方で、国際社会の舞台で一貫して反資本主義、社会主義支持の言説を担っている。

文学の都

奇妙なことにフランスは、十九世紀を通して国内政治の大変動に見舞われながらも、一八一五年のウィーン条約締結から第一次世界大戦勃発まで続くヨーロッパの平和の時代の恩恵にあずかり、それまで少なくとも一世代のあいだ抑圧されていた創造のエネルギーが解き放たれる。それがめぐりめぐって、世界でのフランス語の重要性と評価を強化した。フランスでは教育を通したフランス語の浸透が転機となる。文化的消費を求める大きな国内市場が生まれたのだ。さらにフランス語を話す芸術家や作家、科学者が飛躍的に増え、その活躍によりフランス語の需要が高められる。

この現象がどこよりも明白に現れた分野が、文学と美術だ。ロマン主義の定義については大いに議論されているが、中心的な教義——高揚した自己意識と反逆という感情の表現——が十九世紀以降にフランス文学の理想を駆り立て、文豪が続々と登場する（一九七〇年代までノーベル文学賞受賞者の五分の一をフランス人が占めた）。第一次世界大戦後も、ヘミングウェイやドス・パソス、フィッツジェラルドなどアメリカの若い作家が着想を求めてパリに赴いた。ヘミングウェイの自伝小説『移動祝祭日』には、フランスの都から何かを学ぼうとするアメリカの若者の姿が描かれている。

十八世紀が芸術活動ではあまり活発でなかった哲学者《フィロゾーフ》の時代だったのに対して、十九世紀は文豪を続々と輩出し、世界文学に大きく貢献する。アレクサンドル・デュマが大衆歴史小説を編み出す一方で、オノレ・ド・バルザックは連作小説を編み出した。一八二七年から一八四八年までの二十年間に九十編の小説を書きあげ、それが『人間喜劇』となる。ギュスターヴ・フローベール（一八二一～八〇年）とエミール・ゾラ（一八四〇～一九〇二年）は写実主義文学を創始した。自然主義の元祖ゾラは、文学の技巧を駆使して社会の姿を描いた。彼らの友人だったゴンクール兄弟はアカデミー・フランセーズに対抗する同様のアカデミーを設立し、今日では傑出した評価のある文学賞ゴンクール賞を設けた。ゾラとフローベールは生前に作品が多くの人に読まれ、世界中で名の知られた作家になる。ゾラがドレフュス事件のために裁判にかけられたときには、支持者数千人がロンドンとニューヨークでデモを行った。

十九世紀フランスの作家でもっとも幅広く翻訳されたのは、ジュール・ヴェルヌ（一八二八〜一九〇五年）だ。ヴェルヌはブルジョア階級の出身で、法律家の道を期待されたが、旅行に憧れ、冒険小説を書くようになった。年を重ねるとともに、空想科学にますます関心を持った。後輩にH・G・ウェルズがいる。ヴェルヌは『八十日間世界一周』のフィリアス・フォッグや『海底二万マイル』のネモ船長、『地底探険』のリーデンブロック教授、『月世界旅行』のインピー・バービケインなどの登場人物を生み出し、デュマと同様に、やがて映画産業になくてはならない存在となる。

バルビゾン派と印象派の画家

探求の精神は文学界だけでなく美術界でも脈を打ち、とりわけ一八五〇年以降に強烈になる。風景画を描いたバルビゾン派に属するジャン＝フランソワ・ミレーの絵は、今でこそ伝統的に見えるが、当時は新しい技法と題材で革新的だった。そのころの芸術アカデミーは神話か壮大な主題しか認めていなかったが、ミレーは農民の素朴な生活を描いた。バルビゾン派には革命家はひとりもいなかったが、社会の因習にとらわれない様式をはぐくみ、その影響を受けた画家が十九世紀後半に印象派として続々と登場する。

印象派は、イギリスの画家ターナーの影響を強く受けたエドゥアール・マネが創始した。マネの印象派革命は、半世紀ものあいだ芸術アカデミーに拒絶されたが、セザンヌやモネ、ルノワール、ゴーギャンなどの創造力豊かな画家集団を生み出す。印象派の運動は、かならずしもフランス語が自由にあやつれなくても参加でき、十九世紀の画家は外部の人間に対して文学者よりもずっと開放的だった。外国の画家がフランスに集まり、その顔ぶれはヴァン・ゴッホ（オランダ）や、ピカソ、ダリ（スペイン）、シャガール（ロシア）までいた。作品はやがてアメリカの目の肥えた愛好家やグッゲンハイムなどの美術館が競って収集するようになり、美術に大変革を起こし、ほぼ半世紀のあいだパリは美術界の中心になる。

パリの都市計画

パリの魅力は、芸術や文化、料理だけでない。フランスは、科学技術、産業でも近代的な国だった。パリの街そのものが包括的な都市開発計画の草分けと言える。以前から旅行者は歴史や文化を求めてフランスにやって来たが、パリはヨーロッパの基準から見て近代都市だった。ナポレオンは偉大な建設者だったが、甥のナポレオン三世はそれを凌駕した。セーヌ県知事ジョルジュ＝ウジェーヌ・オスマンに命じて、パリをほぼ完全に造り直したと言ってよく、庭園を造り、大通りを敷き、下水道や給水所を増設した。オスマンはサンルイ島とシテ島を除くほとんどすべての地区に手を入れた。公衆衛生問題は、当時は深刻で、一八八四年にもうひとりのセーヌ県知事ウジェーヌ・プーベルが、ゴミを金属製の容器に入れるよう市民に命じた――自分の名前プーベル Poubelle がやがてゴミ箱を指す普通名詞になろうとは、夢にも思っていなかっただろう。

パリの象徴エッフェル塔は十九世紀科学技術の粋を集めた偉業だ。そもそも建設者のギュスターヴ・エッフェル（一八三二～一九二三年）自身が、十九世紀の創造精神の権化だった。エッフェルは当時もっとも高いつり橋を建設していたが、高さ三百メートルの塔を一八八九年のパリ万国博覧会に出品して、金属製建造物の強度を証明しようと考えた。塔の建設には技術的な障害を克服するために数十もの革新技術が必要だった。エッフェルが雇ったアメリカの新しいエレベーター会社オーティスは、一気に八階以上まで人を運べるエレベーターを設計しなければならなかった。エッフェル塔は、次に高かったワシントン記念塔のほぼ二倍もの高さがあったが、わずか二年で建設され(記念塔は三十七年かかった)、重量は五分の一しかない。万博には二百万人が訪れ、エレベーターに乗るために大枚をはたいてチケットを買った――二階までが一フラン、三階までが二フランで、最上階まで昇ると三フラン。エッフェルは塔の建設費用七百八十万金フランのほとんどを自分で負担したが、営業二年目には回収した。

発明の世紀

フランスは蒸気時代に突入するのに出遅れたが、内燃機関の研究開発という産業革命の次の段階では先頭に立っていた。内燃機関を応用して、自動式の独立した乗り物を走らせ、空気よりも重い物体を空に飛ばすことになる。

自動車　実のところ、自動車の科学技術には、ドイツ人、イギリス人、フランス人と生みの親が何人もいる。初めて軽発動機と自動車を製造したのはドイツのベンツ社だが、ルイ・ルノーは荷馬車のようには見えない最初の自動車を考案しただけでなく、重要な部品を多数設計し、エドゥアール・ミシュランが一八九五年に車にタイヤを取りつけた。フランス人はドイツ人やイギリス人に負けず劣らず自動車に情熱を注ぎこんだ。一八九八年から一九〇二年にかけて自動車製造会社とマスコミが大がかりな自動車レースを何十も企画し、中でもパリ=北京レースは壮観だった。

飛行機　フランスは航空機開発でも最先端にいた。モンゴルフィエ兄弟が熱気球を開発してから二十年後の一八〇四年に、物理学者ゲイ・リュサックが熱気球で七千メートルという記録的な高度まで上昇し、大気の組成を調べた。クレマン・アデルは一八九〇年に蒸気で空を飛ぶからくり装置に乗って離陸した最初の人物と言われる。ライト兄弟は一九〇三年に人類史上初めて機体をコントロールして飛行したが、この偉業の陰には、ほとんど無名のフランス人技術者オクターヴ・シャヌートがいる。シャヌートはアメリカに移住して、この分野の重要な知識をライト兄弟に授けたのだ。一九〇九年にドーヴァー海峡を横断飛行したのは、ルイ・ブレリオ。ほかにも、複葉機の最初の組み立て工場を建設したファルマン兄弟がいる。

映画　当時のもうひとつの最先端技術、映画撮影もフランスで開発された。動画を見る装置を発明したのはトーマス・エジソンだが、フィルムに撮影した像をスクリーンに映写する方法を考案したのは、リヨンの化学者ルイ・リュミエール（一八六四〜一九四八年）だった。リュミエール家では発明品の名称をあれこれと考えたが、結局cinématographe（シネマトグラフ・撮影兼映写機）に落ち着く。一家の主アントワーヌは先見の明と商才に富み、パリで映画を見せ物にする。オペラ座に近いグランカフェの地下室で映写が行われ、一八九五年十二月二十八日の初日には三十三人の観客が集まり、数週間後には三千人になった。映画はたちまち世界中に広まり、リュミエール兄弟の見せ物興行は一八九七年までに世界各地で八十万回行われ、パリの街の映像を披露した。サーカスの団長ジョルジュ・メリエスは、ジュール・ヴェルヌの小説『月世界旅行』を原作とする最初の映画を一九〇二年に製作し、最初の映画スタジオを作った。

科学　パリの科学界は活気に満ちていた。ルイ・パストゥールは一八八〇年代に狂犬病の治療法を発見し、近代生物学をうち立てた。発酵作用を引き起こす微生物を殺す方法も開発して、これが低温殺菌《パストリザシオン》という名で知られる。二十世紀の初めには、ポーランドの化学者マリー・スクウォドフスカとフランス人の夫ピエール・キュリーが人類史上初めて放射能を解明した。マリー・キュリーはノーベル賞を二度にわたって受賞し——一九〇三年に物理学賞、一九一一年に化学賞——、第一次世界大戦中にはレントゲン車を設計している。

新しいフランス語

この時代の発明や発見に人名が使われた例は、パストゥールの低温殺菌《パストリザシオン》、プーベルのゴミ箱《プーベル》だけでない。視覚障害者のための新しい書記法ブライユ（点字）は、考案者ルイ・ブライユにちなんで名づけられた。けれども発明家や研究者は、ふつうはギリシア語やラテン語から新しい単語を作った。**autoclave**（圧力鍋）、**bathyscaphe**（バチスカーフ、潜水艇）、**capillarité**（毛管現象）、**galvano-plastie**（電気メッキ）、**inoxydable**（ステンレス鋼）などだ。新しく名称をつけるときの語源は外国語からの借用が多い。**caoutchouc**（ゴム）はスペイン語から借用している。科学・技術関係の用語や日常生活で使う語は、英語からも自由に借用された。古ゴール語から英語に入った**gentle-man**（紳士）と**toast**（祝杯）がフランス語に再流入したのはこの世紀だ。

産業革命で階級間の関係が大きく変化したが、他国と同じように、フランスもこの現象に対応した用語を作らなければならなかった。「共産主義者 **communiste**」は十八世紀に作られていたが、一般に使われるようになったのは一八四〇年で、「社会主義者 **socialiste**」も同様。労働者が**syndicat**（組合）を組織し、そこから**syndicaliser**（組合を組織する）、**syndiquês**（組合員）が生まれる。「ストライキを打つ」は、faire la grève と言うようになった。grève は「砂浜」という意味だが、フランスで最初にストライキを打った人びとがセーヌ川岸のグレーヴ広場に集まったことにちなむ。この広場は、現在の市役所前広場にあたる。

世界に名立たるフランスの技術

自由の女神像　フランス人はさまざまな大規模な事業で世界的な名声を獲得した。一八八〇年代に彫刻家フレデリク・バルトルディが、共和政の姉妹国アメリカ合衆国の建国百周年を祝う贈り物の贈呈を提案し、高さ四六メートルの巨大な像を設計して「世界を照らす自由の女神」と名づけた。その姿はどちらかというと学者風だが、「自由の女神」は当時もっとも背の高い像だった。

メートル法　メートル法はフランス人が革命期に考案していたが、十九世紀後半に普及して国際的な制度になったのは、外交官や科学者、実業家が、メートル法を採用するようほかの国を説得したためだ。説得運動が効を奏したのは、その必要があったからだ。ヨーロッパの商業と科学は、度量衡の基準が各国で異なったために換算が複雑で、不利益をこうむっていた。今日では世界のほとんどの国でメートル法が使われている。アメリカは一八六六年にメートル法を採用したが、日常生活ではいまだに古いヤード・ポンド法を使っている数少ない国のひとつだ——ほかには、リベリアとミャンマーがある。あまり知られていないことだが、ポンドやマイルなどアメリカの基本単位も、メートル法で定義されている。一フィートの正式な長さは〇・三〇四八メートル。

スエズ運河　十九世紀フランスのもっとも壮大な事業といえば、地中海と紅海を結ぶスエズ地峡の運河の掘削で、フェルディナン・ド・レセップス（一八〇五〜九四年）が提案した。運河の掘削を考えついたのはレセップスではなく、一七九八年にナポレオンがエジプトに遠征する動機となったいくつもの計画のひとつだった。砂漠を横断して三つの湖を結ぶ長さ一六三キロ、幅約三〇メートルの溝を掘るというレセップスの案が最終的に採用された。

レセップスは計画が実現可能なことを世間に納得してもらうのに、実際に運河を掘るのと同じくらい長い時間がかかった。イギリスはとりわけこの事業に批判的だった。自国海軍の縄張りをフランスにいじられたくなかったし、フランスが植民地拡大に向けて基地を建設して海外権益を増大させる手段とにらんだのだが、図星だった。アラビア語を流暢にあやつったレセップスは一八五四年に計画を採用するよう、親交のあったエジプトのカディーブ〈オスマントルコ政府が派遣したエジプト総督〉を口説き、それからたっぷり十五年かけて株主に融資を説得する。

この壮大な事業は一度ならず破産の危機に見舞われたが、真の意味で国際規模の事業となり、イギリスの一般大衆も株を買った。運河が一八六九年についに開通すると、たちまち大成功をおさめ、世界の海運の一四パーセントを担うことになる。運河の中立を定めた国際条約は一九四八年まで守られた。

スエズ運河には、中東でフランス語の評価も高めるという、ありがたい効果もあった。この日以来、フランス語はエジプトのブルジョア階級やエリートのあいだで高く評価され、一九一四年にエジプトがイギリスの保護領になったあとも、それは続いた。

12 文化外交とアリアンス・フランセーズ

二〇〇三年の夏、ジュリーは、南アフリカ共和国の中にある小さな内陸国レソトで二週間を過ごした。レソトはかつてのイギリスの保護領で、英語が第二言語だ。ジュリーは首都マセルの中心街を散歩しているときに、レソト唯一の公立図書館がアリアンス・フランセーズ（AF）だと知った。この学校は意外にも繁盛していた。ジュリーが訪れたときには、フランス語講座の登録者数がおよそ二百五十人だった。孤立して貧困に打ちひしがれた旧イギリス植民地の人びとがフランス語学習にお金を払うのは、どういう動機からかと校長に尋ねると、「フランス語はアフリカの言語ですからね」という答えが即座に返ってきた。習いにくるのはたいてい弁護士や医師、軍関係の人だという。フランス語はアフリカとインド洋周辺の五十七か国の半分以上で用いられ、公用語としている国も少なくないし、アフリカ連合（AU）の公用語だ。上昇指向の強いアフリカの専門家は、アフリカで国際的な仕事に就こうと思ったら、フランス語が必要なのだ。

アリアンス・フランセーズは、現在、百三十数か国で活動し、千七十数校ある。語学学校として、外国でフランス語を教えているおよそ千の機関とともに、フランス文化の振興をはかる国際的な制度の屋台骨を形成している。十九世紀後半から二十世紀初期にかけて確立されたこの制度は文化外交と呼ばれるようになり、言語の歴史に新しいページを開いた。史上初めてフランス人は、外国でのフランス語の需要を掘りおこし維持しなければならないことに気づいたのだ。民間人が誰からともなくこの仕事に取り組むようになり、フランス政府が重要な役割を果たすのは、それから四十年も経ってからだった。

先輩格のアリアンス・イスラエリット・ユニヴェルセル

運動の発端はあまりよく知られていない。アリアンス・フランセーズ（ＡＦ）というブランドはよく知られているので、事情通でも、ＡＦを、外国で語学学校を開いたフランス最初の組織で、今でも学校を運営している唯一の組織と考えがちだ。ところが実際には、一八八三年のＡＦ設立より二十三年前に、さまざまな理由からフランス語を広めたいと願ったユダヤ系フランス人十八人が、アリアンス・イスラエリット・ユニヴェルセル（ＡＩＵ）という組織を作った。提唱者は法律家アドルフ・クレミューをはじめとする医師や教員、法律家、報道関係者十七人で、誰もがフランス革命の理念と信条を熱烈に信奉していた。ユダヤ人の九割が悲惨で貧しい生活をしいられた十九世紀半ばに、フランスのユダヤ人には投票や財産の所有、居住地や職業の選択の自由、政治参加が認められていた――一七九一年から享受している権利だ。フランスで身を起こして有力者になったユダヤ人も少なくない。クレミュー自身も、十年後に法務大臣に就任すると、アルジェリアのユダヤ人に完全な市民権を与える法律（いわゆる、クレミュー法）を一八七〇年に制定している。ＡＩＵを設立した人びとの目標は、とりわけ東ヨーロッパや北アフリカ、中東で教養あるユダヤ人の中流階級を誕生させて貧困から救うことだった。

ＡＩＵの創設者は、ユダヤ人がその居住地で社会参加できるように、住民の近代化をはかりたいと考えた。最初は、フランス政府を動かして、ユダヤ人に権利を認めるようヨーロッパ諸国の政府に圧力をかけようとしたが、数年たつと、ユダヤ人の近代化をはかる最良の方法は教育だと考えた。クレミューらは近代主義者で、ヘブライ学校の伝統的な教育がユダヤ人の現状改善に何の役にも立たないことを承知していた。そこで、フランス語学校を作って、卒業生が在住国の銀行や役所で働けるようにすることを目的としたのだ。

ＡＩＵはまずロシアにねらいをつけたが、皇帝に拒まれ、対象をモロッコに住んでいるセファルディ〈ポルトガルやスペイン、北アフリカに住むユダヤ人〉に切り替える。セファルディはヨーロッパのユダヤ人ほど貧しくはなかったが、近代化から取り残されていた。ＡＩＵは一八六二年にモロッコのテトゥアンに最初のフランス語学校を作り、一八六七年にはパリに師範学校を設立し、教員を養成して出身国に返すようにした。学校は非宗教が厳格に守られ、現地のユダヤ人指導者はかならずしも好意的に受け入れたわけではない。それでも学校は、急速に北アフリカやトルコ、ヨーロッパに普及する。一八七〇年までに十四校が開校し、一九〇〇年には百校に二万六千人の生徒が通い、一九一四年には校数も生徒数も二倍になっていた。

クレミューと後継者のナルシス・ルヴァンはフランス語が持つ可能性を手段として考えた。ところが、数十年のあいだにＡＩＵの成功はフランスの、とりわけ外交畑にいる文化関係指導者の目を引く。フランス語はまだ一流で、重要な言語として世界のエリートを惹きつけてはいても、そのころには国際的舞台でのフランスの地位は急速に低下していた。ＡＩＵの取り組みは、世俗（＝非宗教）宣教師のような活動家がフランス文化を輸出することによって、フランスが影響力を持つ新しい領域を作り出せることを示した。その影響力は外交政策を越え、個人の感性に直接訴えるのだ。

アリアンス・フランセーズの誕生

ＡＩＵに触発されて、サンシモン歴史協会が一八八三年にパリで会合を開き、アリアンス・フランセーズ（ＡＦ）を設立する。創設者のひとりポール・カンボンはチュニジア保護領駐在公使で、創設の目的は人道的であるとともに宣伝活動でもあった。ＡＦはフランス国内外で「支援委員会」のネットワークを作ることにした。支援委員会は、語学学校を開校して運営する資金を集め、巡回講演を企画し、フランスの著名人が外国を訪問したときに公開討論の場を提供する。創設者たちは、無名の外交官や役人の集団だったため、運動を実行に移すつてがないことに気づき、元セネガル総督のルイ・ド・フェデルブ将軍やスエズ運河を掘ったフェルディナン・ド・レセップス、微生物学者ルイ・パストゥールら有力者に声をかけた。

ＡＩＵと同様にＡＦがたちまち好評を博したのは、当時フランス語の需要がきわめて高く、外国での運営を現地の委員会にゆだねたからだ。最初の三年間で学生は一万二千人を数え、現地主導の結果、設立委員会がそのまま学校になったものがいくつもあり、一九〇〇年には二百五十校がヨーロッパやアジア、アフリカ、ラテンアメリカで活動していた。北アメリカで最初の学校は一九〇二年に開校したモントリオール校で、続いて一九〇三年にトロントに、それからウィニペグとキングストンに学校ができた。アメリカでは、一九〇〇年代初めにボストン、ボルティモア、ラファイエット、デトロイト、プロヴィデンス、フィラデルフィアに開校する。二十世紀前半に南米のアルゼンチン、メキシコ、チリ、コロンビア、パラグアイ、ペルーに支援委員会が結成され、たちまち人気を集めた。一九二〇年代にもっとも大きかった学校はブエノスアイレス校で、一九二四年には会員一万人を擁し、八十一の語学講座が設けられた。

ＡＦが一九〇〇年のパリ万国博覧会に出展したパヴィリオンには、大勢の見物客がつめかけた。教室を模した展示がなされ、壁にはフランスの植民地の地図や生徒が書いた練習問題が貼られ、パヴィリオンは金賞を受賞した。

さまざまなフランス語教育機関

フランス語の振興をはかる計画は、ほかにも続々と誕生する。グルノーブルとトゥールーズの大学がプラハやミラノ、バルセロナの大学と提携を結び、フランス語とフランス文化の会議や講座を企画した。数年のあいだに、これらの「斥候部隊」は文化センターや研究所と呼ばれる組織に発展する。ＡＦと競合するのではなく、フランスやフランス文化に関する情報や資料を提供したり、学会や行事を企画したり、フランスの芸術家を招いたりして補完する方針がとられた。文化センターは盛況を呈し、とりわけＡＦが優勢でない地域、フランス以外のヨーロッパで活発に活動した。一九〇八年にフィレンツェで、一九一〇年にロンドンで、一九二八年にリスボンで、一九三七年にストックホルムで開館する。現在では文化センターあるいはフランス語研究所が一五三か所あり、フランス政府に所属しているが、ＡＦは民間組織にとどまっている。

ミッション・ライック・フランセーズ（ＭＬＦ）は、フランス語とフランス文化を世界に広めようという福音伝道さながらの熱望をいだくフランス語教師と大学教授グループが一九〇二年に創設した。名称に「非宗教《ライック》」という語を選択したのは、カトリックやプロテスタントの宣教団と一線を画すためだ。ＭＬＦは、教師を養成し、教師が文化の相違を乗り越えられるような指導方法をみがくことを目指し、究極的には、もちろん、フランス国外にフランス語学校をたくさん作ることを目的とした。

ＭＬＦは一九〇五年に雑誌「植民地教育評論」を創刊して、名称をのちに「国外フランス語教育評論」と変える。一九〇六年にギリシア、一九〇九年にベイルートとカイロ、アレクサンドリアに語学学校を開校した。一九〇二年にパリに開校したエコール・ノルマル・ジュール・フェリーは、言語教育者が文化の相違に対処し、指導法を外国の文化と言語に適応できるようにする学校だった。ＭＬＦは一九〇六年にフランス政府から初めて補助金を受ける。政府は文化外交が持つ政治的潜在能力が、ようやくわかってきたのだ。ＭＬＦは一九二〇年代に中東やロシア、日本にも学校を設けた。

フランス語普及の第三の方法が、このころまでに、二百年をかけて作られていた。外国のコレージュとリセだ。最古の学校はベルリンのコレージュ・フランセーズで、一六八九年にユグノーが設立した。けれども学校はたいしたネットワークを形成しなかった。フランス人在住者がその場限りで作った学校がほとんどで、のちにフランス人でない生徒にも門戸が開かれた。たとえばフランクフルトのリセは、フランス領事館職員の子女のために一九四九年に設けられたが、のちには地元の人も、子どもをフランス語で教育したければ、通わせることができた。一九九〇年以前のネットワークの足取りが粗略なのは、学校が統合されていなかったからだ。外務省管轄の学校もあれば、教育省管轄の学校もあり、フランス政府から何らかの援助を受けていたが、一九九〇年にすべてフランス語教育委員会の管轄になった。

今日では一二五か国に四百三十校を超えるコレージュとリセがある。二十三万五千人の子どもが通い、フランス人はその三分の一を占める。学校の四分の一はアメリカとモロッコ、レバノン、スペインにあり、最大のリセのマドリード校は三千七百人の生徒を擁する。平均は六百人。どこもレベルの高い教育で定評があり、モロッコでは人気が高いため、入学を希望する幼稚園児は受験しなければならない。たいていの学校が独立しているが、教科課程はフランスの教育基準に従い、教師のほぼ全員がフランス生まれだ。外国のリセ出身の有名人には元国連事務総長ブトロス・ブトロス＝ガリ、ラトヴィアの大統領ヴァイラ・ヴィチェ＝フレイベルガ、俳優のロビン・ウィリアムズがいる。

二度の大戦と文化外交

フランスの文化外交ネットワークは二度の世界大戦で崩壊寸前になった。民間事業のＡＦは、第一次世界大戦で大きな被害をこうむり、戦後に存続できなかった学校も少なくない。一方、戦争で大きな影響を受けなかった地域では人気が高まり、とくにラテンアメリカでめざましかった。一九三九年にはＡＩＵの入学者数は二倍の四万人だった。

第二次世界大戦でも、傘下の協会が挫折を味わう。フランスのヴィシー政府は強力にカトリックを支持し、戦時中にＭＬＦを閉鎖した。ドイツ占領軍は、フランス文明の拡張に献身する協会を排除しようと、ラスパイユ通りのＡＦのパリ事務所を閉鎖する。ＡＦは戦時中に本部をロンドンに移し、自由フランス軍の指導者シャルル・ド・ゴールを名誉会長に指名したが、学生数は世界中で大幅に減少した。

ところが第二次世界大戦が転機となって、フランスの文化外交に新しい命が吹きこまれる。一九四五年、フランスがドイツ軍の屈辱的な占領からようやく立ち直ろうとしていたころ、外務省は、フランスの存在をふたたび世界に訴える方法を模索しはじめ、言語が新しい手段となる。ネットワークがすでに存在していたので、政府は言語・文化の振興事業によって、フランスの言語と文化が今もなお生命力があり重要なことを世界に証明できると考えた。フランス政府は、初めて、すでに整備されていた協会をひとつにまとめ、文化交流・フランス事業総代表部を設置した。

ＡＦは第二次世界大戦で大打撃を受けたが、この新しい環境の中ですばやく立ち直る。一九四九年には、フランスやヨーロッパ、アフリカ、アジア、太平洋地域、北アメリカ、ラテンアメリカの六百五十都市に学校があった。一九五〇年には生徒総数が戦後の四倍の五万五千人にのぼる。一九六七年にはその数がさらに四倍になり、二十万人を数えた。

一九四五年以降、文化センターと文化学院は、ヨーロッパですでにしっかり根づいていたが、ＡＦがほとんど存在しない地域、とくにドイツで努力を傾注した。一九六〇年代にはＭＬＦにも新しい使命が与えられ、在外フランス企業従業員の子女向けの学校を開いた。こうした企業学校にはフランス国家の教育制度で認定された教師が派遣される。第一号は一九六〇年代にカナダのアルバータ州カルガリーで、石油会社エルフ・アキテーヌのフランス人従業員の子女のために開校された。今日ではMLFの学校五十四校のうち三十校が企業学校で、ペンシルヴァニア州アレンタウンからナイジェリアのカドゥナまで世界各地にあり、合計二万人の子どもが通い、そのうちの二割がフランス人でない。

ＡＩＵ校は一九二〇年代、三〇年代に盛況を呈したが、戦争中にナチスにより顧客の大半を失い、戦後には、存在する理由もなくなっていた。ユダヤ人中流階級を誕生させるという夢は、すでに、ある程度、実現していたのだ。一九四六年以降にパレスティナとアメリカに大挙して移住が行われると、ＡＩＵは重心とエネルギーをイスラエル国家に移し、そこに学校を開き、フランス文化よりもユダヤの宗教教育に熱を入れる。一九四九年にはエルサレムとハイファ、テルアビブにリセを開校し、今日にいたってもＡＩＵのほとんどの学生が集中している。

発展する文化外交

ジョゼフ・ナイは、文化外交を論じた著書『ソフト・パワー』で、今日の外交官は目的を達成するのに、圧力をかけたり経済援助を提供したりするのと同時に、自国の魅力を利用していると述べている。大半の国、とりわけ大国は文化外交体制を整えている。アメリカ人はこれを「民間外交」とも呼び、アメリカン・カルチュラル・エクスチェンジとフルブライト計画を通して実践している。イギリスはブリティッシュ・カウンシルを百か国以上で、ドイツはゲーテ協会を百四十二か所で運営し、スペインはセルバンテス協会が七十二か所にある。こうした組織は外交政策の重要な手段になっている。この分野でフランスはいまだに群を抜き、自国の文明を世界中に普及させるために年間十億ドル近くを費やし、その額はアメリカの「民間外交」にひけをとらないとナイは認める。文化センターの予算はブリティッシュ・カウンシルの予算とくらべるとかなり見劣りするが、その分をAFやMLF、コレージュ、リセを取りこんで補っている。

ジュリーは、レソトを訪れたときに、アルゼンチン生まれのイスラエル人エディ・カウフマン教授に同行した。エディは自分自身がフランス文化外交の産物だ。一九六〇年代にイスラエル全国学生連合の委員長を務めていたときに、フランスで博士号を取得する奨学金の申請をしないかと誘われた。フランスは政界に進出しそうな学生に目をつけていて、それを選抜の重要な基準にしていた。エディはパリで二年間過ごしたが、結局、イスラエルの指導者にはならず、研究の道に進み、ヘブライ大学の研究所所長になる。同じようにフランス政府が期待をかけた人は何千人もいて、イラク人のサミール・カデルはフランスとジュネーヴで大学教育を受け、その後カタールのテレビ局アルジャジーラの編集主幹になった。

言語は今でもフランスの文化外交活動の要《かなめ》だ。一九九九年にフランス政府はエデュフランスという組織を作り、この組織のおかげで外国の学生が多数フランスにやって来た。フランスには外国人留学生が二十五万人いる。アメリカは六十万人だが、両国の規模を比較すると、この数字はかなり大きい。フランスは二万ロの奨学金を留学生に割り当て、外国の二十六か所の研究センターと百七十六の考古学派遣団を支援している。直接教育に取り組むだけでなく、外国でフランス語を使用し、振興をはかる、文化、報道、芸術関係の多数の団体に補助金を出している。フランス芸術活動協会はフランスの芸術家が外国で行う展覧会や公演を後援し、外国の芸術家をフランスに招待している。一九四九年以来、ユニフランス〈フランス映画を支援する文化省の機関〉は五十五か国でフランス映画の振興をはかり、フランス映画の外国での販売数は国内にひけをとらない。アメリカを除いて、ほかの国にはまねのできない快挙だ。ラジオの国際ネットワーク、フランス国営国際放送（RFI）は四千五百万人が聴いている。フランスは毎年百万冊の本を配布し、六百件の翻訳を資金援助し、政府は一九八五年以来、開発途上国の映画の主要な出資者になっている。

スイス、ベルギー、カナダの文化外交

スイスとベルギーの文化外交が期待されるほど活発ではないのは、おもに、国内で言語がつねに議論を巻き起こしてきたからだ。スイスでは、連邦政府はこの問題に対して不干渉の姿勢をとり、下級の行政区にまかせているが、州にはじゅうぶんな資金がない。それでも、文化外交はスイスの芸術協会、プロ・エルヴェティア文化財団の仕事になっていて、財団は五か所の文化センター（パリ、ニューヨーク、ローマ、ミラノ、ヴェネツィア）と八か所の事務局（東ヨーロッパ）、三か所の連絡事務局（カイロ、ケープタウン、ワルシャワ）を運営している。ベルギーのフランス語共同体はというと、一九六〇年代以降、慢性的な失業と厳しい経済再編成に直面し、国の人口の半分を占めるフラマン人よりも貧しくなってしまった。フランス以外でカナダとケベックが文化外交活動に積極的なのは、双方の政府レベルが外国での認知と評価を競い合っているからだ。どちらもそれぞれに研究のネットワークを支援している。ケベック国際研究協会は六十五か国の五十の研究分野で二千六百人の専門家を取りそろえている。

イスラエルのフランス語教育

イスラエルにあるＡＩＵ七校の一校、エドモン＝モーリス＝エドモン・ド・ロッチルド校はテルアビブの環境に恵まれた地区にある。十代初めの年齢でここに来る生徒は、ヘブライ語と、英語かフランス語を話す生徒が少なくない。第二外国語として、必修で週に七時間フランス語を学び、卒業時にはフランス語で会話ができるようになる。

あまり知られていないことだが、イスラエルには人口の一割を占める七十万人のフランコフォンが暮らしている。フランスは一九六七年戦争でパレスティナを支持したため、エルサレムにはフランスからの移住者も六万人いる。フランスは一九六七年戦争でパレスティナを支持したため、イスラエルでは評判が芳しくない。イスラエル人のあいだでのフランスびいきはそれ以来低下し、最近とみに関係が悪化しているのは、フランス国内でアラブ人とユダヤ人の住民の緊張が高まり、ユダヤ人の墓地やシナゴーグ、企業まで襲われているからだ。それでもフランスはイスラエル人の観光旅行先の第一位だし、フランス人観光客はイスラエルを訪れる最大の集団になっている。イスラエルの学校でフランス語が第二言語としてあまり人気がないのは、イスラエルとフランスの関係が緊張しているためだけでなく、英語の次に学習の対象になるのがアラビア語だからだ。

それでは、イスラエルの学生はどうしてフランスのリセに通っているのだろうか。フランス文化はそれでもまだ高く評価されていて、親は子どもにフランスの教育を受けさせたいと相も変わらず考えているのだ。ロッチルド校の教師コレット・ビトンが私たちに語ったところによると、AIUの学校は、イスラエルの学校の現実に即した姿勢とは反対に、「伝統的な」教育を行うという評判がある。ロッチルド校は公立で無料だが、たまたま上流中産階級の住む地区にあり、平均より上の生徒が通っている。パリのＡＩＵ理事ジャック・ヴァールは、「ＡＩＵがフランス系学校だからではなく、フランス系なのに親は子どもたちを通わせるのです」と語る。それでも、イスラエルでさえ、フランス語を身につけていれば有利な点がある。夏休みにはフランス人観光客相手のガイドや通訳の割りのいいアルバイトが見つかるのだ。

拡大するアリアンス・フランセーズ

世界各地に広まったアリアンス・フランセーズ千七十四校の人気は、通説などものともしない。英語の魅力が急速に増大しても、ＡＦは今もなお拡大しているのだ。ブラジルのようにいくつかの国で入学者が増加しているのは、フランス語の教科課程が削減されているからだ。インドで最近十年間に需要が爆発的に増えたのは、海外貿易の関心が高まっているためだ。ＡＦの組織運営は多様で、どこに学校を設立しても、地域の状況や文化の相違に応じて運営方式を変えている。マダガスカルでは、公立学校のフランス語教員を養成する契約を結んでいる。レソトでは、まだ当地にいる数少ない海外援助隊の隊員や外交官のために国語のソト語の講座を設けている。サンフランシスコのように、フランス人向けの英語講座まで提供しているところもある。自国の言語に加えて現地の言語も教えているのも、ほかの国際的な言語ネットワークと異なる点だ。

ＡＦの学校が総じて現地主導で運営されているのは、最初からそのように意図されたからだ。フランス政府は助成金を出し、人員を提供して支援している。レソトなど学校を持つだけの経済的余裕のない小さな国にうってつけの恩恵だが、マイアミのＡＦのような脚光を浴びている組織も利用できる。マイアミ校には生徒が三千人いて、資金も豊富だ。アメリカ最大のＡＦはニューヨーク市にあり、優秀な教師六十人をそろえ、生徒七千人が通学し、蔵書三万五千冊の図書館がある。

アメリカのＡＦはフランスの文化外交がどのようにして地歩を保ってきたかを物語っている。おもしろいことに、その実力はかならずしもフランスと結びついていない。ＡＦでも歴史が古く、定評のある学校には、「フランスのフランス語」を偏重しているところもあるが、新しいＡＦの中には、もっと大らかなフランコ＝フォーン哲学〈フランス語を話す者すべてのための哲学〉を受け入れてきた学校が少なくない。つまり、現時点での組織全体の方向性に沿っているのだ。

フランスの文化外交は、フランス語を話す国に利するように機能しはじめてきたのだろうか。フランスが、この百五十年間に世界中でフランス語とフランス文化の振興をはかることにより、文化外交でかなり成功してきたことはまちがいない。その成果は驚くべきことに、フランス語が今日ではフランス自体よりも多くの人を惹きつけていることにあるらしい。

13
世界語からの転落と復活

十八世紀まで、フランス語はヨーロッパで最大、最強の国の言語ゆえの恩恵にあずかっていた。次に大きい競争相手のドイツ語とイタリア語が話されていたのは数百の都市国家や公国、公爵領、司教領で、これらの地域の結束力不足はフランス語に、とりわけ宮廷や都市のエリート層のあいだで有利に働いた。十九世紀にドイツとイタリアが統一国家となり、フランス語は主要な「市場」をふたつ失う。フランスは文化、産業、技術で傑出していたが、イギリスの商業、ドイツの科学、アメリカの工業、ソヴィエトの思想が勢力を確立するにつれ、フランス語の輝きは色あせ、栄光の日々は過去のものとなった。

同じ時期にフランスの人口増加が減速する。一九一四年の人口はたったの四千万人で、革命期の二千八百万人からの増加はわずかだ。イギリスの人口は三倍に増えて四千三百万人、ドイツでは六千七百万人にのぼり、一方、ロシアは一億二千五百万人に、アメリカは一億人に迫っていた。トクヴィルは一八三五年の著書『アメリカの民主主義』で、やがてアメリカとロシアが世界を支配すると予測したが、一九一九年にはすでにそうした事態になりかけていた。

けれどもフランス人は、地政学上と人口増加の停滞を補う巧妙な策略を編み出していた。第一期植民地進出が失敗したあとに二度目のチャンスをつかみ、アフリカとアジアに新しい植民地帝国を築き、その規模はイギリスに次いで二番目となる。フランスで生まれた人に自動的に市民権を与える政策をとったので、フランスは外国人にとってヨーロッパでもっとも居心地のいい国となり、移住の国となる。外国と同盟を結んで地位の強化にも努めた。最初はイギリスと同盟を結び、ロシアとも同盟を結ぶ。パリの壮麗なアレクサンドル三世橋はロシア皇帝アレクサンドル三世に捧げられた橋で、この新しい取り組みを物語っている。

戦争で弱体化したフランス

フランスはドイツと三度の戦争に突入し、回を重ねるごとに大きな打撃を受けた。第一次世界大戦での物的・人的被害はフランスだけでなくベルギー経済にも大損害をもたらす。理屈から言えば、フランスはベルギーよりも恵まれていて、ドイツ軍の攻撃に耐え、勝利をおさめた。だが、高価な犠牲を払い、損害は敗者よりも大きかった。兵士百三十万人が戦死し、身体が不自由になるか、不治の重傷を負った兵士の数はさらに多い。民間人は四年間の欠乏生活に耐えた。戦争で二十万人、一九一八年に流行したスペイン風邪で五十万人が命を奪われる。ドイツの賠償金では再建費用をまかなえず、かつての同盟国からはほとんど援助が得られなかった。アメリカは、ドイツから守ってくれると宣言しておきながら、ヴェルサイユ条約の批准を拒んだ。フランスは二倍の大きさの敵に対して単独で再軍備しなければならなかった。

フランスでは、それまで好調だった産業が大戦で大きく後退する。戦争遂行に不要な経済分野への投資が縮小され、急速なインフレが進行したため、当時のふたつのハイテク産業、航空機と映画がすっかり競争力を失う。航空機製造では首位の座をアメリカに譲り、映画産業は惨憺たるありさまだった。第一次世界大戦中には、映画製作は政治宣伝ものを除くと活動を停止し、戦後になると、どんな言語を話す人でも楽しめる安価な無声映画をアメリカが大量にヨーロッパに持ちこんだ。

一九一七年のロシア革命もフランスの財政に甚大な損害をもたらした。ベルエポック（一八九〇年～一九一四年）の外交上の大手柄は、ドイツを封じこめるためにロシアと結んだ同盟だったが、取り決めの一環として、ロシア経済に重点的な投資を行う約束をしていた。国民はロシア産業への高利回り高リスクの債権に何百万フランもの投資を行う。貸し付けはフランス政府が肩入れし、ロシア皇帝が保証していたので盤石に見えたが、ロシア社会民主労働党左派《ボリシェヴィキ》が帝政を崩壊させ、フランスのブルジョアジー資本家に債務の返済を拒んだ。五十年間貯めてきた蓄えが、一夜にして水の泡となる。フランスは反ボリシェヴィキ派の亡命者を何万人も受け入れたが、多大な資本損失の埋め合わせにはならなかった。

フランスとベルギーが第一次世界大戦の被害からかろうじて復興した一九三九年に、同じ筋書きがくり返された。どちらの国も、一時は国際政治の舞台から抹消され、植民地帝国が崩壊しはじめる。フランスは、ドイツ軍の占領やナチス協力の後始末にかかずらっているうちに、国威が地に堕ちる。レジスタンス運動で多少は威信を取りもどしたが、戦後にベトナムとアルジェリアで厄介な植民地解放が行われるあいだに、またもや国の評判を落とした。

外交の舞台で割を食うフランス語

こうした状況下で、フランス語はヨーロッパで唯一の外交用語としての地位を失う。第一次世界大戦後、フランスの首相クレマンソーとイギリスの首相ロイド゠ジョージ、アメリカの大統領ウィルソンが一九一九年に、ドイツに課す条件や、永続的な平和の創出についてパリで会談し、ほかの国や独立をひかえた国から参加した何百人もの代表が、六か月を費やして平和的な解決を検討した。そうして締結されたヴェルサイユ条約により、三つの敗戦国（ドイツ、オーストリア゠ハンガリー帝国、オスマントルコ帝国）の植民地がフランス、イギリス、ベルギーのあいだで分割され、シリアとレバノンはフランス領に、ブルンジとルワンダはベルギー領になる。国家間で国と住民をまるごと取り引きする条約は、これが最後だった。

ヴェルサイユ条約は過去との訣別だった。ロイド゠ジョージとウィルソンの要請により、交渉はフランス語と英語の両方でなされ、起草された。ウィルソンはフランス語が話せず、ロイド゠ジョージも、イギリスの首相にしてはめずらしく、フランス語がほとんど話せなかった。クレマンソーは外交官時代にイギリスに赴任したことがあり、妻がアメリカ人なので、ほかの人に合わせられる唯一の人物だった。一七一四年のラシュタット条約以来、初めて、フランス語はヨーロッパの上級レベルの外交を独占する言語でなくなる。この事態に激昂する者もいたが、あともどりはできなかった。英語が外交の新しい国際語として着実に地位を向上させていたのだ。

フランス語は新しい国際組織の創設でも割りを食う。ヴェルサイユ条約で国際連盟が誕生し、ジュネーヴに本部が置かれ、国際的な制度に基づく新しい世界秩序の土台の役割を果たすことになった。この新しい組織の中で、フランス語は公用語の地位を英語とともにしなければならなかった。わずか二十六年後に、失敗に終わった国際連盟に代わって国際連合が創設されると、フランス語は、英語、中国語、ロシア語、スペイン語とともに、かろうじて五つの公用語のひとつになる。それも、フランスが安全保障委員会の常任理事国になったおかげだ。事務総長の実務言語として正式な地位を獲得したのは英語だけ。フランス語は一九四六年に投票によって実務言語になったが、それ以前に作られた国連関係の機関、国連教育科学文化機関（UNESCO・ユネスコ）や食糧農業機関（FAO）などは頭文字名が英語しかない。

フランス語はロシア語の轍を踏まなかった。ロシア語は一九一七年の共産主義革命と一九四五年以降のソヴィエト連邦という超大国の地位のおかげで、突如として重要な国際語となる。この時代には西側と第三世界のどこの大学でも教えられていたが、一九八九年にベルリンの壁が崩壊すると、元の勢力範囲に戻されてしまった。

もっと重要なことは、二十世紀前半にフランスを世界の列強の地位から引きずり降ろしたのと同じ力学――ヨーロッパのナショナリズム、植民地帝国の崩壊、植民地の独立が、逆に、二十世紀の後半にフランス語の返り咲きをうながしたことだ。返り咲きの種はその百年前、一八一五年のウィーン会議でまかれていた。ヨーロッパの国々は、国のあいだに公平な場を設けることで紛争を解決して戦争を回避する、非公式の機構をつくろうとした。新しいゲームの原則は、「力は正義ならず」。十九世紀を通して、植民地帝国列強はこの目標を達成するために具体的な手段を講じた。一八六三年の赤十字国際委員会の創設もその一例。その後、一八六五年に万国電信連合、一八七四年に万国郵便連合など、新しい国際組織が続々と誕生して、ジュネーヴに本部を置く。いずれの機関も、国家間の意見の相違を排除し、戦争にいたらないうちに問題を解決するために創設され、フランス語で運営されていたものが少なくない。万国郵便連合では今でもフランス語が実務言語。一八九六年に設置された国際オリンピック委員会では、フランス語と英語で書かれた文書で不一致が生じたときには、今日でもフランス語の文書が優先される。

国連の公用語

二十世紀初頭、ヨーロッパの列強はさらに一歩先に進み、世界で最初の調停裁判所を設けた。一九一九年の国際連盟は恒久の多国籍機関を作る初めての試みだったが、不完全で、第二次世界大戦の勃発を食い止められなかった。一九四五年の国際連合と多様な所属機関・機構の創設は、この種の国際法の新たな高みにたどり着き、国の財力や軍事力に関係なく、平等の投票権が参加国に与えられた。新しい世界秩序では、小国だからといって発言できないことはないが、ほかの機構、たとえば大きな権限を持つ執行機関の国連安全保障理事会は、今日でも軍事大国に特別な権利を与えている。フランス語はこの新しい国際社会で、英語を除いたほかのどの言語よりも大きな恩恵にあずかることになる。

国連は、アメリカとイギリスが話し合い、ソ連と中国が協力して誕生し、いずれの国も安全保障理事会の理事国になった。最初の話し合いが行われた一九四二年から四四年まで、フランスはドイツの占領下にあり、参加国とは見なされなかった。一九四五年に安全保障理事会の理事国になったのは、イギリスのロビー活動のおかげだ。一九四五年に国際連合が正式に設立されたときに、五十の参加国は公用語として英語、フランス語、ロシア語、スペイン語、中国語の五つの言語を選んだが、英語が事務総長の唯一の実務言語だった。実際問題としては、参加国は五つの公用語のどれかひとつで言いたいことを言えたらよかったが、全員が英語を理解しなければならなかった。

一九四六年一月、フランス語を事務総長の第二実務言語とすることが満場一致で決定する。そのころには、実務言語が英語だけだとアメリカにかなり有利になると少なからぬ国が感じていたのだ。ジョゼフ・ナイが『ソフト・パワー』で述べているように、国際通貨基金や国際連合のような機構が自由で民主主義的なアメリカの制度の価値観を反映していることはすでにあきらかだったので、フランス語が、同じ価値観を持つが異なる伝統から生まれた言語の代表として、釣り合いをとるおもりとなるのだった。フランス語の採用には現実的な理由もあった。『国際連盟から国際連合への世界秩序の夢』の著者ピエール・ジェルベによると、初期の国連は、満場一致にいたる方法としてあいまいや柔軟性をよしとする「アングロサクソン」気質で難渋していた。フランス語と英語で仕事をすれば、外交官は自分たちの考えを明確にしなければならない。フランス語の精神は正確な定義をよしとするからだ。そのいい例が、イスラエル対エジプト、シリア、ヨルダンが戦った六日間戦争のあとに決議された国連のかの有名な一九六七年十一月の第二百四十二条だ。文法の特色のせいで、フランス語版と英語版は同じことを述べていない。英語版は文法があいまいなため、解釈に揺れが出るのだ。

フランス語は、国連の人権委員会からユネスコや国際労働機関まで、ほとんどの事業体や事務局、機構、活動で実務言語となっていった。経済協力開発機構（ＯＥＣＤ）や国際刑事警察機構《インターポール》、国際電気通信衛星機構《インテルサット》などの独立した機関はもとより、国際赤十字や国境なき医師団など数百にのぼる非政府組織でも実務言語になっている。国連でフランス語の使用が減少しているのはたしかだが、国連でフランス語で作成される文書とフランス語を学ぶ人の数を調査した統計を見ると、フランス語が今でも英語に次いで二番目に勢力を持つ言語であること、優秀であることがわかる。ヴァージニア工科大学のリチャード・シャイロック教授によると、アメリカの国務省が最近配布した国際的な仕事の要件では、必要あるいは望ましい言語は、二百四件でフランス語、七十一件で国連の公用語（フランス語もそのひとつ）とし、スペイン語は五十三件、アラビア語は十九件だった。

言語と国家の結びつき

フランス語が世界の舞台にこれほど力強く返り咲いたのは、新しい世界秩序で言語が主要な役割を果たしたからだ。言語は国家という近代的な概念としっかり結びつけられているので、フランス革命以前には、国内の問題でも国外の問題でも、言語が考慮されることなどまったくない時代があったことを私たちは忘れている。アカディアとヌーヴェルフランスの植民地がイギリスに譲渡された一七一三年と一七五九年の条約は、言語についていっさい触れていない。十七世紀にジュラとフランシュ＝コンテがフランスに併合されたが、併合は、フランス語と密接な関係のあるロマンス語を話す住民の意志に反していた。同じころ、ドイツ語を話すアルザスの住民はフランスに組みこまれることを希望した。ナポレオンがヨーロッパで帝国を拡張しまくっていたころに、イタリアとドイツとオランダの一部が正式に併合されたときでさえ、言語はほとんど問題にならなかった。当時は、フランス自体がかろうじてフランス語を話す国だったのだ。

一七〇七年にイギリス人はグレートブリテンという包括的な名称のもとにスコットランドとイングランドを正式に併合し、ふたつの国民をブリテンという共通のアイデンティティーで結びつけようとした。フランス人は革命=帝政期に、フランスとフランス語が一体であるという考え方を守備よく押しつけた。実際には、全国民にフランス語を普及させるのにさらに百年かかったが、一八一五年にはすでに、フランスはフランス語の国であるという考え方に異議を唱える人はほとんどいなかった。言語が国家と結びつけられるようになったのは、十九世紀になってからだ。十九世紀には、言語が、ドイツ語やイタリア語を話す公国や都市国家、司教領、侯爵領を統一する基盤になる。だからこそ、トクヴィルは一八三五年に『アメリカの民主主義』で「言語はおそらく、人を結びつける最強の、頑丈な絆だろう」と述べているのだ。

言語と地理文化の影響力

十九世紀の国家について言えることは、二十世紀の国際社会の舞台にもあてはまり、言語が、国際主義という新しい形態を組織化する原理となる。十九世紀の偉大な事件は合衆国が英語を話したことだとドイツの首相ビスマルクが述べた話は、よく知られている。ビスマルクは、共通の言語から生まれる絆が結局は国際問題の行方を決定することを、予見していたのだ。

言語は、軍隊や食糧、エネルギー、資源、兵站術がものを言う地政学という古典的な領域にも、産業や資本の流れ、労働力が重要になる経済の領域にも属さなくなった。むしろ、宗教や思想と同様に、地理文化と呼ばれる領域に属している。ソ連が築いた帝国は、地政学上の巨大な怪物だったが、地理文化の領域であるイデオロギーに支えられ、いくらかは宗教のおかげでうち倒された。

宗教やイデオロギーと同様に、言語はアイデンティティーの源泉で、国境を越え、独自の表象を持ち、異なる国の国民のあいだに親近感を生み出す。もちろん、宗教やイデオロギーと同様に、外交などの伝統的な領域で国の影響力に貢献する（あるいは損なう）こともある。日本は世界第二の経済大国だが、日本語は日本の宗教と同様に、ほとんど影響力がなく、日本が世界におよぼす影響力を弱めている。石油がサウジアラビアに地政学的な勢力をいくらか与えている一方で、宗教と言語も同じような影響力を与えている。極端な例はバチカン市国で、地理文化上の威信のほかに何もない。ベルギーは、影響力の大半が、ふたつの母語であるオランダ語とフランス語が国際語であるところから生じていて、フランス語は国際的な大きな集団をより所としている。カナダとケベックの場合も興味深い。ケベックが州として世界の舞台で地政学や経済上の影響力よりも地理文化的な勢力を持っているのは、フランス語の国際的な影響力に依存しているからだ。カナダの影響力は、大いに、英語とフランス語というふたつの重要な地理文化の領域に属しているおかげだ。

英米人の歴史は、民族を超えたアイデンティティーを生み出し、それを強固にするのに、言語が重要な要素になったことを如実に物語っている。十八世紀後半から、イギリス人とアメリカ人は率先して地理文化の領域を発達させた。フランス人が十九世紀に地政学上の弱点を補うために文化外交を発展させたのと同じように、イギリス人はアメリカの独立戦争で敗けたあと、まったく自発的に、アメリカとのいわゆる「親密な関係」を追求する。

まさに一七八〇年代から、イギリスとアメリカは、同じ文化のよしみで多数の貿易協約や条約を結んだ。アメリカは、表向きにはまだ中立を保っていたころに、ナチスのドイツ軍に対抗してイギリスを支援した。チャーチルはとりわけ同じ言語のよしみに敏感だった。一九五六～五八年の著書『英語諸国民の歴史』で展開している考え方だ。同じ論法で、両大戦間にイギリスは旧植民地のカナダやオーストラリア、ニュージーランド、南アフリカをイギリス連邦として統一しようとした。イギリス人とアメリカ人は、言語、文化、産業の利害関係を合理的に結びつければ得るところが大きいことを、すばやく見てとったのだ。ジョゼフ・ナイは『ソフト・パワー』で、好例としてアメリカ映画の浸透を挙げ、それが野球帽や自動車の販売を促進するだけでなく、アメリカ人の生活様式や価値観や考え方を売り込むことにもなり、どれもアメリカに対する大きな好意を生み出したとしている。英米人は文化外交の推進にあたって、本質的にはフランス人と同じ目標を掲げていたわけだが、フランス人よりも利点がふたつあった。アメリカとイギリスを合わせた人口は、フランスとベルギーを合わせた人口よりもはるかに多い。フランスやベルギーと比較すると、イギリスとアメリカが第二次世界大戦で受けた被害は相対的に小さい。英米人は、英語を話す四つの国、オーストラリア、ニュージーランド、南アフリカ、カナダからも援軍を得た。英米人がその強みを発揮して、英語は便利なだけでなく必要でもあるという考え方を普及させるのに長い時間はかからなかった。

政治、科学、商業の世界で仕組まれた英語の国際語化

英語は本書の主題ではないが、英語が今日の地位に昇りつめた理由をいくらかは理解しなければ、国際的な機関や会議でフランコフォンが示す攻撃的で防御的な姿勢や行動は理解できない。第二次世界大戦以降、アメリカとイギリスの外交官や企業、大学、あらゆる種類の協会が、組織的で

適切なロビー活動を先導して世界中で英語を盛んにした。英語の無数の陰謀が示し合わせて行われたというのは誇張だろうが、英語が今日の地位にまで昇格したのは自然の成り行きだと主張するのも、まちがいだろう。自然なところなどひとつもない。アメリカ人も、規模こそ小さいがイギリス人も、政府によるおびただしい、明白あるいは暗黙の政策だけでなく、企業やさまざまな団体の意志決定者の公式、非公式の行動でも、英語を権力の道具として使った。

外交の役割はこの時代の初めから重要だった。外交を通してアメリカは、一九四六年に、対フランス援助の条件として、アメリカ映画の割り当て制限を撤廃させた。アメリカ人が首をつっこむと、文化と言語は世界規模の戦略になったのだ。四十か国以上が参加した国際民間航空機関が一九四七年に発足したときには、さっそくアメリカ人は英語を全空港の共通言語にしてしまう。そのあいだに国連では新たな展開があった。フランス語と英語が正式な実務言語だったが、上級・中級の管理者を募る求人広告が英語だけで貼り出されるようになり、求人広告は流暢な英語をますます必要条件とし、フランス語についてはまったく触れなくなる。このやり方に対して批判の声があがっても、見当違いとか、わずらわしいとして無視された。

科学者も英語の影響力を普及させるのに一役買い、それもかなり自発的だった。フランスの元外交官アルフレッド・ジルデールとアルベール・サロンは共著『フランコフォンよ、警戒を怠るな』の中で、一九六一年のアングロ＝アメリカ会議で、科学分野でのコミュニケーションに一言語（英語）のみの使用を勧告する極秘の報告書がブリティッシュ・カウンシルに提出されたことを指摘している。一九六七年からアメリカのたいていの大学が博士課程の学位取得希望者に対して外国語の試験を必須にしなくなった。同じころにアメリカとイギリス、ドイツの科学刊行物が英語以外の言語で発表した論文を受け付けなくなり、科学者の権威を測定する制度、たとえばScience Citation Index（科学引用文献検索目録）なども開発される。このような参照制度は客観的な基準と見なされ、科学者が文献をほかの科学者に引用される回数を数える――英語の刊行物だ。これらの自己強化装置が、英語以外の言語では科学研究が行われていないという思いこみを、英語以外の言語を話す人びとのあいだにまで生み出し、この信念は今日ではますます強くなっている。

実業界の人びとも英語推進の片棒をかついだ。イギリスとアメリカの商業活動の発展は、この二百年でもっともめざましい現象に数えられている。イデオロギーや実用主義、制海権、活力（それに幸運）が、英語は商業の独占的な言語であるという普遍的な印象をつくりあげるのに手を貸してきた。英米の実業界の人間は、どこに行っても英語以外の言語で交渉するのを拒んだアメリカ合衆国陸軍とよく似ていて、どこに行っても会議は英語で行われるものと思っていることで悪名を馳せてきた。二十一世紀があけると、これが新しい視点を生み、国際的な法律会社が、フランス民法典に基づく法制度を商業には役に立たないと言って軽視するようになる（世界のほぼ半数の国がフランスの民法典を使っている）。ほんとうに問題なのは、フランス語の法律実務や文書、法学、あるいは英語以外のどんな言語も、役に立たないと言っていることだ。

私たちは、地政学の領域を通して自分たちの利益を増進できると考えていると言ってイギリス人やアメリカ人を非難しているのでもなければ、英米人の利害関係のあいだで大々的な陰謀が進行していると言っているのでもないが、英語の普及に必然的とか、自然なところなどまったくないことは、声を大にして強調したい。数えきれないほど多くの機関が、英米人の勢力拡大のために、英語を促進させようと何十年にもわたって努力してきた。その結果はご覧のとおり。英語は実際にはいくつかの制度や科学誌や業界紙の言語なのに、世界で唯一の外交、科学、商業の言語であるとアングロフォンが確信し、ほかの人を納得させてしまった。このような誤解はそれなりに英語の役に立ち、ほかの言語はじゃま物にすぎず、国際的な仕事を円滑に進めるという名目上、克服されるべきだという幻想を生み出したのだ。

フランコフォンの反撃

ひとつだけ、はっきりさせておきたい。フランスやベルギー、カナダ、アルジェリア、セネガルの外交官が国際会議でフランス語を使おうと訴えるのは、国家の威信が傷つけられたからではない。単純明快な力の問題なのだ。言語に関しては、話す人がみな平等というわけではないことは、誰もが承知している。母語を話す人は、その言語を学校で学んだ外国人よりもかならずと言っていいほど得する。外交官やビジネスマン、科学者が行うどんな交渉、討論、論争でも、どの言語を使うかで、苦戦をしいられる側と、楽に戦う側が決まってしまう。外交官は優位に立っているときには、有利な状況を保とうとつねに努力し、不利なときには立場を平等にしようと努力する。だからこそ、フランス語は一九四六年に国際連合の実務言語として再導入され、フランス語を外交の世界で維持しようとしてフランコフォンがいまだに懸命に闘っているのだ。

地理文化の勢力争いでは、フランコフォンには、アングロフォンと同様に、先行者としてゲームの規則を最初に決めた強みがあった。フランス語が相変わらず重要な国際語になっているのは、ひとつには、フランスがイギリスと同様に、文化と言語が影響力の源になることをかなり早くから理解していたからだ。

一九六〇年代に、フランスの文化相アンドレ・マルローは言語を「新たな精神共和国」と語った。その十年前には、アルベール・カミュが「私の祖国はフランス語だ」と記している。言語に忠誠心をいだくのはフランコフォンの専売特許ではないが、フランス語と、さらに広くいえばすべてのフランコフォンが地理文化のゲームで先見の明を持って巧みに立ちまわり、新しい世界秩序にうまく対応してきた理由のひとつと言える。

一九四五年には、フランスは文化外交の枠組みをすでに築いていた。地理文化の勢力争いで言語が大きな要素になると、枠組みがさっそく活かされた。それでフランスは、フランス語が国際的な機関を通して獲得してきた国際的な地位から利益を引き出すにあたってきわめて都合のいい立場に立っていたのだ。

情報化社会のフランス語

フランスは、一九四五年から七五年までのいわゆる「栄光の三十年」に経済の急成長をとげ、農業主流の社会から脱工業消費社会へと変身する（冗談に、「フランスは十九世紀から、二十世紀を飛び越えて、いきなり二十一世紀へ移行した」と言う人もいる）。電信部門を近代化し、文字多重放送をベースとした最初の全国的な情報ネットワーク「ミニテル」を作った。fournisseur de service（プロバイダー）や autoroute de l'information（情報スーパーハイウェイ）といった言葉が、英語とインターネットを経由して、情報技術分野の標準用語となる。同時に、フランスは世界第二位の原子力大国になり、高速鉄道や民生用原子力発電、宇宙船発射装置の開発に成功し、今では自動車製造で世界第四位、兵器輸出では第三位を占める。そのあいだにも、きわめて生産性の高い農業部門を維持し、農業ビジネス大国になる。巨大な近代的観光産業も展開し、まずは自国民に、次に外国人に提供した。

ド・ゴールは国家間の通信とマスコミの重要性を理解し、世界最古の通信社アヴァスを国営化してフランス通信社（AFP）を作り、AFPは今でもロイターと連合通信社（AP）に次ぐ世界第三位の通信社だ。AFPの百十七か所の事務所は、一日に三百万語のニュースを六言語（フランス語、英語、ドイツ語、スペイン語、アラビア語、ポルトガル語）で作成している。この分野では、フランス語は英語が持つ影響力には足元にもおよばないが、独自の部門がある。ル・モンドのような新聞はどこでも目につく営業権を確立し、フランコフォンの国際テレビネットワークTV5《テーヴェーサンク》は、CNNとMTVに次いで世界第三位の視聴者数を誇る。パリ・マッチ誌などフランスのほかのマスコミ機関も国際的な独占販売体制を築き、エル誌は現在、三十九種の外国語版を出している。世界の十大広告会社の中で、フランス語系のパブリシス社は第五位につけている。

十九世紀以降も、パリは芸術と文化の活動では引きつづき高い地位を占めていた。フランスは文学と美術ではもはや世界標準ではないが、画家七万人を擁し、この分野の地歩を保つだけの規模を失っていない。サン＝テグジュペリの『星の王子さま』は七千五百万部を売り上げ、百六十を越える言語に翻訳された。ジャン・コクトーなどの芸術家、エディット・ピアフやエリック・サティなどの音楽家、サルトルやボーヴォワールなどの作家が、フランス語と最先端の芸術革新との、神話ともいえそうな結びつきを築いた。

この時期を通して、フランスは映画でも優等生だった。映画産業は反共産主義の魔女狩りにさらされることもまったくなく、アメリカの人気大作の猛攻に対して持ちこたえたので、作品とスターシステムは国際的な魅力を発揮しつづけてきた。フーコーやデリダ、リクールなどパリの知識人は、アメリカの大学の教養学部でもてはやされている。フランスはワールドミュージックの中心地のひとつになり、少なからぬ移民や知識人を受け入れ、これらの人びとが芸術活動に貢献している。今日でも、フランス語に翻訳されて初めて英語の市場で注目を集める非英語小説は数多い。

植民地独立運動もフランス語に有利に働いたが、オランダ語の場合のように、不利になる可能性もあった。一九四五年、オランダはインドネシアに広大な植民地を持っていた。植民地の独立戦争は凄惨をきわめ、インドネシアが独立すると、オランダ語はエリート層に見捨てられ、やがて世界第四位の人口を誇る国を失う。それにくらべてフランスのかつての植民地は、独立後もほとんどがフランス語を公用語とするか、行政の言語として維持した。フランス語を公用語や国語あるいは行政の用語とする国の数は、一九七〇年代には六倍に増え、三十か国に達していた。この数字にはアルジェリアは含まれていない。アルジェリアでは、フランス語は公的な地位が与えられていないが、半数以上の人が流暢に話す。この現象は、どんなに小さい国にも投票権を与える機関を生み出した新しい国際秩序で大きな意味があった（付録の表を参照）。

14
フランス語を選んだ旧植民地

私たちがイブラヒマ・クヤテと会ったのは、旅行ガイドブック『ロンリープラネット・セネガル編』が、自然保護区ニオコロ＝コバ国立公園で最高のガイドだと推薦していたからだ。イブラヒマの体験は、アフリカの貧しい国でフランス語が持つ力を物語っている。一九五四年にフランス人が両親の土地を没収して、その一帯を国立公園にした。イブラヒマは子どものころに何時間も公園を探検し、野生生物に対する若き日の情熱が実を結び、公園の動物や植物に関して百科事典顔負けの知識を身につけた。ごく自然に、公認の公園ガイドになろうと決心するが、それにはフランス語の筆記試験に合格しなければならない。問題は、マンディンゴ語で育ち、学校に通ったのはわずか三年で、フランス語を学ぶ機会などなかったことだ。

私たちはその話を聞いても、信じられなかった。イブラヒマはみごとなフランス語で語ったのだ。あらゆる機会にフランス語の語彙を増やし、読み書きを覚え、隣村の図書館にまで通い、公園を訪れるヨーロッパ人とつねに接触するようにして、フランス語を磨いたと言う。

私たちは公園を去る前に、アフリカの野生に関する本をカナダから送ってくれないかとイブラヒマに頼まれた。ついでに仏英辞典も入れましょうかと尋ねると、イブラヒマは「とてもありがたい」と言ったが、それは社交辞令だった。たいていのセネガル人にとって、とりわけイブラヒマのような農村部に住む人にとって、英語を話す利点はいまだにかなり少ない。昔からフランス語がセネガルの社会的地位向上の言語で、フランス語を習得すれば可能性の世界が開ける。イブラヒマは英語を覚えるよりも、運転免許を取りたかった。そうすれば、ダカールで旅行者を車に乗せ、運転手を雇わずに公園を案内できる。それだけで仕事と収入が十倍に増えるだろう。

イブラヒマは大多数のセネガル人と同様に、一九六〇年にセネガルがフランスから独立したときには、まだ生まれてもいなかった。それでも、独立後に生まれた何百万の若いアフリカ人は、イブラヒマと同様に、フランス語を習得したがる。フランスとベルギーの旧植民地のほとんどで、フランス語が植民地時代よりも盛んになっているからだ。

旧植民地の独立

フランスとベルギーの植民地帝国は、イギリスの植民地帝国と同様、第二次世界大戦中に崩壊が始まった。フランスの委任統治領だったレバノンが一九四三年に、シリアが一九四六年に正式に独立し、続いてチュニジアとモロッコが一九五六年に独立した。一九四五年にインドシナで、一九五四年にアルジェリアで独立戦争が勃発する。ベルギー領コンゴでは、ルワンダ、ブルンジと同様に、植民地帝国の亀裂は一九五〇年代までは表面化しなかったが、一九六〇年には、サハラ以南のフランスのほとんどの植民地とベルギーのすべての植民地が独立していた。

フランス語は、コートジボワールやセネガル、コンゴ民主共和国（以前のザイール）などの国で、いくつかの国語とともに公用語とされ、唯一の公用語となった国もある。そのほかの国、たとえばマダガスカルと北アフリカのすべての国では、表向きには排除する政策がとられたものの、事実上の行政と教育の言語として生き残った。

アブドゥ・ディウフ（一九三五年～）は一九八一年から二〇〇〇年までセネガル大統領を務め、現在はフランコフォニー国際機構（ＯＩＦ）の事務総長だ。二〇〇四年の春、私たちはパリのディウフの事務所を訪ねた。セネガル独立当時は若い政治家だったディウフは、国の初代大統領レオポール＝セダール・サンゴールに師事し、独立運動が展開するのを最前列で目のあたりにしていたので、セネガル人がフランス人を追い出したのにフランス語を使いつづけているわけを説明するのにうってつけの人物と思われた。答えは、予想していたよりも単純だった。「フランス語は植民地時代には押しつけられたのですが、その後、私たちが選択したのです」。新たに独立した国がフランス語を手放さなかった理由はいくつもあり、それは国の状況による。アフリカのたいていの国では、民族集団が多種多様な言語を話す。今日では、アフリカでフランス語を話す国が三十か国あり、そこで話されているアフリカの言語は、七百五十種にのぼる。独立したときにはフランス語は中立の言語で、ある民族がほかの民族よりも有利になることがなかった。

フランス語を使いつづけるという決定は、階級闘争の産物でもある。かつての開化民《エヴォリュエ》はみごとなフランス語を話し、独立後に政権をとった。フランス語を行政の言語として保つことは、国内支配を維持する上で有益だった。例外は北アフリカとマダガスカルで、独立後に政権を握った政治集団がただちにフランス語の駆逐に乗り出す。方法としては、北アフリカのマグレブ地域ではアラビア語使用の、マダガスカルではマダガスカル語使用の推進運動として進められた。ところが、ここでもフランス語を話すエリートは執拗に抵抗し、フランス語はしぶとく生き残っている。

新興独立国のほぼすべてでフランス語が教育の言語になったのは、おもに、新しい教育制度の整備に費用がかかり、そんな余裕のある国などほとんどなかったからだ。いずれにしろ、アフリカでは、たいていの現地の言語が近代社会の現実を描写する語に欠け、じゅうぶんな辞書も完璧な文法体系もそなえていないことが多かった。北アフリカの原住民集団ベルベル人が話すタマージク語は、数種類の方言があり、文字をそなえるものは少ない。アルジェリアでさえ、タマージク語が公式の地位を獲得していても、標準について意見が分かれる。それでフランス語（あるいはアラビア語）で教えるほうが便利だったし、フランス語での学校教育は質を保証することにもなった。ザイール（現コンゴ民主共和国）はベルギーの旧植民地で、フラマン語を拒み、新しい教育制度をフランスの基準に切り替えた。フランスの言語学者ジャクリーヌ・ピコシュによると、モブツ大統領（在位・一九六五〜九七年）は、七十、九十をフランス風の **soixante-dix, quatre-vingt-dix** ではなく、ベルギー風に **septente, nonante** と言った役人に罰金を課すほどだった。

新たに独立した国が科学や技術、産業の情報を入手できたのは、フランス語を使っていたからだ。情報源はフランスだけでない。ガボンやルワンダ、アルジェリア、セネガルなどの国では、フランス語のおかげで、かつての宗主国はもとより、ケベック人やアカディア人、スイス人などフランコフォンの世界と商業・文化の交流を発展させるようになった。

フランスとベルギーは、もちろん、新興独立国が確実にフランス語を使いつづけるよう努力した。植民地独立のきざしが見えてくると、基幹設備や産業にたっぷり投資して信望を高める。ド・

ゴールは一九五八年に政権を握ると、アルジェリアに何十億フランもつぎこんで、石油精製や港湾、産業の基幹設備を建設した。南部の核実験場も例外でない。しかも当時、アルジェリアは激しい独立戦争のさなかにあった。ド・ゴールはしばらくのあいだ不吉な前兆を目にしていたが、投資がフランス語の維持に失敗したとしても、独立後の関係維持に役立つと信じた。フランスは、かつての植民地が独立して出先機関を置かなくなると、教師や教授、軍事顧問、行政官など四万五千人の派遣員（アメリカの平和部隊に相当する）を送りこみ、全員にフランスの省庁あるいは多国籍企業から給料が支払われた。

植民地連合の失敗

フランスは、植民地が独立する前に統合しようとも考えた。フランス連合と呼ばれた連邦体は、フランスも含まれ、一九四六年に誕生したが、永続しなかった。計画は全面的に実施されることもなく、いずれにしろ、植民地帝国をまとめるのは手遅れだった。ところが一九四六年に、植民地がフランスの議会に代議員を派遣しはじめる。やがて作家として名を馳せるエメ・セゼールがマルティニク代表、レオポール＝セダール・サンゴールがセネガル代表として、フランス国民議会の議員になった。フェリックス・ウフエ＝ボワニは、アフリカ人で初めて一九五六年から五九年にかけて連続してフランス政府の内閣入りを果たし、その後一九六〇年にコートジボワールの初代大統領に就任する。

しかし、フランス連合はアフリカで盛り上がる独立運動にとても持ちこたえられなかった。一九五八年、ド・ゴールはアフリカの植民地に、このままフランスに所属するか、それとも独立するかを選択させた。最初は、ギニアを除くすべての植民地がフランスとの完全な連合を選択したが、独立の気運が急激に高まり、一九六〇年末には、アルジェリアを除くすべての植民地が独立を選択していた。サハラ以南では、かつての植民地が独自にフランス=アフリカ連合を創設しようとしていたが、この構想も高揚するナショナリズムの犠牲になる。フランス領ギニア、カリブ海のグアドループとマルティニク、インド洋のレユニオン島は、フランスにとどまる選択をして海外領あるいは海外県となり、フランスに完全に統合される。太平洋では、ポリネシアとニューカレドニアが名目上の自治をいくらかは維持してきたが、その地位はフランス連合の一員に似ている。

フランスとベルギーは教育も利用して、植民地帝国をまとめようとした。第二次世界大戦終了後、植民地に何十億フランもつぎこんで、誰もが通える公立学校制度を整備し、大学まで建てた。ベルギー人の取り組みがフランス人の取り組みほど首尾一貫していなかったのは、国内で進行していたフランコフォンとフラマン語話者の反目に対処しなければならなかったからでもある。世界第二位のフランコフォンの大都市は、大方の予想とはうらはらに、モントリオールでもダカールでもアルジェでもなく、かつてのザイールの首都キンシャサだ。

セネガル大統領サンゴール

一九六〇年から八一年までセネガルの大統領を務めたレオポール=セダール・サンゴール（一九〇六～二〇〇一年）は、フランス語の歴史でひときわ突出している。まさに両世界の申し子で、生涯をかけて、アフリカの運命をフランス語に結びつけ、フランス語の運命をアフリカに結びつけた。父親はキリスト教徒だがアニミズムの一夫多妻の習慣を捨てず（レオポールの兄弟姉妹は四十人）、息子を七歳で宣教師の学校に入学させ、ウォロフ語とフランス語を学ばせた。サンゴールは秀才で、ダカールの中等学校を修了すると、パリのソルボンヌ大学に入学が許可される。パリに到着したのは一九二〇年代で、同級生には将来のフランス大統領ジョルジュ・ポンピドー（在位・一九六九～七四年）がいた。パリでは、アフリカの植民地出身の詩人と親交を結び、マルティニクの詩人エメ・セゼールも仲間だった。サンゴールは、一九二〇年代にパリで始まったサハラ以南の文化再興運動で決定的な役割を果たすことになる。二十世紀初頭二十五年間のパリには、知的自由と人種的（相対的に）自由があり、アメリカのハーレムルネサンス〈ニューヨーク市ハーレムを中心に興った一九二〇年代の文芸運動〉の黒人作家が集まっていて、アフリカの知識人や将来の指導者、サンゴールやセゼールらに刺激を与えた。アメリカとアフリカの黒人の出会いが、アフリカの言語や詩、政治に変化をひき起こしたのだ。

　一九二〇年代から三〇年代にかけて、サンゴールとセゼールは、アフリカ文化をそれ自体として称賛する黒人の文化的表現を高らかに宣言する、ネグリチュードという概念を編み出した。ネグリチュードはやがて、サハラ以南のフランス植民地を連邦体にするというサンゴールの尽力の思想的な基盤となる。サンゴールはネグリチュードを推進するといっても、フランスから受け継いだものをけっして手放さなかった。それどころか、セネガルの将来はフランスとの文化的な異種混合《メティサージュ》（まさに異種間交配）にかかっていると最期まで確信し、独立後も、アフリカでフランス文化の影響を排除することはないと考えた。彼のみごとな詩の大半は、異種混合《メティサージュ》に着想を得ている。アフリカのほかの指導者とともに、フランコフォニーという概念をよみがえらせた（この言葉は十九世紀に考案された)。これを駆使して、フランス語圏諸国の連合を創設するためのロビー活動を行うのだが、それがのちのフランコフォニー国際機構のお膳立てをすることになる。サンゴールの異種混合という思想は、今日でもフランス語世界における文化的・政治的・経済的交流の中に脈々と流れている。

セネガル人はアフリカでもっとも純粋なフランス語を話すことで知られている。真偽はさておき、サンゴールは、セネガルのフランス語の質と地位を向上させる努力を生涯おこたらなかった。一九六〇年に政権についたとき、ウォロフ語を公用語とするわけにいかないことを見抜いていた。そんなことをしたら、プラール語やセレール語、ディウラ語、マンディンゴ語、ソニンケ語を話す人びとの反感を買う。そこで六つの言語すべてに「国語」の地位を与え、フランス語を公用語とした。フランス語が中立の言語だから選択されたのはあきらかだ。

独立後の二十年間、サンゴールが国を指導しているあいだ、文化と文化的発展が最優先課題とされた。この時期にサンゴールは作家と詩人としての道を歩み、フランス文化、とりわけフランス語を熱烈に礼賛し、その発展に貢献する。詩作によって一九八三年にアカデミー・フランセーズ会員の座を獲得した。教師出身だったサンゴールは大統領官邸に記者を招き、記者の書いたフランス語の誤りを直し、文法の講義までして、伝説の人になった。

言語に関しては、コートジボワールはセネガルと対照的だ。フランス語をかなり使いこなす人は、セネガル人の三割に対して七割にのぼる。人口は一千八百万人でセネガルの一千二百万人よりはるかに多く、ウォロフ語のようなアフリカのひとつの言語で支配されたことがない。主要な民族集団が二十あり、多様な言語を話し、西アフリカ交易の共通言語ディウラ語もそのひとつ。初代大統領フェリックス・ウフエ=ボワニはサンゴールと異なり、ネグリチュードの推進派ではなかった。もっぱら経済発展に関心があり、フランスと強力な関係を維持する。コートジボワールは独立して十五年後には、西アフリカ経済の奇跡となり、コーヒーやカカオを輸出して経済の急成長をとげた。マリやギニア、ブルキナファソなど近隣諸国の出稼ぎ労働者や、レバノン人や中国人など外国の投資家が続々とやって来るようにもなる。

その結果、フランス語が、きわめて多様な人びとのあいだでコミュニケーションの言語となり、国民は独自のフランス語を話す。さらに、ディウラ語がフランス語と混合したムサと呼ばれる方言が誕生し、広い地域で話されている。ムサは、やがて若者がヌゥシという俗語に変身させる。ヌゥシは文法的にはフランス語が基盤になっているが、アラビア語や中国語、英語などコートジボワールに入ってきたほかの言語の単語を取り入れた。

旧植民地のフランス語事情

フランスの旧植民地でフランス語を母語として話す人は、かなり少ない。たいていの人が学校で習得するか、おとなになってから学び、読み書きまでできる人はさらに少ない。その結果、さまざまな国で話されるフランス語に地域的な変化形が発生する。現地の言語が与える影響はかなり大きく、ひとつの国の中でも変異〈言語が環境によって変化する現象〉がある。モーリシャスでは英語の影響が著しく、地元の人びとが使う contracteur（契約者）とか laboureur（労働者）などは、標準的なフランス語にもあるが、意味が異なり、「収縮性の」、「農夫」となる。アフリカ人は doigt

（指）、cadeau（贈り物）、grève（労働者のストライキ）という単語から、doigter（指を使う）、cadeauter（贈り物をする）、grêver（ストライキをする）という動詞を作った。北アフリカからは、kiffer（楽しむ）、tchatcher（おしゃべりする）などの語が主流のフランス語に入ってきた。caillou（小石）の地方語caillasseも同様で、これが拡張されてcaillasser（石を投げる）ができる。caillasserは本流のフランス語の政治用語になり、「反対派が政治家に卵や石、トマトなどを投げる」という意味。アフリカ人は標準的なフランス語にない微妙なちがいも表現する。père（神父、父親）は白人宣教師で、これに対して地元の聖職者はabbé（神父、教区司祭）。

フランスの旧植民地帝国全体に見られる変異は、注意を引く。マルティニクとグアドループでは、本土の人はmêtropolitans（mêtropole（本国）から派生）、フランスに引っ越した地元の人びとはnêgropolitansと呼ばれる。臆病な人はcrabe（カニ）。書きまちがいはchameau（ラクダ）で、これから動詞chameauser（書きまちがいをする）ができた。「人に呪いをかける」は、コートジボワールではgrigriser（「呪い」、「まじない」のgris-grisから）、セネガルではmarabouter（「宗教指導者」のmaraboutから）。もちろん、純粋主義者に言わせれば、アフリカの民衆的なフランス語は誤用だらけだ。しばしば、助動詞にêtreよりもavoirが使われ、動詞の語尾がまちがっている。名詞の性がしょっちゅう逆になる。アフリカ人は言語の重要な転換の前衛に立っているのかもしれない。今日では、たいていのフランコフォンが、新しい動詞を作るときに-erの不定形語尾をごく普通に使っている。

奴隷の植民地で二百年前に行われたようなフランス語のクレオール語化（フランス語が変化して

本来の意味体系と音声体系からすっかり離れ、新しい言語が誕生すること）は、アフリカの国ではあまり例がない。おもに、フランス語を話すエリートが規範に執着して、学校やラジオなどの報道に規範を押しつけるのをやめないからだ。さらに、アフリカの母語が毎日の生活で使われているので、民衆は新世界で奴隷たちが必要としたようなクレオール語を必要としなかった。

コートジボワール　それでも、地方主義運動が国民文学の中で芽生えはじめた。創始者はコートジボワール出身の作家で「黒いヴォルテール」とも呼ばれているアマドゥー・クルマ（一九二七～二〇〇三年)。サンゴール後の作家の世代に属し、独立がもたらした母語への幻滅を作品に表現した。クルマの処女小説『独立の太陽』はフランス語で書かれたが、構文は母語のマリンケ語の影響を強く受けている。原題の *Les soleils des indépendances* 自体が地方語で、**soleil** はコートジボワールでは、「太陽」だけでなく「時代」という意味もある。標準的なフランス語を話す人びとにとって、クルマの文体は何となく落ち着かない、手に負えないような気さえすることがある。作品はフランコフォン文学の古典になった。

この手の文体がコートジボワールの作家のペンから生まれたのは、偶然ではない。ザイールだけでなくコートジボワールでも、クレオール語化が実際に進行しているのかどうか、言語学者が論争しているが、フランス語の変異がこの二か国でかなり深く浸透していることは、誰もが認めている。コンゴの詩人ジェラール＝フェリックス・チカヤ・ウ・タムシが一九七六年に表明した「フランス語が僕を植民地化して、今度は僕がフランス語を植民地化しているということなんです」という見解に、現代のますます多くのアフリカの作家が共感している。

アルジェリア　主流のフランス語には、アフリカの言語使用よりもアラビア語使用のほうがはるかに多い。フランスのかつての植民地帝国でフランス語を話す人びとが北アフリカに集中しているからだ。その存在は見過ごせない。アルジェリアでは、独立以来、一百万人がフランスに移住した。その結果、アラビア語に由来する clebs（犬）、smala（一族郎党）、caïd（親分）、flouze（銭）、baroud（戦闘）、fissa（急いで）、souk（市場）、caoua（コーヒー）などが、今ではフランスやほかの国でも、口語のフランス語になっている。

さまざまな意味で、これは驚くべき現象だ。アルジェリアは、独立後に自国からフランス語を排除しようと、あらゆる手を打ったのだ。アルジェリア人には、言語が、百三十年に及ぶ植民地支配と熾烈な独立戦争の忌まわしい記憶をぬぐい去る重要な手段だった。独立戦争は一九五四年から六二年まで八年間も続き、アラブ人二十万人から六十万人、ヨーロッパ人二万五千人から五万人の命が奪われた。独立を達成すると、さっそく、徹底したアラビア語使用計画が開始され、アラビア語での授業が一九六〇年代後半には初等学校に導入され、やがて中等学校にも延長された。最初からアラビア語の教育を受けた子どもが、一九八九年に高校を卒業する。植民地時代には、たいていの人がフランス語で教育を受けているのでなければ、まったく教育を受けていなかったので、アラビア語を話す教師をエジプトやシリアから何千人も連れてこなければならなかった。

こういった取り組みがうまくいったのは、ほんの一部にすぎない。大学教授と公務員がアラビア語計画を拒絶したからだ。アラビア語に地位を脅かされていた一方で、すでに存在するフランス語話者の教授と同じくらい質の高い、大学レベルに達しているアラビア語話者の教授を見つけるのが困難なことを見越していたのだ。さらに、エジプトやシリアから連れてきた教師の中にはイスラム原理主義者が少なくない。アラビア語計画にすべての責任があったわけではないが、原理主義者と近代主義者のあいだの緊張が一九九二年のアルジェリア内戦の引き金になった。内戦は十万人の命を奪い、十一年間続き、アルジェリアは西側のたいていの大国から切り離され、慢性的な失業が発生する。アルジェリアのイスラム原理主義者のアラビア語化運動も被害を受けた。アルジェリアは、今日では、フランスの旧植民地でフランコフォンが最多の国になっている。

現在、たいていのアルジェリア人がフランス語に示す態度は、国の政策よりもおおらかだ。国民三千万人の半分以上が少なくともいくらかはフランス語を話す。これは広く認められている推測だが、アルジェリアで使われている言語について信頼できる統計はない。日常会話や政治の基本的な言語はアラビア語だが、フランス語は社会的昇進と科学の言語だ。たいていの報道や産業、出版、商標の大部分でフランス語が使われている。一九九七年に政府は法律をすべてアラビア語で制定するよう命じたが、二〇〇二年でも、法律はフランス語で可決され、それから翻訳されている。アルジェリアはフランコフォニー国際機構に正式に加入していないが、フランコフォンの大学のネットワークを組織する国際的な機関、フランス語圏高等教育機関の参加を禁じてもいない。

内戦の終結以来、アルジェリア政府は公的な場でのフランス語使用にしだいに寛容になってきた。最近では、中等と初等の教育でフランス語の授業が再導入され、国の言語の現状をもっとよく反映する言語政策に向かっている。

チュニジアとモロッコ　チュニジアとモロッコでは、アルジェリアのようにフランス語が論争の火種になることは、けっしてなかった。どちらの社会も、アルジェリアほど巨大なヨーロッパ人入植者の階層に対処する必要がなかったし、独立戦争を経ずに、一九五六年に平和的に独立したからだ。フランス語はどちらの国でも公用語ではないが、アルジェリアのようなフランス語に対する敵愾心らしきものがない。モロッコ人の三分の一とチュニジア人の半数が機能的にフランコフォンと見なされている。

国内に複数の言語があることも、フランス語に対するモロッコ人とチュニジア人の姿勢を形成するのに一役買った。モロッコは、北アフリカでベルベル人の割合がもっとも高く、人口の五割から六割を占め、これに対してアルジェリアでは二割から三割(推定)とされる。モロッコの日常生活では、現在でもベルベル人の言語のタマージク語が主要な言語で、歴史的には、モロッコのベルベル人の大多数は、フランス語でなくアラビア語を植民者の言語と考えている(モロッコのイスラム化が始まったのは七世紀)。フランス人がやって来たとき、ベルベル人は、アラビアの弾圧からの解放者と考えたようだ。総じて、ベルベル人にとってフランス人は「味方」で、フランス語はモロッコのネイティヴの言語と宗教言語であるアラビア語のあいだに立つ中立の言語なのだ。

シリア　シリアは、フランスの旧委任統治領で独立後にアラビア語使用の移行に真に成功した唯一の国だ。一九六三年にバース党政権はアラビア語が教育、行政、日常生活で使われる言語となるように積極的な運動に乗り出した。この運動が功を奏したのは、一九四一年にフランスが大シリアを分割してレバノンを誕生させ、フランコフォン(そしてキリスト教徒)がもっとも多い地域を分離したおかげでもある。一九四三年には、フランス語の学生がレバノンに十三万四千人、シリアに十万四千人いた。現在では、シリアのフランコフォンの数は一万五千人にまで減ったが、二十九万四千人の子どもが学校でフランス語を学んでいる。

レバノン　レバノンでは、フランス語の地位はチュニジアやモロッコと同様にあいまいで、アラビア語が唯一の公用語だった（現在でも）が、フランス語は保護された。憲法が教育言語の全面的な自由を保証したのだ。現在、フランス語はレバノンで第二言語の筆頭になっている。レバノン人のほぼ四〇パーセントがフランコフォンで、残りのうち一五パーセントが「部分的なフランコフォン」と考えられている。レバノンの中等学校の七〇パーセントがフランス語を第二言語の指導に用い、これに対して英語は三〇パーセントにとどまる。

レバノンでフランス語が生き延びた大きな理由は、学校制度だ。子どもは小学校に入学するとアラビア語で教育されるが、すぐに第二言語を学びはじめる。学校が教える第二言語はひとつで、英語かフランス語のどちらかになる。生徒は中等学校や大学に進学すると、ますます積極的に第二言語で教えられる。フランス語の学校では、数学、物理、化学、生物はフランス語で、歴史と文学はアラビア語で教えられる。教育制度は、初等学校から大学まで、フランスの制度を手本にしている。フランス語の大学も三校あり、フランコフォンの学生が合計で四万人いる。レバノンは奨学金制度や大学交流制度を通してフランスと文化面での強固な関係を維持してきた。

ベトナム　フランスの旧植民地の中で独立後にフランス語が衰退した国は、シリアのほかには、インドシナ（現在のベトナム、ラオス、カンボジア）だけだ。十七世紀にフランスの宣教師アレクサンドル・ド・ロードが、安南語（ベトナム語）を漢字からアルファベットに書きかえ、のちにフランス人植民者がこの表記クォックグーを使って、いわゆる「文明」を紹介しようとした。入植者は中国語の影響を排除することに成功したが、この試みによってもっとも恩恵を受けたのは、フランス語ではなくクォックグーで、一九三〇年代後半には書籍だけでなく数百点もの定期刊行物や会報、広報がクォックグーで刊行されていた。文字のルネサンスから民族主義運動が誕生し、運動はしだいにフランスの植民地体制に批判的になり、一九三〇年代には、植民地政府に対する全面的な抵抗に成長していた。

この時期の中心人物、ホー・チ・ミン（一八九〇〜一九六九年）は、フエにあったフランスのリセで学んだのち、一九一七年にパリに渡り、いくつもアルバイトをした。ホテルの厨房でコックの助手をしていた一九一九年に、ホテルでパリ和平会談が開催され、母国の独立を訴えた。フランスでベトナム人労働者の団体を組織し、一九二〇年にフランス共産党に入党する。一九四五年にベトナムの独立を宣言し、フランス人との血みどろの解放戦争に火をつけ、戦争は内戦に拡大し、やがてはアメリカと中国を引きずりこむ。ベトナム人がフランス人にもアメリカ人にも屈辱的な撤退を強いたことは、今考えてもりっぱだ。

植民地時代、インドシナのフランス語の学校はあまりうまくいかなかった。アルジェリアと同様に、フランス語が普及したのは、もっぱら貿易や商業を通じてで、それに立身出世の言語だったからだ。独立後にはベトナム語が公用語となって商業や行政、教育、報道で使われ、フランス語は衰退しはじめる。今日でもフランス語を話す高齢者がいるが、植民地時代に生きた最後の世代とともにフランス語は死に絶えると考えている人が少なくない。

カンボジア　カンボジアでは事情が異なる。この王国はフランスの植民地勢力に比較的寛大で、一九五五年までフランス連合に加盟していたが、一九七〇年代半ばに頂点に達する共産主義革命の種がすでに芽を出していた。ポル・ポト（一九二八〜九八年）はフランスで教育を受けた開化民《エヴォリュエ》の典型だったが、カンボジアのフランコフォンを抹殺する。一九七五年から一九七九年にかけてクメール・ルージュ（カンボジア共産党）が人口の約一五パーセント、およそ二百万人を殺害した。殺されたのは中産階級と中流の人びとで、フランス語を話すエリートの九割がいた。

それでも、カンボジアにいるフランコフォンの割合はベトナムと等しい。統計によると、フランス語を話すベトナム人は人口の〇・六パーセントで、これに対してカンボジア人は〇・五パーセント、ラオス人は〇・二パーセント。カンボジアの新国王ノロドム・シハモニは完璧なフランス語を話し、ラオスでは、行政でラオス語とフランス語の両方が使われている。ベトナムではフランス語は主要な言語としては消滅したと言われているが、現在およそ十六万三千人がフランス語を学んでいて、この数字は、植民地時代にフランス語の学校に通った七万人とくらべて際だっている。タイはフランスの植民地ではなかったが、大のフランスびいきの王室に見ならって五万人がフランス語を学んでいる。カンボジアでも同じ光景が見られ、王室は今でもフランス語をよく使う。

フランス語人口と統計の謎

フランス語を使う人に関する統計は慎重に検討しなければならない。私たちは本書の取材旅行をしているあいだに、統計はその国のフランス語の現状とかならずしも一致しないという結論に達した——英語についても同じことが言える。問題は、フランコフォンの定義が困難なことにもある。

フランコフォンという名称があてはまるのは、フランス語を母語として話す者だけなのか、それとも、口語のフランス語を習得して第二言語として話す者もあてはまるのだろうか。フランス語が書けなければならないのだろうか。フランス語を学んでいる学生はどちらに分類されるのだろうか。

私たちが統計についてとりわけ疑問をいだいたのは、アルジェリアとセネガルを訪れたときだ。セネガルでは完全なフランコフォンであると正式に見なされている人はわずか一割で、さらに二割がある程度のフランコフォンと見なされているが、都市部では、フランス語を機能的に理解していない人に出会うことは、ごくまれだった。農村部でさえ、私たちが出会った人はたいてい片言くらいは知っていて、学校で二、三年勉強するか、ラジオで聴いて覚えたという。アルジェリアでも、フランコフォンの割合と人数ははるかに大きいが、状況は同じようなものだ。流暢に話す程度が問題で、それはどんな統計にも明確に現れない。

フランス語の地位を脅かす真犯人

取材旅行中、私たちはフランスのかつての植民地で英語がどのくらいフランス語に取って代わっているのか調べているうちに、不思議な現象に気づいた。ひとつの言語の伸張はかならずほかの言語の犠牲によって生じると思っている人が少なくないが、私たちが見たところ、そんなことはまったくありえない。たいていのアルジェリア人やセネガル人、インド人、ポリネシア人は少なくとも二言語使用者だ。アルジェリアやセネガルでフランス語が盛んになっても、アラビア語やウォロフ語は何の影響も受けていない。同じように、かつてイギリスがアフリカで領有していた植民地でフランス語が盛んになっても、現地での英語の地位は影響を受けていない。もちろん、フランス語の第二言語教育が重点的に行われているイギリスやアメリカ、カナダ、オーストラリアなどでも、英語を失った人はいないし、いたとしてもほんのわずかだ。

英語はフランスの旧植民地でフランス語の地位を脅かしてなどいない。たいていの場合、恐るべき問題は、教育制度の衰退だ。これはどの発展途上国にも言えることで、フランス語だけでなく英語も脅かされている。アフリカでは独立以降、貧弱な投資や緊縮政策、あきらかな管理上の失敗の結果、教育への投資が減少している。英語にしろ、ほかの言語にしろ、サハラ以南で新たに外国語を教える余裕のある国などほとんどない。私たちが国際フランス語教授連合の会議で出会ったアフリカ人フランス語教師は、アフリカの現況に即した教材がないことを嘆いていた。「いまだにフランスの城や雪の話が出てくる教科書を使っているんですよ。コンゴのフランコフォンの子どもたちは雪なんて知らないんですけどね」とコンゴ人教授は語った。アフリカでは、英語を学校に導入する余裕のある国はほとんどない。

私たちがセネガルを訪れたとき、英語の問題はしょっちゅう出てきた。この十年にセネガルとアメリカの歩み寄りが見られ、アブドゥライ・ワッド大統領は、国をフランスの影響下から引き離して、アメリカ外交の軌道上に乗せるような舵取りを積極的に模索してきた。エリートのあいだでは、この政治の路線変更がフランス語に影響を与えるのではないかともっぱら推測されている。

フランス語がおもにエリートの言語である一方で、フランス語を外国語と思っていないアフリカ人も少なくない。ダカールのホテルの近くにあった映画館では、セネガル人がアメリカ映画を観にきていたが、字幕はウォロフ語ではなくフランス語だった。学校教育をまっとうする子どもは少なくても、ほとんどが何らかの学校教育を受け、フランス文化に触れる。メディアでフランス文化に接触することができ、ラジオはどこでもきわめて重要だ。フランス語は、銀行から産業、政府まですべての言語なので、学校に行けない子どもでもフランス語を覚えるのは当たり前と言える。

レバノンでは、英語がたしかに盛んになっている。歴史的に見ると、レバノンのイスラム教徒は英語を話し、イスラム教徒の多い西ベイルートにあるベイルート・アメリカ大学で研究を行ってきた。イスラム教徒にも、キリスト教徒にも、英語が科学、ビジネスの言語としてじわじわと勢力を伸ばしているが、当面は、知的生活の言語としてフランス語がまだ根を下ろしていて、アラビア語は今でも文化とコミュニケーションの言語だ。

英語はモロッコでも盛んになってきているが、やはり、フランス語が犠牲になっているわけではない。ケベック大学モントリオール校のモロッコ人言語学者モハンメド・ゲルセルは、この十年でたしかに英語が伸びていることに気づいてはいても、「英語がフランス語に取って代わるなら、モロッコ人は大変でしょう。たいていの人は、英語へ切り替えて、フランス語を捨てるなんて、そんな苦労をする価値を認めません。結局、政治家は、いつでも何をするにも時間がかかるから、フランス語の地位を変えるような過激なことなんてしないでしょう。フランス語は国際語として、まだ役割を果たしているんです」と語った。

15 カナダでフランス語を守る人びと

一九四〇年代にラジオ・カナダがモントリオール・カナディアンズの試合を放送するようになって以来、フランス系カナダ人はアイスホッケーに熱狂してきた。モーリス・リシャールは、当時の、そして永遠のアイスホッケーの神様で、ケベックのフランス語混じりの英語で「ル・ロケット」という愛称を持つ人物だ。ケベック人には、イギリス系の対戦相手をやっつけ、試合終了まぎわに逆転してみせるリシャールがたまらなかった。

リシャールは、自分でも気づかずに、一九五〇年代にフランス系カナダ人のあいだに広まっていた怒りの炎に油を注いでしまった。一九五五年、審判を殴ってスタンレーカップ・プレイオフの出場停止処分を受けるや、モントリオールで暴動が発生したのだ。スタンレーカップ暴動はフランス系カナダ人が政治に目ざめる発端となった大事件で、アメリカの黒人とアフリカの植民地の人びとが解放を叫び、権利と力を回復する道を模索している時代に発生した。ケベックでも、運動は一九六〇年代から七〇年代初期に拡大し、ケベック解放戦線（FLQ）が爆破や誘拐などのテロ攻勢を開始する。

少数民族の要求と反植民地主義運動の主張ががっちり手を結んだのだ。FLQの肩を持つピエール・ヴァリエールの『アメリカの白い黒人』は、ケベックの人びとの思いを凝縮していた。一九六八年になると、ケベックの詩人ミシェル・ラロンドが詩『スピーク・ホワイト』を発表して、ふたつの思想を結合する。「ここでは、言語が、アメリカの黒人にとっての肌の色だ。フランス語は私たちの黒い色だ」とラロンドは訴える。詩のタイトルはケベック人の心を強く打ち、四十年たった今日でも口ずさまれている。

ケベックだけが北アメリカのフランコフォン社会で特異だったのではない。同じ遺恨に満ちた憤りがニューブランズウィックやオンタリオ、マニトバ、ルイジアナでもくすぶっていて、さまざまな形態をとった。ケベックでは、フランコフォンが分離独立を脅すほど過激に走る。ケイジャンやアカディア人、ケベック以外のフランス系カナダ人も刺激を受けて団結し、言語やアイデンティティーのために闘った。カナダのフランコフォンは国全体で言語政策の改革に成功し、フランス語がほとんど消滅していたルイジアナでさえ、ケイジャンが地域社会を動かし、フランス語を文化に再注入する方法を考え出した。

分離を目指すケベックのフランス系カナダ人

フランス系カナダ人の蜂起の標的は、英語だけでない。一九二〇年代には、ケベックのフランス系カナダ人は、州内の支配者の政治的な発言や教会の主張によってしいたげられていると感じはじめていた。経済のおよそ八割を「イギリス人」(イングランド人、アイルランド人、スコットランド人の実業家)が占有していた。フランコフォンは都市の無産階級の身ゆえに、上司の言語を拒む力がないに等しく、教会は農村の伝統的な生活を現実離れした理想像に仕立て上げて、時代の変化を受け入れなかった。ケベックは農村社会から産業社会へ急速に姿を変えつつあったが、教育を受け、時代に目ざめた都市部のフランス系カナダ人が近代化に向けて、「静かな革命」〈大胆な改革が非暴力的に進められたため、こう呼ばれる〉を起こし、二十年のうちに社会をすっかり変身させようとしていた。

革命は一九六〇年代に、自由党が社会の大規模な変革を目標に掲げてケベックで政権をとったときから始まった。元連邦の役人ジャン・ルサージュが指導者だった。数年とたたないうちに、ルサージュの「雷軍団」がフランス語委員会、教育省、ケベック水力発電所、ケベック年金計画を作る。ルサージュの後継者はフランス語をビジネスの言語とし、言語に関するきびしい法律を制定してフランス語を守った。

一九六七年、モントリオール万国博覧会を訪問していたシャルル・ド・ゴールが市庁舎のバルコニーで演説を行い、「自由ケベック、万歳」と叫んだ。発言はカナダの政治を揺るがし、ケベック独立運動に拍車をかけた。ケベック党は、ケベックを独立国家とするという具体的な目標を掲げて一九六八年に結成された政党で、一九八〇年と一九九五年の二度にわたってケベックの分離について州民投票を実施し、世論が二分した。

政治はケベックの一面にすぎない。ケベックは社会の急激な変化の渦中にあり、力強い文化ルネサンスを経験していた。そこから、活気に満ちた生産性の高い現代社会が誕生する。ケベック州は、州だけで二〇〇五年の合衆国の対貿易国で八位を占めている。フランス系カナダ人はフランス語世界の知的活動や産業に貢献し、さらに文化を輸出し、今日では、カナダとフランスの文化交流は双方向になっている。最近では、フランス人はケベックの歌手や俳優、映画にたっぷり接しているので、自国の歌手や俳優、映画と思いこむようになってきた。ケベックには公共のテレビ放送が六チャンネル、日刊紙が十紙、ラジオ局が八十局あり、フランコフォンが経営するケベックの多国籍企業は、航空、小売り、運輸、金融、建設、印刷など多岐の分野にわたる。

文化ルネサンスにいたる道は、北アメリカのすべてのフランコフォンにとって険しかった。「静かな革命」の最大の矛盾は、ケベックの存在がカナダと世界の中で大きくなるに従って、カナダのほかのフランス系カナダ人やアカディア人が置いてきぼりにされ、国内で孤立していることだ。一九六〇年代にケベックは、フランス系カナダ人の民族的象徴を、音楽から料理、百合の旗まで、何もかも独り占めした。フランス系カナダ人の文化はまさに一夜にして「ケベック文化」となり、ケベックにあったおよそ千の協会が名称の「フレンチカナダ」を「ケベック」に変えた。

カナダの二言語政策

同時に、こういった「ほかの」フランス系カナダ人は、カナダでの自分たちの権利回復を引きつづき要求した。要求はますます声高になり、一九六〇年代初期には、その騒音から逃れられなくなる。当時のカナダ首相レスター・ピアソンは、政治的な妥協を固く信じ、一九六三年に二言語二文化委員会を設置し、いわゆる「フランス語危機」の調査を行い、あとを継いだピエール＝エリオット・トルドーはカナダでのフランス語保護政策を決然と推進した。もっとも重要な政策は一九六九年に制定された公用語法だ。カナダは二言語使用国であることが宣言され、政府や関係機関、省庁はフランス語と英語の二言語でサービスを提供することが義務づけられる。トルドーは二言語政策をカナダ全体に適用し、カナダの百年にわたる同化政策をくつがえした。新しい法律では、連邦政府の公共業務の中で指定された職は、求人の対象を二言語使用者とされる。この変更はフランス系カナダ人にあきらかに有利だった。フランス系カナダ人はイギリス系カナダ人よりも二言語使用者が多かったからだ。

トルドーの政策を歓迎した州もあったが、たいていの州は、フランス語を話す少数派の要求する変革を取り入れようとしなかった。これを受けて、マニトバ州のフランス系住民が英語一辺倒の州法の正当性に異議を唱え、一九七九年、カナダの最高裁判所がマニトバのすべての法律を違憲とする判決を出す。法律が英語だけで書かれていたからだ。その一方で、少数派フランコフォンの最大級の人口を抱えるオンタリオとニューブランズウィックの二州は、公式の二言語使用を受け入れてフランス語の学校を設置し、既存の学校を大幅に改善した。意外なことに、トルドーの政策はケベックでは評判がよくなかった。ケベック人は、イギリス系カナダ人から何百年も同化を押しつけられてきただけに、ケベックの英語を話す少数派も保護しようとする連邦政府の態度に憤慨したのだ。とりわけイギリス系ケベック人は、これまでつねに、教育や保健のサービスを英語で受けられることが憲法で保障されていた。一九八八年、トルドーの後継者は、公用語法のいくつかの項目が、「カナダの権利と自由の憲章」を除く政府のいかなる法律にも優先することを定めた。

カナダでは、公式の二言語主義を適用するうちに、問題も浮上してきた。この政策への抵抗は相変わらず大きいのだ。自治体の求人があっても、法律で二言語使用者に確保されているはずの仕事が、一言語使用のアングロフォンに与えられている。イギリス系カナダの大学の大多数は、いまだに第二言語の単位取得を卒業条件としていない。この抵抗を克服するには、将来、抜本的な改革が必要だろうが、現状は、過去とくらべたら長足の進歩であることもいなめない。ネイティヴのフランコフォンの割合が出生率低下のせいで二四パーセントにまで減少していても、これまで以上に多くのカナダ人がフランス語を話している。二言語法が制定されたために、カナダのたいていの州がフランコフォンに有利な政策をとらなければならなくなった。フランス語は、カナダのたいていの州の教育で必修になっている。

ケベック以外のフランス系カナダ人

二言語法が制定されて以来、カナダ政府は、ケベック以外のフランス系カナダ人の地域社会にも、何億ドルも投入してきた。こうした地域社会は、法律面、財政面の援助がなければ、同化に抵抗できなかっただろう。それにひきかえケベックは、一九七〇年以降、ほかの地域のフランス系カナダ人のために何かしたとしても、ごくわずかで、今日でも、ないがしろにする傾向がある。ほかのフランス系カナダ人も、ケベック人がフランス系カナダ人のマスメディア、とりわけラジオやテレビを独占するのを憤慨し、おおむね、ケベック人を恩着せがましくて冷淡だと思っている。ケベック人がしばしばフランス人にいだく感情とそっくりだ。カナダの公用語法には何かと問題があっても、連邦機関の関与はりっぱだし、きわめて重要だ。私たちは取材旅行で、どの州にもラジオカナダが存在することがフランス文化生活を支える重要な要素となっているのがわかった。

一方、フランス系カナダ人は、ケベックの例に刺激され、かたくなに自分たちのアイデンティティーを主張し、権利を行使しようと望んだ。オンタリオ政府が二〇〇一年の洗礼者聖ヨハネの祝日

（ケベックの祝祭日、六月二十四日）に初めてフランコ＝オンタリオ旗を掲げたのは、フランコフォンがさらにロビー活動を行ったからだ。旗には数奇な歴史があり、一九七三年ころ、サドベリーにあるローレンシア大学の若い教授と学生が、緑と白の地に、州花でフランス王家の紋章でもあるエンレイソウ〈ユリの一種〉を描いた旗を作った。グループのリーダーで歴史学教授のガエタン・ジェルヴェは、その後、フランコ＝オンタリオ旗の名称を標章登録し、ビジネスを始めるにあたって地域社会で無益な論争が起こらないようにと、オンタリオ・フランス系カナダ人協会に、旗を採用してもいいし、しなくてもいいと伝えた。協会は旗を採用することにし、それから三十年の歳月をかけて州政府にロビー活動を行い、州の紋章として採用させたのである。

協会の代表者が私たちに語ったところによると、現在オンタリオがかかえている大きな問題は、学校教育ではなく、フランス語による支援活動だという。サドベリーにはフランス語の学校やフランス語イマージョン計画があるが、フランス語専門の書店も映画館もない。ケベックで発刊された新聞はバスで届けられ、一日遅れ。医療はフランス語でも受けられるが、じゅうぶんとは言えない。ところが、協会は相変わらず過激なのに、フランコフォン自身が、とりわけサドベリーでは、むしろおとなしい。今日では、アングロフォンはフランス語に対して以前よりもずっと寛容だが、店がフランス語の看板を出したのを理由に、客が不買運動をしたり略奪行為をはたらいたりした時代は、それほど昔ではない。いまだにサドベリーの商店主は、「Bonjour」と書かれただけの看板でも、出すのをためらう。

ニューブランズウィックのアカディア人

オンタリオにはフランコフォンがおよそ五十万人暮らしているが、その数は州の人口の四・五パーセントにすぎない。それにくらべ、ニューブランズウィックのアカディア人二十五万人は州の人口の三分の一を占めている。この大きな存在のおかげで、アカディア人はオンタリオ州のフランス系住民よりもつねに恵まれ、州当局に要求を通させてきた。アカディア人は、ケベック人のすぐあとに続いて政治的な勢力を組織して行動し、すっかり力をつけて、一九六〇年に仲間のルイ・ロビショウを州知事に当選させる。ロビショウは十年間ニューブランズウィックをりっぱに治め、三つの事業で当地のフランス語の命運を永遠に変えた。まず、一九六二年にフランス語だけの大学をモンクトンに設置し、次に、学校を運営していた郡の機関を廃止し、どこでも、とりわけ貧しい地域社会でも教育を改善する教育省を設置した。次に一九六九年に、州を正式に二言語使用とする宣言を行う。フランス語に関しては、カナダのほかの地域でも歩み寄りが可能で、進歩的にもなれることをケベックの分離主義者に見せつけるためでもあった。やがてニューブランズウィックは、カナダの州で最初にコモンローをフランス語に翻訳する（世界の司法組織でも最初）。

ケベックでルサージュが進めた改革は大多数の住民の要望と一致していたのに対し、ニューブランズウィックはロビショウの政策をめぐって分裂する。改革が民衆の支持を得るために、ロビショウは一九六七年と一九六九年の二度にわたって選挙を行った。「機会均等」と呼ばれた教育改革計画は保守派にきわめて不評で、「ピーター〈イギリス人〉から盗んでピエール〈フランス人〉に与える」と非難される。ロビショウは、改革が、フランス人であれイギリス人であれ、すべての貧しい人びとのためになることを反動派に納得させて、政策を売りこむ。

ロビショウはニューブランズウィックのアカディア人文化の保存に大きく貢献し、モンクトン大学で教育を受けた多数の若い指導者が跡を引き継いだ。ケベック人やそのほかのフランス系カナダ人と、アカディア人の大きな相違は、アカディア人の大半が一九六〇年まで都市ではなく、農村で暮らしていたことだ。アカディア人のミシェル・バスタラシェ判事は現在カナダの最高裁判事で、一九七〇年代にモンクトンへの移住をアカディア人に奨励し、都会で自分たちの都市生活を創造しなければ、近代化と二十一世紀の根本的な変化に乗り遅れると警告した。

都市流入はバスタラシェが奨励するはるか前から始まっていた。マサチューセッツで働いていたアカディア人が一九〇三年に創設した保険会社ラソンプション生命が、一九一三年にモンクトンに移転した。モンクトンにはやがてフランス語の大学ができ、フランス領事館を誘致し、フランス語の病院が開業される。一九九〇年代には、ニューブランズウィック州政府がモンクトンの二言語主義に投資し、コールセンター（顧客対応電話窓口）の振興をはかった。今日では、カナダのほとんどの銀行がモンクトンにコールセンターを置いている。モンクトンは一九九四年に第一回世界アカディア人大会を、一九九九年にフランコフォン・サミットを誘致し、二〇〇三年にはカナダで最初の正式な二言語宣言都市になった。公式には二言語国家の首都オタワでさえ、いまだに宣言していない。

モンクトンの繁華街は現代的ですっきりしている。市は、数十年間、経済的に苦しい時代を過ごしてきたカナダの一角で繁栄を誇っている。ディエップの郊外も含めると、今日では市民の半分がフランコフォンだ。フランス的な性格は、繁華街で目にする通りの看板からははっきりしないが、聞こえてくる言葉はフランス語か、フランス語と英語が混ざった地元の俗語、シアックだった。フランス語専門の書店も大学の外に一軒あり、一軒もないサドベリーとくらべるとたいしたものだ。

アカディア人を都市に移住させるというバスタラシェの構想は賢明だったが、私たちはニューブランズウィックの辺鄙なアカディア半島で、その悪い面も見た。アカディアの伝統文化の中心地カラケは、たしかに誇りを失っていないが、フランス語の将来に関しては、モンクトンで見られる明るい見通しがまったくない。カラケは住人のほぼ一〇〇パーセントがフランコフォンで、「売り物」の看板はフランス語で書かれ、ドライブインの映画館では、たいていケベックで製作されたフランス語映画が上映されている。アカディア新聞はここに本拠地がある。私たちが町を訪れたときには、劇場で『アカディアの歌』を上演していた。それでも、高い失業率と都会への流出が当地の生活にかなりの打撃を与えているのは、隠しようがない。フランス語の書店と映画館が最近、廃業した。カナダ沿岸部のたいていの州と同様に、この地域は、かつては林業と漁業で繁栄していたが、機械化の影響で衰退している。若者は逃げ出し、町に働きに行った。アカディア人を都会で生活させるというバスタラシェの運動は、田舎に住むアカディア人の助けにはならなかっただろうが、都市流入は世界的な傾向で、アカディア人が避けるような理由は何もない。アカディア人が各地に分散しないで、ひとつの中心地に集中することを選択したのは、幸運だったのかもしれない。

私たちはカラケでアカディア新聞の理事長クラランス・ル・ブルトンと面会した。ル・ブルトンは州の漁業省に勤務し、都市化と近代化というコインの裏側と毎日、かかわっている。年齢は五十代で、繁栄への鍵がもはや船や土地ではなく学歴であることも、教育がアカディアのまさにこの地域の存続を脅かしていることも、承知している。「孤立が私たちの文化を守ってきました。でも今ではマイナスになっています。若者は仕事を探しに都会に出ていきます。そして英語と共存するんです。大きなチャンスが開けるでしょうが、大いに警戒しなければなりません」と語る。

同化したケイジャン

マムーはルイジアナ西部で眠っているような草原の町だ。有名なケイジャン料理、ガンボスープ〈オクラを入れ、スパイスをきかせたシチュー〉の材料を探すマルディ＝グラの競走がよく知られているが、私たちがこの町に惹かれた理由は、フレッドの酒場で開かれる日曜の朝のショーだ。ショーは五十年の歴史を持つ伝統行事で、ケイジャンの民謡やザイデコの生演奏が行われ、老若男女がツーステップやワルツを踊る。私たちが朝の九時半に店に着いたときには、すでに人びとは八時からビールをがぶ飲みしてブーダンをぱくついていた。小さな酒場はぎゅうぎゅう詰めだった。

ケイジャン文化は料理とともに音楽が中心で、今日のアメリカでもっとも活きのいい、独創的な文化であることはまちがいない。それでもケイジャンは、その独創性の生みの親からほぼ完全に切り離されている。フランス語は消滅していないが、ルイジアナでは耳にすることがほとんどない。店の看板には今でもティ・ボブやティ・ジャンなどフランス語起源の店名があふれているが、フランス語を使うケイジャンは一五パーセントしかいない。南北戦争後の百年はケイジャンにとって冬の時代で、学校や宗教の場でさえも、あからさまな同化政策に直面した。第二次世界大戦で戦って英語を覚えたケイジャン兵士も少なくない。一九四〇年代にアチャファラヤ湿地を横断する高速道路ができてケイジャンの孤立が終わり、一気に同化が進んだのだ。その結果、五十歳以下でルイジアナのフランス語を話す人に、めったにお目にかからなくなった。現在ルイジアナに住んでいるケイジャン二十五万人のうち、フランス語を話すのは高齢者だ。高齢者は学校教育を受けていないので、たいていの人が読み書きができない。基本的には、ケイジャンは今でも口語のフランス語を話しているかもしれないが、一九三〇年以降に学校に通うようになると、子どもにフランス語を伝えなくなった。同化政策は一九六〇年代に大きな成果を上げて、たいていのケイジャンが自分たちの出自がよくわからなくなり、アカディア人であることすら忘れた人も少なくない。

ケベック人は同化をルイジアナ化と言い、一九六〇年代にフランス系カナダ人とアカディア人がくり広げた運動は、ケイジャンみたいになってしまうのではないかという恐怖に駆られたものが少なくない。ところが、ケイジャンは自分たちの文化がまさに消え去ろうとしている一九六〇年代に、活発な政治運動をくり広げた。シェイン・K・バーナードが著書『ケイジャン：一民族のアメリカ化』で述べているところによると、一九六〇年代初期に発生したケイジャン・ルネサンスの原動力となった人物は、ケイジャンではなく、イギリス生まれのカナダ人歴史家レイモンド・スペンサー・ロジャーズだった。ロジャーズは、同世代の少なからぬ知識人と同様に、あらゆる少数民族の闘争にかかわり、一九六六年にルイジアナに赴き、南西ルイジアナ大学で教鞭をとり、数週間とたたないうちに、ケイジャンが自分たちの文化の消滅に無関心なことを公に非難する。そして、ラファイエット商工会議所、とりわけケイジャンの法律家で元議員のジェイムズ・ドマンゴーに強力に働きかけた。

ルイジアナでフランス語を守る運動

ドマンゴーはフランス語を話したが、読み書きはできなかった。ドマンゴーと商工会議所は、州の上院議員と下院議員に請願書を出し、高校の五年間でフランス語を教えること、大学でフランス語教師を養成することを定める一連の法律を制定させる。ルイジアナでは、フランス語を盛んにし、教えるという主張に呼応して「ルイジアナのフランス語を発展させる会議（CODOFIL）」が一九六八年に発足する。非ケイジャン（と反フランス語派）の議員が発足に反対すると、ドマンゴーは、フランス語でルイジアナの観光旅行が盛んになり、州のイメージが改善すると論じ、その通りになった。

フランス語はルイジアナの公用語だったとたいていの人が信じ、現在のルイジアナの旅行案内書にもそれらしきことが書かれているが、じつは、そんなことは一度もない。しかし、州がCODOFILに、言語政策を推進する幅広い権限を与えたことはたしかだ。ドマンゴーは持ち前の行動力で、フランスやベルギー、カナダからおよそ二百人の外国人教師を連れてきた。一九六九年にフランスのジョルジュ・ポンピドー大統領と会談し、ルイジアナのフランス語で「大統領さんよ、あんたが助けてくれなきゃ、ルイジアナのフランス語はおだぶつだよ」とねじこんだと伝えられている。

CODOFILには自らが課した深刻な限界があった。何よりもあきらかな限界は政治だ。ドマンゴーは南部人ゆえ、南北戦争以後の保守的伝統に同調していたため、ケベック風の過激な民族主義《ナショナリズム》が大嫌いだった。それで、一九七〇年代にルイジアナのあちこちで活動を開始した騒々しいフランス語擁護運動家を追放する。手始めは歌手のザカリー・リチャード。リチャードは駆け出しのころ、フランスとケベックに演奏旅行に出かけて過激なフランコフォン運動を目のあたりにし、ルイジアナの外では言語が政治問題になっていることも知った。ルイジアナに帰ると、仲間に過激な政治運動を勧める。けれどもドマンゴーは、行事や演奏会に招待するのを拒んでリチャードをルイジアナから追い出した。ドマンゴーにとって、言語は文化と教育の問題で、それ以上のものではなかった。ケベック人やアカディア人がしたような、言語に政治的な色彩を与えるのを拒否したのだ。

ケイジャンのフランス語は英語の影響が著しく、語彙だけでなく借用翻訳でも影響が見られる。ケイジャンは **redneck**（赤首・南部の無教養で貧乏な白人農場労働者）を **cous rouges**（赤い首）と呼ぶ。英語使用をべつとすれば、ケイジャンのフランス語は個性豊かでとても美しい。**nid**（巣）を **nic**、**attacher**（結びつける）を **amarrer**、**gentil**（親切な）を **avenant** と言い、そのほかにも独自のひねりをきかせた語がある。**oncle**（おじ）をフランス系カナダ人は **mononcle**（mon oncle・私のおじさん、**monsieur** ムッシューと同じ構造）と言うが、ケイジャンはそれを短縮して **nonc** あるいは **ti-nonc** と言う。独自の生き生きした表現にも長けていて、非ケイジャンの仲間を **les Ameritchains**（アメリチャン）と呼ぶ。

ところがフランス語の規範の威力は絶大で、ドマンゴーは優秀な文学人などではなかったが、それでもケイジャンの方言やそれに関連したものを何もかも見下していた。だからこそ、教師を地元で採用しないで、フランスやケベック、ベルギーから連れてきたのだ。外国人教師は、しばしば教師経験がほとんどなく、ましてや地元の文化の知識はもっと少なく、ケイジャンの方言をあからさまにけなした。これがケイジャンの怒りを買ったらしい。百年にわたる弾圧のあとで、ケイジャンがほかのフランコフォンから必要としていたのは、批判ではなく、支援だったのだ。この状況はケイジャンの疎外感を深めた。

シェイン・K・バーナードの説によると、一九八〇年代の初めに状況が変化しはじめる。フランス語の現状を改善するにあたってCODOFILがろくに活動していなかったことが多数の調査であきらかになったあとに、ドマンゴーは、ひらめいたものがあり、ケイジャンのフランス語が正統なフランス語であることを認識した。CODOFILは地元の教師を多数採用するようになる。ほぼ同じころ、ドマンゴーとCODOFILの代表者は、モントリオールでフランス語イマージョン教育を実施している学校を訪問し、全教科をフランス語で教える方法を知った。数か月のうちに、ルイジアナでイマージョン教育の試行が開始され、今日ではおよそ三千人の子どもが参加している。CODOFILの広報の見出しには《Quoi c'est le Codofil?》と書かれ（「Codofilとは何か」、標準フランス語なら《Qu'est-ce que le Codofil?》）、ケイジャンが地元のフランス語表現を育んでいることをよく示している〈今日はやりのイマージョン教育は、ルイジアナでのこの教育法が発端になっている。immersion は元来フランス語〉。

それでもCODOFILの努力の成果は、いまだに議論の余地がある。CODOFILはフランス語教育を政治の最重要課題とし、ケイジャンの権利を守り、地域を観光地にするのに積極的な役割を果たした。フランスやベルギー、ケベックとの強固な関係も築いたが、標準フランス語を押しつけた初期の試みで、かえってケイジャン文化に自己認識の危機をもたらす。CODOFIL議長代行の詩人ダヴィッド・シュラミは、この矛盾を説明してくれた。シュラミは両親がケイジャンだが、英語で育てられ、フランス語は第二言語として身につけた。現在、フランス人女性と結婚している。「隣の住人はボートを持っていて、ひまさえあれば沼に出かけて、鹿やリスやカモを狩ったり、ナマズを釣ったりしています。ダンスもするし、ケイジャン料理なら知らないものはありません。でも、フランス語はひと言も話せません。そして僕はというと、そういったことは一切しませんけど、フランス語を話します。どっちがほんもののケイジャンでしょうね」と言う。

一九八〇年代にCODOFILが方向転換したおかげで、ルイジアナのたいていのフランコフォンは音楽と大衆と言語がみな関連していることをじゅうぶんに理解しているが、言語のアイデンティティーは問題を抱えたままだ。今では、フランス語を話すケイジャンをカディアン、フランス語を話さないケイジャンをケイジャンと呼んで区別している。それでも、ケイジャンの自己認識にフランス語を注入し直すのは手遅れだと考える人は少なくない。フランス語を話すと自己申告したケイジャンの数は、一九九〇年から二〇〇〇年のあいだに二十五万人から二十万人に減少した。それでも、最近の資料によると、減少が止まっている。ルイジアナのフランス語の将来は複雑かもしれないが、案じられているほど暗くはないだろう。ケイジャンの民話作家で詩人、教師のバリー・アンスレは「ケイジャンの棺桶の蓋を閉めようとしたら、かならず死体がむっくり起きあがってビールを注文するんだ」と語った。

16 フランコフォニー国際機構ＯＩＦ

本書ではこれまで、フランス語を話す人びとの集団を国籍にかかわらずフランコフォニー（語頭が小文字の francophonie）と呼んできた。もうひとつの大文字で始まるフランコフォニー（Francophonie）は、フランス語の振興とフランス語国の発展を推進するさまざまな組織や連盟、マスメディアをまとめる機関、フランコフォニー国際機構（ＯＩＦ）を指す。国連が国際法体系を形成する数千の組織の旗艦であるのと同様に、ＯＩＦはフランス語圏世界の同様の目的に奉仕している。

ＯＩＦはしばしばイギリスのコモンウェルスになぞらえられる。コモンウェルスは、イギリスとカナダやオーストラリア、ニュージーランド、南アフリカの旧自治領との絆の維持を目的とする非公式クラブのようなものとして一九三一年に誕生し、独立まもないインドが一九四七年に参加して拡大した。一九五七年には再編成されて、常設の事務局と予算をそなえ、イギリスの旧植民地が独立すると迎え入れた。現在、加盟国は五十三か国。

フランコフォニー国際機構の誕生前夜

フランコフォニー国際機構がようやく明確な形をとったのは、二十世紀後半だった。ケベックのジャーナリスト、ジャン＝マルク・レジェの発案による。レジェは、一九五〇年代初めに国際フランス語新聞記者連合の創設にあたって重要な役割を果たしている。フランス語を話す国の共同組織の設立を提案したのは、一九五三年にフランスの外相と面会したときだ。各国代表が集まり、ネットワークを構築し、情報を交換して、ともに政策を発展させようという趣旨だった。最初のうち、提案は挫折したが、レジェはあきらめなかった。一九五四年にフランス語文化連合を設立するが長続きせず、一九六一年、フランコフォンの大学のネットワーク、フランコフォニー大学機構（AUF）を創設する。これは今日も存在している。一方、一九六〇年にレジェのアイデアが根を下ろしはじめ、フランス語国十五か国の教育大臣が永続的な会合を設ける決定をした——この種の団体が誕生したのは、フランス語圏世界で初めてだった。

そのころ、フランコフォニーという言葉は使われてもいなかった。フランスの地理学者オネジム・ルクリュが一八八〇年に著書『フランス、アルジェリアと諸植民地』で用いたのが最初で、国籍に関係なくフランス語を話す人を指した。地理学で世界を人種や民族、宗教で分けていた当時、国籍と言語を切り離す考え方は革命的だった。しかしフランコフォニーという言葉は一九六二年まで忘れられる。この年に知識人向けの雑誌『エスプリ』が「生きている言語、フランス語」を特集し、レオポール＝セダール・サンゴールはじめ多数の高名な知識人が寄稿して、この言葉を用いて「フランコフォン」組織の創設を呼びかけた。

一九六五年には、フランス語圏アフリカの少なからぬ国が、共通の言語を基盤とする自前の組織の設立を考えていて、ケベック州政府から強力な支援を受ける。ケベックもまた、フランコフォンの「ネーション〈ここでは、かならずしも独立しているわけではない集団も含めた文化的・政治的な共同体を指す〉」の国際会議で主導的な役割を演じたいと切に願っていたのだ。一九六六年になると、ニジェールの大統領ハマニ・ディオリが、フランス語圏諸国の協力を目的とする多国間組織の青写真をド・ゴール大統領に示した。

フランス本国とフランコフォニーの微妙な関係

イギリスはコモンウェルスの影の原動力だったが、当時のフランスはフランコフォンの組織にまったく関心がなかった。フランス外交はインドシナとアルジェリアで進行していた解放戦争に傷心し、わずかでも新植民地主義のにおいのするものには首をつっこもうとしなかったのだ。今では引退してモントリオールで暮らすジャン＝マルク・レジェだが、当時のフランスの姿勢を賢明だと、今でも思っている。「ＯＩＦは名前を変えて植民地帝国を再現しようというのではありません。ですから、ほかの国々が組織の設立を望んでいるだけではじゅうぶんでなく、何を追求するのかを明確にする必要がありました」。フランス外交は多国間主義にも関心がなかった。どこの大国も同様だが、フランスは、よその国、とりわけ弱小国と一対一でつき合うのを好んだ。政治用語でいう「二国間関係」だ。誰もが平等な立場に立つ多国間組織だと、大国の権限が弱くなる。多国間主義は、大国になる野望などいだいていないカナダのような国の好みに合っていた。

フランスは初めは消極的だったが、組織の設立に向けた正式な話し合いが一九六九年にニジェールの首都ニアメで始まる。初期の交渉はコモンウェルスの交渉よりもはるかに複雑だった。二十数か国が参加し、それぞれに懸案をかかえていた。カナダとケベックは、どちらがフランス系カナダ人の代表になるのかをめぐって張り合った。ほぼ二十年かけても解決できなかった問題だ。

「フランコフォニー」という言葉は、このときは非公式に用いられたが、ＯＩＦの公式文書には一九九六年になってようやく登場する。時間がかかったのは、フランスが消極的だったこともある。この言葉から植民地主義を連想し、北アフリカ諸国にとっても同様だった。ド・ゴール自身もこの言葉をめったに口にしなかったし、公然と口にすることは決してなかった。

それでも一九六九年と一九七〇年にニアメで会議が開かれたころには、フランスはフランス語圏諸国のコモンウェルス創設に積極的になっていた。この時点で交渉が難航したおもな原因は、ケベックとカナダの政府がくり広げていた論争だ。最初から、ケベックはフランコフォンの組織結成に熱心だったが、カナダ政府は外交を自分たちの専管事項と考え、ケベック州が独自の立場から参加するのを拒んだ。フランスの外交官は途方にくれた。ケベックが参加しないフランコフォンの組織など考えられず、構想が新植民地主義をもくろむ策略ではないことを証明するためにも、ケベックとカナダ双方の参加が必要だった。最終的にフランスは、ケベックを参加地域として加入させる提案をする。カナダ政府は、角の立たない言葉遣いに態度を軟化させ、ケベックの影響力を抑制し、カナダと対等でないように見せるために、ニューブランズウィック州もさそった。

一九七〇年、フランス語を話す二十一の国と地域の代表がニアメに集まり、文化技術協力機構（ＡＣＣＴ）を設立し、ジャン＝マルク・レジェを会長に任命した。ただし、フランコフォニーという言葉は新機構の名称に入っていない。それどころか、レジェ自身がこの言葉に反感をいだいていた。「機構はもともと国際社会の発展と外国支援に焦点をしぼることになっていました。本来の発想は、言語によって結びつけられた国の組織を作ることにあり、言語のために結びつけられた国ではありません」とレジェは私たちに語った。

名称をめぐる論争はそれから三十年間続くのだが、真の問題は目的を明確にすることだった。ACCTはフランス語圏諸国のコモンウェルス型首脳会議を開く足がかりとして誕生したのだが、首脳会議はその後の十五年間に一度も開かれていない。おもな原因は、またしてもカナダとケベックの「旗戦争」だった。一九七六年にケベックで分離派の州政府が選出されると、事態はさらに悪化する。新しい州政府は、ACCTを、ケベックに独立国家としてのイメージを与える理想的な手段と考えた。カナダ政府はもちろん難色を示した。オタワ政府とケベック州政府の政権がそれぞれ交替して初めて歩み寄りが可能となり、一九八四年から八五年にかけてようやく解決を見る。一九八六年にパリで第一回「フランス語を共有する諸国サミット」が開催された。なんとも座りの悪い名称だが、またしても、フランコフォニーという言葉は、奇妙にも見あたらない。実際には、非公式に、誰もがフランコフォニー首脳会議と呼んでいたのだ。

加盟国の資格

OIFは、その沿革を通して、問題をふたつかかえていた。ひとつは、加盟国の資格をどう定義するかだ。アルジェリアのように、あきらかにフランコフォンなのに参加していない国がいくつかあった。ザイールも組織の植民地主義的な意味合いに警戒しながらも、カナダが加入してベルギーが未加入という理由だけで加入した。カンボジアやラオスなどは決定を保留していたが、土壇場で参加する。一方、エジプトは一九八三年に加入が認められたが、当時でさえ奇妙に見えた。フランス語話者は社会のごく一部だったし、フランスの植民地になったことは一度もないのだ（コモンウェルスへの加盟を拒否したのに、ＯＩＦへの加盟を申請した理由は誰でも詮索したくなる）。当時のエジプトの外務大臣ブトロス・ブトロス＝ガリは、エジプトはフランスと強固な関係を維持してきたし、法制度もフランス法に基づいていると述べた。現在のフランス語教育は四十年前とくらべるとかなり縮小しているとしても、ブルジョアジーの子女数千人がイエズス会の学校でフランス語で授業を受け、家庭でフランス語を話している。それでも、エジプトの加入は、一九九〇年代初期のルーマニアやモルドヴァの加入にくらべても不自然だ。両国は七十二年間も共産主義に支配されたあとも、フランス語がきわめて盛んなのだ。

ＯＩＦは一九九〇年代に、アルバニア、マケドニア、ブルガリアなど、フランス語があまり使われていない加盟希望国を受け入れたはじめた。いずれもフランコフォン人口が、モナコにくらべても少ない。このような選択は、フランコフォン人口が多いのに加入していない――たとえばイスラエルは人口の一割以上がフランス語を話す――国もあるだけに唐突だ。スイスの加入は驚くほど遅く、一九九五年。軍事的な中立を守るスイス人は国際組織への参加にきわめて慎重で、国連でさえ、ジュネーヴにヨーロッパ事務局があるというのに、参加はなんと二〇〇二年。

明確な目的と政策

ＯＩＦは設立目的の規定にも苦労する。非同盟諸国の組織なのか、フランス語版国連なのか、フランス語版ユネスコなのか、あるいは英語ではなくフランス語にかかわる事象を扱うアカデミーのようなものなのか、揺らいでいた。一九九〇年代半ばまで、首脳会議は次の会議の日程を決めるのに時間の大半を費やしていたが、しだいに何らかの具体的な成果を上げるべきだという意見が強まる。一九八七年にケベックとコートジボワールの首脳が、ケベックに本部を置くフランコフォニーエネルギー・環境研究所の設置について加盟国の合意を得る。加盟国は既存のフランコフォン団体、TV5やフランコフォニー大学機構（AUF）などをOIFの下部に置くことも決定する。というよりも、むしろ「国と地域の首脳会議」の下部に置くという決定だった。一九九三年には、モーリシャス首脳会議で、国際貿易について初めて共同歩調をとることが採択され、「文化特例」政策を推進することになる。英米の報道機関は、これをフランスの政策としばしば誤解してきたが、その練り上げにはケベックが大きく関与していた。「文化特例」条項は、文化的な作品とサービスは単なる商品と見なされるべきでないというもので、世界貿易機関（WTO）の交渉の成り行きに影響をおよぼす意図があり、OIFの将来の政治路線を示唆していた。

一九八七年に、早くも首脳会議に来賓が招かれた。来賓は、加盟国ではないが、フランス語運動に好意的とされる政府や司法組織、国際機関などの関係者で、ルイジアナやニューイングランド、アルジェリア、国連の代表などだ。一九九五年の来賓ブトロス・ブトロス゠ガリは、アレクサンドリアに住む大半のブルジョアジーの例に漏れず、かつてフランス系リセに通った。この時期に、フランスやベルギー、サハラ以南の国が懸命にロビー活動を行った結果、この国際組織に真の使命が与えられ、簡潔で覚えやすい正式名称、フランコフォニー国際機構（OIF）が採用される。ACCTは一九九五年にフランコフォニー政府間機構となる。一九九七年には、ベトナムのハノイで行われた首脳会議で、ブトロス゠ガリが初代事務総長に選ばれた。

フランコフォニー国際機構の活動

ＯＩＦは、ブトロス・ブトロス＝ガリと後継者の元セネガル大統領アブドゥ・ディウフが事務総長を務めた時期に、コモンウェルスと肩を並べるほどの視野と抱負、さらに明確な目的意識をそなえた国際組織に成長した。その努力の多くが加盟国、とりわけアフリカと東南アジア諸国の経済発展や民主主義の改善に注がれている。これが人道的な善意ではすまないのは、世界の最貧国の半数が加盟しているからだ。ＯＩＦは、アフリカでのインターネット整備からアフリカやインド洋地域の教育についての会議まで、さまざまな計画を実施し、ラジオ地方局およそ五十局とインターネット中継局五十三局を運営している。研修も行い、各国公務員がＷＴＯのような国際貿易の会議やフォーラムに参加できるように短期研修を開催している。特に、「コットン発議」では、アメリカの綿業界への助成金問題を公平に扱うようマリやブルキナファソ、ベナン、チャドがＷＴＯに要請するのを支援して、大きな成果を上げた。

ジャン＝ブノワは読書および地域活動支援センター（ＣＬＡＣ）の現地の責任者オラス・ダコスタに会うために、ダカールから七十キロ東の都市ティエスを訪れた。ＣＬＡＣはＯＩＦがセネガルで行っている活動のひとつで、田舎の地域社会の生活を支援したいと考えたケベックの国会図書館館長フィリップ・ソヴァジョの提案から生まれた。ソヴァジョは、ＣＬＡＣに蔵書二千五百冊程度の小規模な図書館を設置し、インターネットの接続やゲーム、映画上映施設、音響装置などのサービスも提供しようと考えた。計画は一九八五年に実行に移され、以来、レバノンからハイチまでの十七か国で二百十三か所のＣＬＡＣが、それぞれ四万ユーロという低予算で開設された。

ジャン＝ブノワは、活動内容の異なるCLACを三か所見学した。人口およそ四万人の沿岸都市ジョールでは比較的設備が整い、蔵書七千冊の図書館として地域に貢献し、演奏会を行っている。ンディアガニャオはバオバブの国の中央にあり、およそ二十五の小村からなる地域社会で、でこぼこ道を通ってようやくたどり着く。ここのCLACは地域社会活動の拠点になっていて、独自のデイケアセンターを発展させ、公衆衛生サービスを提供している。ブルキナファソで行われた調査によると、CLACのある地区では、国家試験の合格率が、CLACのない地区の三倍から四倍も高かった。

予算が四千八百万ユーロと小規模なので、OIFは独創的な事業に集中投資している。CLACなどほかの国際組織が行っていない事業を手がけ、フランス語の振興から始めているが、それに限定されるわけではない。一九九〇年代半ばまでは、ボルドーで国際学校を運営していた。学校はおもに、アフリカの公務員にフランコフォニー事業運営の研修を行ったが、一九九〇年にアレクサンドリアにサンゴール大学ができて不要になり、フランコフォン諸国でのインターネットの振興に切り替えた。OIFはアフリカ娯楽市（MASA）という展示会も後援した。MASAはコートジボワールのアビジャンで開催され、この展示会のおかげで、アフリカの芸術家がスラム街から脱け出して、現代美術の独創的な様式を発展させるようになる。

加盟国の地位

二〇〇二年に行われたベイルート首脳会議で、組織としての一貫性を強化するために、加入資格がもっときびしく定められる。一九九九年にアルバニアとマケドニアが加入を希望したあと、ギリシア、オーストリアなど十数か国が加入を申請した。それまでは、加盟を希望する国はいわゆるオブザーバーとされ、それからほぼ自動的に正式な加盟国になったが、ベイルート首脳会議で新しい基準が設けられた。加盟希望国に与えられる地位は、国内のフランス語話者の数と報道や教育でフランス語を振興し発展させてきた努力を考慮して決められる。ギリシアは、これまでフランス語を国際会議でつねに強力に擁護し、幅広く教えていたので、最初から準加盟国になった。オーストリアとクロアチアは、いつまでたっても「オブザーバー」だろう。ウクライナはあっさり断られた。現在、加盟国五十五か国、準加盟国二か国のほかに、十三か国がオブザーバーの地位にある。

　非フランコフォン国がOIFに加入したがるのは、活動が今ではフランス語の擁護にとどまらないからだ。たしかに、ブトロス・ブトロス＝ガリもアブドゥ・ディウフも、国際会議で加盟国をひとつのブロックとして活動させ、共同歩調をとらせることに成功している。二〇〇二年のベイルート首脳会議は、国連の安全保障理事会がイラク問題の解決策を打ちだす数週間前に開催され、国と地域の三人の首脳は、国連のような機関の権限に信頼を表明することに合意した。

複数言語主義と多言語主義

　言語政策については、OIFは長い時間をかけて、加盟国が満足するような一貫性のある方針を打ち出した。英語を敵にまわすのが得策でないのは、カナダ、モーリシャス、カメルーンなどの加盟国がフランス語と英語を公用語としているからだ。フランス語の振興をはかるという理念は、フランスとベルギーの旧植民地でも物議をかもす問題だった。一九八九年のダカール首脳会議で、フランス語と共存言語《ラング・パルトネール》双方の振興をはかるという提案があり、これはすべての加盟国にとって政治的に支持できるものだった。

この提案を基盤にして、ＯＩＦは複数言語主義《プリュリランギスム》というきわめて効果的な立場を築くことができた。民主主義や教育、開発、協力についての姿勢はほかの国際機関とまったく同じだが、複数言語主義はほかの国際機関と一線を画している。複数言語主義の背後には、単一の言語（この場合は英語）だけでは国際関係にとってじゅうぶんでないという基本理念がある。英語国の報道はしばしば、ＯＩＦが英語を敵にまわして時代に逆らう負け戦に挑んでいると言って嘲笑する。それはまったくのでたらめとも言えないだろうが、ＯＩＦは、複数言語主義というもっと普遍的な原則を推し進めることで、フランス語支持の姿勢をきわめて巧みに採り入れてきた。

複数言語主義《プリュリランギスム》は多言語主義《ミュルティランギスム》と異なる。公用語がいくつもある機関は、関係者がどの公用語を使うか使わないかにかかわらず、多言語主義と言える。複数言語主義は、国際機関で異なる言語の使用を積極的に推進する状態を意味し——究極的には、機関に所属する個人が複数の言語を使えるような取り組みを意味する。一九九八年に複数言語主義についてジュネーヴで開かれたシンポジウムで、ブトロス・ブトロス＝ガリは、複数言語主義の必要性について次のように述べた。


第一の理由は、国家間の平等を尊重することです。国際的な業務にたずさわる公務員や外交官、大臣に自分の言語でない言語で言いたいことを言わせるのは、不利な状況に置くのと同じで、これは誰でも知っています。微妙な意味合いを表現する能力が奪われ、それは、その言語を母語とする人に譲歩するのと同じことです。……言葉は文化や思考方法、世界観を表します。こういった理由を鑑みて、一国内の民主主義が複数主義に基づいているのと同じように、国家間の民主主義は複数言語主義に基づくべきだと私は考えるのです。

このような姿勢は、ギリシアやオーストリアなどの国がOIFに加入したがる理由になっている。国内にフランス語を話す国民がいなくても、OIFは、国際社会の舞台で自分たちの言語を守る手だてを与えてくれるのだ。

英語圏諸国は、「単純」と「効率」を理由に国際機関で英語使用（そしてほかの言語の排除）をつねに要求するが、ディウフとOIFは議論の枠組みを、効率から民主主義の原理へと移し替えてきた。言語は政治問題であり、英語使用はすべての非英語使用者に不利になると言うのだ。複数言語主義は、正面切って英語を攻撃しているのではないが、言語の多様性という問題を、民主主義という、反論が難しい政治的な価値観と結びつけている。OIFは複数言語主義を擁護することで、アラビア語やスペイン語、ロシア語、ドイツ語などの話者をその運動に集めることができた。ドレスデン大学教授インゴ・コルブームは、フランス語を話す世界の外にいる数少ないOIF専門家で、「OIFは、アメリカの流儀にならう地球村で対話の均衡を求める、おそらく唯一の試みです」と述べている。

フランス語を守り、盛んにする取り組み

もちろん、OIFは今でも、フランス語を守り、盛んにすることを目標に掲げ、現在は、国際機関でフランス語の使用が減少している問題に特別に取り組んでいる。国連では、フランス語と英語はどちらも事務総長の実務言語だが、一九七〇年以降は英語がフランス語を侵害している。OIFはアジスアベバにあるアフリカ連合の本部だけでなく、国連のニューヨークとジュネーヴの事務局に常設の代表を置き、さまざまな機関で非公式の使節団を作り、こういった機関でのフランス語の使用を監視している。二〇〇三年にヨーロッパ連合（EU）に、二〇〇四年にはワシントンにも使節団を設置した。OIFの運動は、傷ついた自尊心に駆られているのではない。問題は、国際機関の基盤となる微妙な議論で母語を使って得するのは誰か、ということだ。

OIFは、EUで英語使用が増加する傾向をくつがえすことでは、もっと見通しが明るい。フランス語使用の減少が早い時期に発覚したからだ。社会言語学者ステファン・ロペスは、二〇〇三年に、EU内でフランス語を推進させるOIFの十年計画の実施をゆだねられ、三つのグループ、すなわちEUの使節と交渉者、EUや外交使節、閣僚、国家元首に直接かかわる国家公務員、それにEUを取材する記者を対象にしてきた。フランス語講座の受講者数は、国家公務員では、二〇〇二年の千三百人から二〇〇五年の七千四百人に、EUの上級役員では、四十人から七百人にはねあがっている。

フランス語の使用を促進するというOIFの取り組みが実を結ぶかどうかは、時間がたたなければわからない。二〇〇六年までフランコフォニー政府間機構の最高経営責任者を務めたロジェ・デエブは、「ヨーロッパは主戦場です。フランス語がヨーロッパの機関から消えたら、世界中の国がフランス語を科学や外交で重要でないと考えるようになるでしょう」と語った。OIFと加盟各国はこの問題を何年間も放置していた。フランコフォン諸国が国連で複数言語主義についてようやく正式な統一見解を示すようになったのは一九九五年で、二〇〇二年にやっと実施させた。一九九〇年代に欧州委員会（ＥＣ）が東ヨーロッパ諸国に英語で申請するよう要求したときには、フランスもベルギーもＯＩＦも不満の声をあげなかった。もちろん、イギリスとアメリカの外交官は、この間にもぼんやりしていたわけではない。コモンウェルスは、この問題をめぐって統合したブロックを国際機関でことあるごとに形成して、強力な役割を演じていた。しかし、ＯＩＦを設立して軌道に乗せるのにフランコフォン諸国が四十年もかかったことは、ほかの国の責任にはできない。

フランス語は、ＥＵでの地位が侵食されてはいても、関連機関ではいまだに盤石だ。たとえば、ヨーロッパ司法裁判所はフランス語で手続きが行われる。ヨーロッパ第一審裁判所やルクセンブルクのヨーロッパ会計監査院、ヨーロッパ委員会のプレスルームも同様。

ＯＩＦの計画は、まず勢力を結集して、主要な国際機関内で統合されたブロックとして行動するというものだ。アフリカ連合の場合、加盟五十三か国の二十五か国がＯＩＦにも加盟している。アルジェリアとコモロはその中に入っていないが、どちらも実質的にはフランコフォン国だ。アラブ連盟の加盟国二十二か国の六か国、経済開発協力機構（ＯＥＣＤ）の三十か国のうち十一か国、東南アジア諸国連合（ＡＳＥＡＮ）では十か国の三か国がＯＩＦの加盟国で、南太平洋委員会でさえ加盟国二十六か国のうち五か国がＯＩＦに加盟している。

ＯＩＦはしだいに有能な組織に成長してきたが、それでも弱点がある。特に財政だ。全体の予算は八千万ユーロをわずかに上まわる程度で、コモンウェルスの三千八百万ポンドといい勝負だが、計画をすべて実行するには、とても足りない。国際機関はいずこも同じで、国連は火の車。一九九〇年代には、ＯＩＦの予算は、新たに加入した国の数に見合うほど増加しなかった。

お金はどこかにあるはずだ。フランス人はフランコフォンとして熱心でないとしばしば批判されるが、フランスはＯＩＦの予算のじつに五五パーセント〈四千四百万ユーロ〉を負担している（イギリスがコモンウェルスの予算で負担しているのは三〇パーセント）。ほかの裕福な加盟国――カナダ、ベルギー、スイス――は合計で二千五百万ユーロ〈約三一パーセント〉を負担しているが、それ以上、予算のおよそ四五パーセントは出せるだろう。残りの国の負担は合計で予算の五パーセントに届かず、形ばかりの金額だ。もっとも驚くべきはケベックの負担が小さいことで、ケベックが二百五十万ユーロ、予算の三・一パーセントしか負担していないことには、弁解の余地がない。何と言っても、ケベックは先進経済地域で、人口の八〇パーセント以上がフランス語を話しているのに、負担は、フランコフォンがもっと少ないスイスとベルギーよりも、率でも数字でも小さい。スイスは予算の六・六パーセント、ベルギーは八・六パーセントを負担している。

フランコフォンのそのほかの機関

フランス語を話す人びとを代表する機関がＯＩＦだけだとしたら、フランコフォニーは心細いだろうが、ありがたいことに、そうではない。二十世紀を通して、何十人もの活動家が独自にフランコフォンの協会を創設した。もっとも古い協会は「フランス語を話す小児科医協会」で、一八八九年にパリで誕生した。最大級の協会は国際フランス語教授連合で、百二十か国の百八十の協会に所属する教師およそ七万人が参加している。どれも国際的な団体で、会員が意見を交換したり、新しい考え方や方法に触れたりしている。フランス語の組織があまりにもたくさんあるので、ネットワークを結びつける協会、フランコフォン友好連絡協会が一九七五年に発足し、現在、フランコフォンの団体百三十以上が参加している。

星雲のごときあまたのフランコフォン組織の中でひときわ輝くふたつの星は、TV5とフランコフォニー大学機構（AUF）だ。どちらもフランス語の振興でめざましい成果をあげてきた。AUFはフランコフォン組織の最古参で、一九六一年にジャン＝マルク・レジェが設立し、カナダとフランスの大学三十三校を結びつけ、急成長をとげて六十か国の六百五十九大学のネットワークに発展した。そのうち二十か国がOIFの正式な加盟国でない。現在、さらに世界各地の三百五十のフランス語学部がネットワークに参加し、総勢およそ七千人の研究者が、工学から言語学、人口統計学、農学、遺伝学までの十八部門で共同研究を行っている。

AUFは、フランス語での研究を促進し、さらに、いくつかの大学、おもに東南アジアや東ヨーロッパの大学でフランス語の需要を高めている。ハンガリーの知識人のあいだでは今でもフランス語がよく使われ、これはAUFの功績と言えるだろう。東南アジアでは、ベトナムやカンボジア、ラオスの大学でフランス語を学んだり、フランス語で学んだりする学生の数が、二〇〇三年に四万人に増加した。ハバナ大学の生物学部は、AUFを通じてパリのパストゥール研究所と連携し、学部内でフランス語の選択を増加させてきた。「このすべてを四千百万ユーロの予算でまかなっているんですよ。フランス語は今でも科学の言語です。それもフランス語を話す国に限りません」と学監のミシェル・ジャンドルー＝マサルーはパリのオフィスで私たちに語った。

TV5は、世界でもっとも成功しているフランスのケーブルテレビ・チャンネルで、世界各地で一億六千万の家庭とホテルの三百万室が受信契約を結んでいる。一九八四年に、五つのテレビチャンネル（フランスが三つとベルギーとスイスがひとつずつ）が、番組をプールして国際的なダイジェスト版のようなものを放送することで誕生した。出足は快調だったわけではない。予定表にしばしばられる問題をかかえ、番組の選択は視聴者の期待にこたえるものではなかった。けれども一九九〇年代半ばに民間の強力な経営チームを獲得し、国際的な配信ネットワークを築いた。英語やドイツ語、スペイン語、ポルトガル語、アラビア語などの字幕に多額の投資をして、フランス語を話す世界の外の視聴者にも手を広げる。今日では、国際放送のチャンネルではMTVとCNNに次いで第三位にランクされ、BBCワールドやアルジャジーラ、ドイチェ・ヴェレよりも上位だ。

TV5は独自のニュース室をそなえ、四十人の記者が、ラジオカナダも含めた十四の系列ネットワークを利用している。二〇〇一年のワールドトレードセンター爆破事件のころには、現場で生中継を配信する地位にあり、イラク戦争のときには、毎日十本のニュースを制作した。これらの仕事をすべて、八千五百万ユーロという少額の予算でやりくりしてきて、予算のうちニュース室だけで千二百万ユーロが割り当てられている。TV5の使命はつねに、英米のニュースの疑似独占をうち破ることだった。これが成功したのは、アメリカのニュースとアルジャジーラのあいだのもうひとつの情報発信源という位置づけをしてきたという理由もある。この姿勢が功を奏し、二〇〇三年に視聴者の最大の増加が見られたのは、アメリカやイギリス、南アフリカなど英語国だった。TV5のモットー「どこも地球の中心」は、フランスの哲学者パスカルの言葉だが、フランコフォン全体のモットーと言ってもいいだろう。

第4部

変わる世界・変わることば

左：アマドゥー・ディウフ氏，
右：シャトーフロントナック，ケベック
（©JTB フォト）

17 変化するフランス語

二〇〇五年秋にパリのカトリック系新聞「ラ・クロワ」が、富裕層地区の若者がシテと呼ばれる集合住宅地区（郊外、とりわけパリ周辺の低所得者向け集合住宅団地）の人びとの話し方を真似るのはなぜか、という特集をした。シテには、おもにアフリカや北アフリカから来た移民が住み、アラビア語の影響を受けた活きのいい隠語《アルゴ》を生み出している。記事によると、フランス中流階級の十代の若者もシテの言葉を使い、フランス語を混乱させてきたという。例として、十代の若者同士が携帯電話でよく使うショートメッセージが引用されていた。《Kestufê? T'naz? Je VO6ne. A2M'1.》は、文字と数字で音声を表記し、《Qu'est-ce tu fais? Tes naze? Je vais au ciné. À demain.》（「何してるの？調子はどう？これから映画見に行くんだ。明日ね」）となる。

この時期にラ・クロワが隠語《アルゴ》問題にメスを入れたのは、偶然ではない。その数週間前、パリの郊外クリシー・ス・ボワでふたりの若者が、警察の手を逃れようと変電所に隠れ、感電死した。集合住宅地区では暴力事件がめずらしくないが、ふたりの死に対する反応はフランス人も驚くほど大きくなり、パリ郊外で暴動が発生した。暴動はたちまちフランス各地の貧しい郊外地区に広がり、四週間続く。メディアは実態を調査した。最初は移民政策に、次に、移民統合の失敗や郊外のイスラム教徒が果たす役割にスポットをあてたが、最後に言語というレンズを通して事件を眺めた。

ラ・クロワの記事は、フランス語が話し言葉を表記に似せるのではなく、ますます表記を話し言葉に似せるようになってきたと報じ、若者に文法のまちがいが多いこと、何十年も俗語が使われてきたこと、十代の若者が正しいつづりではなく音声表記や数字を使うことを指摘した。記事の指摘は取り立てて目新しいわけではなく、本書の取材で私たちが会った教員や評論家のほぼ全員が、記者とまったく同じ言葉を使って、フランス語が「堕落している」状況を嘆いていた。

発音の変化

一九四五年以降に標準フランス語に現われた大きな変化は、語彙ではなく発音にあると言語学者の意見が一致している。レコードが発明される前は人びとの話し方を記録する方法がなく、一九二〇年代以前は、録音の質が悪かったので、明瞭に発音された、きれいなフランス語でなければ聞き取れなかった。発音は歌や詩の韻律などから推測するしかないが、そこからわかったことでさえ、フランス語は不変であるというフランコフォンのまぼろしの信仰を揺るがしたにちがいない。

新しい技術によって音声学の研究が周到に行えるようになり、一九九〇年代末には、言語学者フェルナン・カルトンが、『フランス語史』第二六巻『一九四五年~二〇〇〇年』で、二十一世紀を迎えるころのフランス語の発音を解明している。カルトンの発見には驚くべきものもある。特に、標準フランス語のアクセント（強勢や強調）が第二次世界大戦以降に変化しているという事実だ。世界の言語の中でも、フランス語はアクセントがないことで昔から有名だった。強勢があるとすれば、単語末尾の音節にかかり、文章では最後の単語にかかった。カルトンによれば、それが現在は変化し、およそ半分の単語でアクセントがうしろから二番目の音節に移動している。これは、大衆音楽、とりわけラップやロックの歌詞で聞かれる。変化はきわめて重大だ。単語の末尾のeは無音なのに発音されるだけでなく、単語の末尾にeがない場合でも発音されることがあり、音調の強調が置き換えられる。**DONC-e**（ドン→ドンス）、**bonJOUR-e**（ボンジュール・こんにちは→ボンジュールウ）、**au reVOIR-e**（オルヴォワール・さようなら→オルヴォワールウ）となる。カルトンの説では、中央フランス語が中世の音調体系にもどって、今日のドイツ語や英語、イタリア語、フランス南部で話されるフランス語と似てきている。

eの音が消える場合もある。eは子音のグループ分けが少ない言語では穴埋めの役割を果たすが、今では、フランス人は子音のあいだの母音、とりわけeを落とし、《Je me le demande》（「私は自問する」）を**j'm'le d'mand**、あるいは**je me l'demand**と発音する。

子音の発音体系はほとんど変わっていないが、母音の発音、母音化と呼ばれる発音がかなり変化し、現在も進行している。パリでは二重母音がとっくの昔になくなった。数百年前に始まったほかの変化が、現在は完成の段階に達している。たとえば、長母音が消滅し、今日のパリでは、**mettre**（置く）と**maître**（主人）はまったく同じ「メトル」と発音される。短いaのふたつの発音も区別があいまいになり、**pâte**（練り粉）は、**patte**（動物の脚）と同じ発音になった。とうとう、**in, an, on, un**などの鼻母音が、ほとんどひとつの母音（anとonの中間）になる。若者が**à demain**を**A2M'1**（à deux m'un）と書くのは、発音のこの変化で説明できる。

もちろん、これらの発音の変化はおもにパリで見られ、フランスのほかの地域やフランコフォンの国でも同じ速度で進行しているわけではない。こういった表現にまだ馴染んでいないケベックの若者は、フランスの若者が書いた《Je VO6né. A2M'1.》を読み解くのに苦労するだろう（とはいえ、暗号は大西洋を渡っている）。

文法の変化

発音に加えて、文法でもかなりの変化が発生している。たとえば、疑問文の形が変わった。一九〇〇年には「鵜とは何ですか」と尋ねるときには、《Qu'est un cormoran?》と言うのが望ましかったが、今日では、《Qu'est-ce qu'un cormoran?》、《Qu'est-ce que c'est qu'un cormoran?》、《Qu'est-ce que c'est, un cormoran?》、《Un cormoran, c'est quoi?》、《C'est quoi un cormoran?》と五通りの疑問形がある。また、代名詞 **nous**（私たちは）を **on**（人は）に置き換え、否定文の **ne ... pas** の **ne** を省略する傾向がますます強くなっている。

絶滅寸前の単純過去　文法上の最大の変化は、単純過去が絶滅の危機に瀕していることだ。これはどのフランコフォンにもあてはまる。「私は歩いた」を単純過去で **je marchai** などと言う人はもはやどこにもいなくて、複合過去で **j'ai marché** と言う。単純過去の使用は、いまでは文学に限られる。日常会話では、複合過去あるいは歴史的現在が取って代わっている。

この変化が生じているのは、フランコフォンが動詞を活用させる能力や時間の概念を失っているからではない。単純過去の活用がわずらわしくて、抜け道を探すことにしたからだ。フランス語の動詞は三つのグループ、語尾が **-er** の動詞（**marcher**・歩く、**manger**・食べる、など）、**-ir** の規則動詞（**finir**・終える、**rôtir**・焼く、など）、**-ir**、**-oir**、**-aindre**、**-endre** の不規則動詞（**sortir**・外へ出る、

voir・見る、など）に分けられる。たいていの時制では、語尾は三つのどのグループでもほぼ同じ型で変化する。ところが単純過去の場合、語尾変化が動詞のグループによって大きく異なり、主語が複数になるとますますややこしくなる。

フランスで義務教育が実施される前は、フランス語を話していたのはごくひと握りの知識人で、単純過去は慣用の試練に耐えていた。ところが第二次世界大戦後に何千万の人びとが日常生活でフランス語を使うようになると、単純過去はわずらわしいと思われ、代わりに複合過去が使われる。複合過去は、助動詞（être か avoir）と過去分詞を組み合わせて過去を示し、過去分詞を知っていればよい。同じ理屈から、接続法半過去はそのわずらわしさゆえに、接続法現在、あるいは直説法現在に完全に同化した。

フランス語の文法学者が人びとの要望にもっと応じていたら、単純過去は捨てられずにすんだかもしれない。スペインでは王立アカデミーが語尾変化を体系化し、単純過去は今でも使われている。フランス語では誰も簡単にしてくれなかったので、フランコフォンは態度で反応し、さっさと見捨てたというわけだ。フランコフォンが文法の問題を自らの手で解決したのは、これが最初ではなかったし、最後でもないだろう。言語学者ルイ゠ジャン・カルヴェは、一九五〇年以降に作られた動詞が、どれも語尾が -er の規則動詞になっていることに気づいた。solutionner（解決する）は、語尾変化が厄介な résoudre（解決する）よりも便利だ。フランコフォンは、学者が問題に対処するのを待たないで、動詞の体系を簡単にする方法を自分たちで見つけてきたのだ。少なからぬ言語学者と同様に、今日のフランス語を標準化する仕事をしているのは、文法学者やアカデミー・フランセーズではなく、大衆だとカルヴェは考えている。

分詞の一致　とはいえ、文法のやたらと奇妙な点をめぐって、審判はまだ混乱している。代名動詞の分詞の一致（性と数に合わせる）や、**avoir**を助動詞とする動詞に過去分詞の一致がなされる場合だ。普通、フランス語の動詞は主語の数と一致して活用し、分詞の場合は性も一致する。ところが、代名動詞と、**avoir**を助動詞とする動詞の場合には、一筋縄ではいかない。直接目的語が動詞の前に置かれると、過去分詞は主語ではなく、目的語と一致するのだ。**je les ai voulus**（私はそれらを望んだ）では、過去分詞**voulus**は主語が単数でも、複数形になる。目的語が複数で動詞の前に置かれているからだ。

不思議なことに、すべての分詞を主語に合わせるために、一致の規則に異議を唱えようとした人はこれまで誰もいない。異議を唱えなかったのは、分詞のほとんどが、書くときには変化するとしても、話すときには同じように発音されるからだろう。《**Je les ai voulues**》と《**Je les ai voulu**》は発音はまったく同じになる。

新しい単語の登場

フランス語は発音と文法が大きく変化し、現在でも変化しているが、それ以上に注目を浴びているのは、新しい単語の登場だ。新しい語彙と既存の単語の新しい定義はもっとも目につき、フランス語が変化しているあきらかな証拠になっている。ところが、ある意味で、新語は言語内で発生する変化の中でも重要性がもっとも低い。語彙と定義はつねに移り変わる。辞書の権威『ラルース』に掲載された単語を調べた一九七六年の調査によると、一九四九年から一九六〇年までにフランスの辞書は、定義を変えたり、単語をほかの単語に置き換えたりして、七項目にひとつを修正している。辞書はページ数に制約があり、新しい単語を載せるために、すたれた単語を捨てなければならない。昔とちがうのは、国際語からの借用が、かつてはさまざまな源泉から来ていたが、現在はほとんどが英語から来ていることだ。

逆さ言葉ヴェルラン　シテで使われている言葉は新語の宝庫だ。よく見られる暗語《ジャルゴン》は、逆さ言葉《ヴェルラン》と呼ばれる。逆さ言葉は音節を前後逆にし、発音に合わせて表記する。この語自体が **à l'envers**（ア・ランヴェール・ひっくり返した）をヴェルラン（**verlan**）と逆さにしたものだ。起源は十七世紀にさかのぼり、一九七〇年代から郊外で盛んになってきた。

シテの隠語《アルゴ》はたえまなく進化し、しばしば広告を通して堂々と一般語法に入っていく。郊外の若者は、フランス語を français（フランセ）と言わずに **cêfran**（セフラン）と言う。北アフリカ出身のフランス人を指す **rab** は **beur** となり、**beur** は、出世して中流階級の仲間入りすると **beurgeois** と呼ばれる。**femme**（女性）は **meuf**、**flic**（警官）は **keuf**。逆さ言葉はさらに逆さにされ、**beur** は **rebeus** に、**meufs** は **feums** になった。

逆さ言葉は隠語《アルゴ》でよく使われるもうひとつの形態チャッチュ（**tchatche**）と密接な関係がある。チャッチュはアルジェリアの俗語に由来し（それ自体がスペイン語 **chacharear** から来ているが）、「おしゃべりする」という意味。チャッチュには、フランス語の主流に入りこんでいるものがある。**niquer**（やる）は、「性交する」という意味のアルジェリアの俗語から派生した。語源はたいていアラビア語だが、**gorette**（女性）のようにセネガルのウォロフ語もある。

隠語《アルゴ》、チャッチュ、逆さ言葉《ヴェルラン》などの俗語使用は、当然ながら、規範意識が強い言語文化の社会では物議をかもす。純粋主義者は俗語を言葉のくずと考え、言語学者と芸術家は創造の大いなる源と考える。言語学者アンリエット・ヴァルテールは、これらの俗語に本来そなわっている言葉遊びの要素は、フランス語が堕落している証拠と言うよりも、高度に発達した語彙の好みや、使用者の豊かな表現力を証明していると論じる。現代の俗語には、まことに驚くべき言葉がある。言語学者ジャン=ピエール・グダイエが取りあげた傑作は、barre-toi（バレ・トワ・出ていけ）と言う表現で、barre-oit（バレ・オア）と逆さ言葉化され、さらに変化して、何と Barry White（バリー・ホワイト）になった。

言語評論家にはこうした用語がお気に召さないだろうが、フランス語の語彙が貧困になった証拠だと言って鬼の首を取ったように喜ぶわけにはいかない。若者は言葉が貧困どころか、言葉をますますたくさん使い、主流のフランス語（学校で）と、自分たちの隠語《アルゴ》を使い分けている。ある状況では《J'aime beaucoup son rap》（彼のラップが大好きだ）と言い、べつの状況では《J'kiffe grave son rap》と言う。

隠語《アルゴ》はすぐにはアカデミーの辞書に載らないだろうが、『ロベール』や『ラルース』など一般の辞書には、パリジャンのふつうの話し方に入ってきた用語が載っている。たとえば、フランス語には、お金を表す言葉が、fric、pognon、grisby など四十語以上ある。

英語の借用　英語の借用はフランス語の新語のもうひとつの重要な源泉で、一九二〇年代まではきわめて少なかったが、以後、何千語という英語がフランス語に入ってきた。パリ（あるいはモントリオール）を訪れるアングロフォンは、英語の言葉や表現をあちこちで、とりわけ広告で目にして、しばしば驚き、喜ぶ人もいれば、がっかりする人もいる。英語の単語を見かければ誰でも強い反応を示すが、とりわけフランスでは、考えられているほどフランス語への深刻な脅威になっていないのだろう。ある調査によると、借用語は、ル・モンドなどの新聞では百六十六語に一語にすぎず、あらたまった講演では一パーセント以下だという。

英語の単語が脅威にならないおもな理由は、たいていが完全にフランス語に統合されるか、すぐに捨てられるからだ。言語学者フランソワーズ・ガデによると、英語から入ってきた借用語のほとんどが十年以内にフランス語化されるか、使われなくなる。

数種の言語を比較する言語学者は、フランス語はドイツ語やイタリア語ほど強く英語使用の影響を受けていないと言う。フランス語を話す人は、英語のある概念が気に入ったときには、さっそく自分たちの言葉にしてしまう。フランス語のべつの言葉が提案される場合もある。たとえば情報科学は informatique、ウォークマンは baladeur。コンピュータのバグは un bogue になり、これから boguer（バグする）、déboguer（デバッグする）などの派生語ができた。football（サッカー）からは、ル・モンドの記者が le foot を作り、footeux（サッカー選手）、footphile（サッカーファン）もある。英語の借用には、語彙ではなく意味の借用も少なくない。réaliser は、かつては「作る」の意味で用いられたが、今では「理解する」という意味で使われる。opportunité は、かつては厳密に「時宜」を意味したが、「機会」という概念も含まれるようになった。

科学や発明、産業、ファッション、流行などの分野では英語が急速に入ってきている。その大衆的な魅力、「かっこいいという要素」は、フランスでは第二次世界大戦以降に強くなり、まちがった英語の言葉まで作られた。footing（ジョギング）、lifting（顔のしわ取り）、pressing（ドライクリーニング）などは、英語の本来の意味とは何の関係もなく、実際にはフランス語なのだ。

　フランス語とフランスの諸言語総局（DGLFLF）の前所長ベルナール・セルキリーニは、現在バトンルージュのルイジアナ州立大学で教鞭をとっているが、彼によれば、フランス語への英語語彙の脅威は誇張されているし、言語純粋主義は決して褒められたものではない。「学生たちに、日常的な語 avant ではなく古風な auparavant（以前）を使いなさいとか、コンピュータが立ち往生《ス・プランテ》した（フリーズした）といった表現はいけないなどと言ってごらんなさい。しまいに学生はそっぽを向いて、英語に向かいますよ。そんな保守主義はお払い箱にしなくてはなりません。英語だけに、現代世界を描く特権を与えるわけにいかないのです」と、フランス語の変化に抗して働いている保守的な力学を知り尽くしている彼は言う。

フランス語は堕落しているのか

　こちこちの純粋主義者はほんのひと握りしかいないのに、フランス語をめぐる議論をつねに導いてきた。フランス語は何世紀にもわたって「固定」され、したがって変化するはずがないとして、この固定されたフランス語を理想化して、どんな変化でも堕落と見なす。フランコフォンのほぼ全員が、固定されたフランス語という、いささか倒錯した推論を受け入れている。その結果、ジャーナリストや著名人、評論家など、素人言語学者の巨大な階層が誕生した。ジャーナリストは新語や新奇な用法が作られる風潮を「若者」のせいにして、若者がもはや書き方を知らないと言い、作家や自称言語専門家は、ジャーナリストが粗雑な言葉を使って悪例を示していると言う。

フランス語が堕落しているという原理主義者の主張は、根拠を実証するのが困難だ。一般の人が昔よりたくさん誤りを犯しているというのなら、それは昔よりも人口が増えているからだ。かつてはきちんと書いていた人や教養のある人が昔より書き方がへたになったと考える理由など、ひとつもない。一九八七年に言語学者アンドレ・シェルヴェルとダニエル・マネスが小学生に書き取りを行った。本文は、一八七三年から一八七七年まで同等の年齢、性別、社会階層の小学生三千人に書き取りを行ったもので、パリ市庁に保管されていた。過去の記録が残っていて、れっきとした証拠に基づいて比較することができたが、大きな変化は見つからなかった。

フランス語のまぼろしの黄金時代、ルイ十四世の時代には、フランス人の四分の三が、フランス語を流暢に話せないか、まったく話せなかった。流暢に話した人の中でも、「純粋」なフランス語を話せるのはごくわずかで、残りの人びとは変異体を話すか、整っていない話し方をしていたのは、疑問の余地がない。フランスの大文豪、ラブレーやコルネイユ、デカルト、ラシーヌ、モンテーニュ、モリエールは、その時代の定まっていないつづりと、その時代の精神で形式にとらわれずに書いたので、わずか百年後には誤りと考えられるものが山ほどあった。それどころか、アカデミー・フランセーズの辞書のさまざまな版を丹念に調べると、一六九四年以降、単語の半数が少なくとも一度は、ときには二度も三度も、つづりが変化したことがわかる。フランスで義務教育が導入されたのに続いて純粋主義の大きな波が押し寄せた時代に、古典が十九世紀の標準に合わせて新たに書き直された。この大々的な修正事業の結果、今日のほとんどのフランコフォンが、過去の天才は二十世紀に自分たちが学校で学んだ標準的な現代フランス語で書いたと思いこむことになったのだ。この妄想のせいで、フランス語は固定されていて変化すべきでないという純粋主義者の態度がびくともしないのだ。

ある意味では、そもそもこういった妄想が十九世紀に生きながらえたこと自体が驚くべきで、二十世紀についてはいうまでもない。十九世紀にはフランス語が国内で急速に普及する一方で、農業中心の社会が、世界に開かれた消費と産業の近代社会へと変貌していた。日常の営みの中でフランス語を使う人が増え、フランス語はもはや教養のあるエリートだけの財産ではなくなる。フランス語が社会の新しい分野に普及するにつれ、新しい現実を説明する新しい言葉が必要になる。近代的な語彙の発展が求められ、この機運は言語が固定されているという考え方に立ち向うべきだったが、挑戦しなかった。一九四五年ころに、フランスはようやく完全にフランス語の国になったと考えてもよかったが、フランス語は不変であると学校が教えつづけたため、神話はこれまでと同様に強い力を持ったままだった。

拡散する標準

純粋主義の教義を揺るがしたにちがいない現象は、標準を生み出す階層が大きく変化したことだ。伝統的な言語エリートが変化・拡大したのである。義務教育が導入された結果、教員や高学歴者という新しい階層が伝統的なエリート層に仲間入りする。エリートが影響力を持つと、アカデミー・フランセーズをさしおいて、フランス語のあるべき姿を左右した。第二次世界大戦以降になると、マスメディア（新聞、ラジオ、テレビ、インターネット）がエリート（学校、教師、知識人）に対抗して標準決定に介入してきた。以後、辞書も増え、それぞれフランス語に対する姿勢も異なり、『ロベール』と『ムルチ』(ケベック発行)は『ラルース』や『リトレ』の古くさい信念に挑戦する。その結果、今日、教師はいまだにきわめて純粋主義的な規範を教えているが、五十年前には存在しなかった辞書やメディアが示すモデルに対抗して自分たちの立場を正当化しなければならない。

ほかにも変化があるとすれば、もちろん、話者の数だ。フランス語を母語とする人は、革命のころには国民の三分の一しかいなかったが、いまではほぼ全国民になった。一九四五年以降、フランスの人口が五割増加し、世界中のネイティヴのフランコフォン、学校でフランス語を学ぶフランコフォン、あるいはときどきフランス語を使うフランコフォンの合計は、フランスの人口の少なくとも三倍に増えた。二〇〇〇年には五十を超える国で、一億七千五百万人がフランス語を話している。したがって、フランス語の標準を生み出す階層が、ますます拡散してきた。フランスでは、毎年、辞書の新しい版が書店に並び、新聞が新しい単語や定義について長々と報じる。二〇〇六年の大事件は、『ラルース』に traîlée (一団)、outarde (カナダガン) などケベックの用語が掲載され、calotte (フランスでは縁なし帽、氷冠。カナダでは野球帽)、jambette (フランスでは支柱、カナダでは足掛け) など、現存するフランス語の用語にケベックの意味が加えられたことだ。

純粋主義と現実尊重主義の対決

フランス語の標準を生み出す階層がこれだけ更新され、それが幅広く受け入れられているのに、さらには、言語学者と言語史学者が、フランス語が固定されているという信念は迷信だと示してきたのに、保守的な純粋主義者は態度を変えない。不変という金科玉条をいまだにかつぎ出し、古典の用法に則していないと、新しい言語や表現をしりぞける。フランコフォンは今もなお規範の存在を信じ、純粋主義者に異議を唱えるどころか、玉虫色の見解を広めてきた。現実の生活では変化が発生し、住む場所がちがえば話すフランス語もちがうことは誰でも知っているが、それでも変化など存在しないふりをしたり、正統でないとして、少なくとも公の場では無視するのだ。

純粋主義者と現実尊重主義者の対決が進行しているが、両者の色分けはたえまなく変わる。アカデミー・フランセーズ自体が両方を演じてきた。アカデミーは言語の純粋主義の本家本元の役目を負っているが、純粋主義がかつては進歩勢力だった。最近の歴史を見ても、アカデミーはしばしば進歩勢力として活動し、一九〇一年から五年にかけて、つづりと文法の大幅な改革をフランス政府に提案した。ところが、そのころ台頭した教員や知識人の新しいエリートは、改革を拒否する。アカデミーは三十年後に辞書を出したときに、自分たちが推奨した変更を辞書に載せなかった。またしても、この集団から反対されたからだ。

およそ一世紀後、新たな言語改革者のグループがまたもやこの理念を取りあげ、アカデミーも味方についた。一九八〇年代末、フランス語高等評議会（CSLF）のメンバーになる言語学者グループが、かなり進歩的なつづり字改革を提案した。大部分の単語からアクサン・シルコンフレクス（^）を取りのぞき、ハイフンでつながれた単語の複数形や、つづり字と文法の変則を合理化しようというものだ。CSLF（一九八九年設立）は、およそ二千語、つまりアカデミーの辞書のおよそ五パーセントのつづりの修正を提案し、政府も承認し、政府刊行物や試験の新しい標準として使用を奨励した。一九九〇年、アカデミー・フランセーズ——CSLFや政府の改革に参加している会員もいた――も、正式に承認していた。またしても、改革側に立っていたのだ。

そしてまたもや、大衆の怒り、報道関係者や知識人、作家の怒りが改革を押しつぶす。前に引用した頭の固い御仁や素人言語学者もしかり。改革を実施したら古典が読めなくなると論じる記者もいた。さる著名な文芸批評家は、じつはアカデミーの改革委員会にも名を連ねていたのだが、アクサン・シルコンフレクスの削除に反対した。フランス語の美しさが損なわれるというのがその根拠だ。けれども反対のほとんどが、とどのつまりは、新しいつづりを使ったら、書き方を知らないと思われるのではないかと恐れたからだった。

職業名の女性形

ところが、七年後、アカデミーは掌をかえすように典型的に保守的な姿勢を示し、職業のあらゆる肩書きに正式な女性形を作ろうという政治家からの提案を拒否する。フランス語には中性がなく、中性の役割は例外なく男性形が果たすので、女性の大臣や判事、教授が、女性形の冠詞 la をつけて **la ministre**、**la juge**、**la professeur** と呼ばれることはない。この肩書きは大臣や判事、教授の夫人に使われる。フランスの女性大臣は、男性形の冠詞 le を使った Madame LE ministre。ケベック人は女性解放運動の一環として、一九七〇年代後半からあらゆる肩書きに女性形を作り、今日のケベックでは、女性の作家、技術者、教授、弁護士には、女性形の **écrivaine, ingénieure, professeure, avocate** が使われている。

一九八六年にフランスの行政委員会が、およそ五千の職種について肩書きの女性形を調査し、ケベックで採用された方針に沿って女性形の肩書きを提案した。ところがアカデミーと衝突する。会員が、改革は「職務の中性性を損なわせる」という理由で、提案を頭から拒んだのだ。問題は一九九七年にふたたび表面化する。新しい社会党政府が女性大臣を多数指名し、肩書きを la ministre としたからだ。今一度、アカデミー・フランセーズは「よきフランス語」の防御に立ち上がり、新しい肩書きに正式に反対を表明する。とはいえ、新しい肩書きは幅広く使われていた。

アカデミーは、新しい終身幹事が女性だというのに、二〇〇〇年以降この問題に対する姿勢をまったく変えていない。終身幹事エレーヌ・カレール=ダンコースは Madame la secrétaire perpétuelle と呼ばれるのを拒み、自らを le secrétaire perpétuel であるとかたくなに主張する。なぜ女性形の肩書きに反対するのかと尋ねると、アカデミーの仕事は「用法を聖別すること」で、女性形の肩書きは使用されていないという返事が返ってきた。実際には、アカデミー・フランセーズとフランス政府はこの変化に抵抗する最後の砦になっている。フランスのたいていのメディアが、日常的に肩書きをすでに女性形にしていて、la ministre や la juge を使っているし、どこでも、ケベックの例にならって、ますます多くのフランコフォンが自発的に肩書きを女性形にしている。スイスは二〇〇二年に正式に定めた。

堕落説の根拠

フランス語堕落説は、なによりも、誰が基準を定めるのかをめぐる階級闘争の表出だと言語学者クロード・アジェージュは言う。たいていの純粋主義者がフランス語の堕落を大袈裟に言い立てるのは、自分たちの趣味に合わないか、受け入れがたいと見なす話し方を巧妙な装いのもとに批判しているにすぎない。アトランタのフランス語教授連合世界大会で、エレーヌ・カレール=ダンコースはフランス語の堕落を激しく非難し、最近の例として Je positive をあげた。「私は前向きだ」という意味で、positiver と r をつけた動詞にして使うのは、フランス語が堕落している例ではなく、あるタイプの話し方だ。幹事は、じつは、純粋主義者の陳腐な修辞の戦術を使って、ある表現に対する個人的な嫌悪を、フランス語の堕落の客観的な例に仕立てて提示したのだ。

少なからぬ純粋主義者が言語学の素人で、フランス語の堕落について主張するだけの根拠を持っていない。エレーヌ・カレール=ダンコースは終身幹事で、自称フランス語の守護者ではあっても、著名なロシア専門家で、言語学者ではない。さらに言えば、過去百三十年間にアカデミー・フランセーズの会員で、専門的に勉強した言語学者は、エミール・リトレとガストン・パリスのふたりだけ。それぞれ一八八一年と一九〇三年に世を去っている。

純粋主義者にはショックかもしれないが、変化を取りのぞくなど、どだい無理な話なのだ。その影響力も、実際には、信念の域に限られている。もちろん、フランコフォンは今でも規範の存在を信じている。けれども単純過去の例で示したように、フランス語が自分たちに合わなければ、誰かが規則の変更を許可するのを待っていたりしない。フランス語の標準を生み出す階層が倍増するにつれ、純粋主義者は階層の序列で順位を維持するのが、ますます困難になる。ましてや規則を押しつける態度をとりつづけるなど、できるものではない。

18 言語を保護する政策

フランス語は、話者の数では世界で九位あるいは十二位に転落しているのに、なぜ影響力を保ちつづけているのだろうか。理由のひとつは、あきらかに、フランコフォンが言語と文化を守る政策を編み出し、取り入れてきたことだ。しかし言語の保護については、とりわけフランス語が関係するところでは、神話や誤解が少なくない。

フランス語にまつわる神話

第一の、そしておそらく最大の神話は、「自分たちの言語を守ろうとしているのは世界中でフランコフォンだけ」というものだ。ケベック市にあるラヴァル大学の言語学教授ジャック・ルクレールは、「世界の言語整備（L'aménagement linguistique dans le monde）」というタイトルの巨大な、権威あるウェブサイトを作成した。百五十以上の国と数千の地区の言語政策を研究するサイトだ。たいていの国には何らかの形で言語政策がある。アメリカでは、連邦の正式な政策はないが、州には英語を強化するための間接的な政策が数えきれないほどある。三十五もの州が英語を唯一の公用語と宣言しているのは、英語をスペイン語から保護するためだ。英語が世界で優勢な言語なのにこのような措置が必要ならば、フランス語を話す人びとが同じことをしても驚くにあたらない。大きな違いは、フランコフォンがそれをもっと明確に行っていることだ。

第二の神話は、「言語の保護がアカデミー・フランセーズの仕事」というものだ。アカデミーは旧態依然とした団体で、フランス語を周囲の世界から守り、言語の確実性という快適な場所に引きこもって現代的なものを寄せつけないようにしていると一般に考えられている。けれども、アカデミーが言語の保護で果たす役割は誇張されている。アカデミーは、言語の保護ではなく、言語の定義を仕事にしている。保護と定義が密接に関わる場合もあるが、双方の目的が重なっているところでも、言語の保護ではせいぜい名目上の役割を果たしているにすぎない。

フランスでは、言語保護は、文化省に所属する用語委員会とフランス語およびフランスの諸言語総局（DGLFLF）の仕事だ。委員会は、フランスの産業や機関で使われている外国語、おもに英語の用語の使用に目を光らせ、それに対応するフランス語を提案する。それからDGLFLFが委員会の推薦をアカデミーに送り、アカデミーはたいてい形式的に承認する。推薦は法律ではなく、従わなければならないのは公務員だけで、それも業務に関連する場合だけだ。

ケベックの言語保護政策

次の神話は、よきにつけあしきにつけ、「フランス人がフランコフォンの中でもっとも積極的に言語保護政策を行っている」というものだ。ところが実際のフランス語保護対策に関しては、ケベックが少なくともこの五十年は先頭に立ってきた。ケベックはフランコフォニーのお手本と理想になっているだけでなく、フランスでもお手本と考えられている。どうしてケベックなのだろうか。ルクレール教授は、「言語計画政策がもっとも成功してきた国は、明白な対象を持つ特定の問題に対処する国です」と述べた。言語保護対策は、同化の脅威がもっとも大きい社会においてもっとも強力というのだ。同化に抵抗して自分たちの言語をなんとかして守ってきた社会は、ケベックとカタロニア、イスラエルくらいだろう。ケベックが際だっているのは、英語と正面衝突した最初の社会で、そしてうち勝ったからだ。

ここから最大の誤解が生まれる。「言語の保護は防御が中心で、変化を妨ぐのが目的だ」という誤解だ。フランス語保護政策は、しばしば弱さの証拠として取りあげられる。フランス語は法律の支えがなければ生き延びられないのだから、時代遅れになってきているというのだ。とはいえ、ケベックの言語保護政策の趣旨は、フランス語を守るのではなく、フランス語に能力を与えること、フランス語話者がつねに英語に目を向けなくてもいいように、フランス語で名前をつけたり、説明したり、参加したりできることだ。自分たちの言語に実際的な価値を持たせなければ、英語が手ぐすね引いて待っていることを、ケベック人はほかの誰よりもよく承知している。そんなわけで、ケベックは言語保護で世界の指導者になったのだ。

二十世紀の前半に、フランス系カナダ人の誰もが、自分たちの文化がいかに同化の危機にさらされているか理解してきた。北アメリカでは、現代文明のすべて——あらゆる種類の機械、産業、科学、技術的な専門知識が英語で表現された。フランス系カナダ人はフランスから二百年間切り離されていただけに、新たに出会った現実を言い表す言葉を持たず、急速に、英語を話す北アメリカ社会の精神的植民地と化す。ケベック人がなじみのない専門用語を、フランス語の発音でもじゅうぶんに通じるのに英語風に発音する習慣は、この時代の名残と言える。第二次世界大戦後になると、ケベック人は断固として行動すべきことに気づく。発端は、一九五九年、モントリオールの日刊紙『ル・ドゥヴォワール』の編集主幹アンドレ・ロランドーが、ケベックは言語を維持するつもりなら、フランス語について社説を載せるだけではじゅうぶんでないと論じたことだ。ロランドーは、ケベックの一般人が使うフランス語の質を向上させるために、言語をつかさどる公的機関の設立を呼びかけた。

この提案を受けて、問題を一般の人びとに突きつけたのは、ロランドーの読者で牧師のジャン＝ポール・デビアンだった。デビアンは「名もなき兄弟《フレール・アンテル》」というペンネームで『ル・ドゥヴォワール』に声高な意見を十数通投書し、自分たちの言語を管理するようフランス系カナダ人を説得し、最初の投書で、言語をつかさどる州事務局の設置を呼びかけた。「言語は公共の財産であり、保護するのは国家の仕事です。国家はヘラジカやヤマウズラやマスを保護します。……言語もまた公共の利益であり、国家は同じようにきびしく保護するべきです。ひとつの表現はヘラジカ一頭と同じ価値があり、ひとつの言葉はマス一匹と同じ価値があります」とデビアンは訴えた。

言語を保護するというロランドーとデビアンの提案は雪だるま式にふくらみ、一九六一年、新たに選出された自由党州政府はフランス語委員会を設置する。当初の委員会の目標は説教じみていた。「フランス語でも現代的な都市生活が送れることをケベック人に納得させる」というもので、当時としては画期的な考え方だ。委員会は言語学者をフランスに派遣して現地の語彙を調査させ、鉄道や飛行機、自動車、織物、発電所を言い表す言葉を持ち帰らせた。それから十五年の歳月をかけて、自動車産業やエネルギー部門、スポーツなどの専門用語辞典を多数、編纂した。

委員会は専門別に冊子を数十種類刊行して、さまざまな部門の適切なフランス語を説明し、語が存在しないものについては新しく創作した。hambourgeois（ハンバーガー）や gaminet（Tシャツ）など定着しなかったものもあるが、ゴルフ場は vert に、ホッケーのパック〈ゴム製の円盤〉は rondelle あるいは disque に、野球の投手は lanceur になり、今日、たいていのケベック人が何のためらいもなく使っている。

改革運動は一九六〇年代に盛り上がり、北アメリカのフランス語を救うには、新しい語だけでなく強力な手段も必要であることをケベック人はすぐに認識した。調査が行われて結果が大々的に公表され、フランス系カナダ人は同化の社会的、経済的な原因に目が開かれる。カナダのどこでも自分たちの賃金がいちばん低いことにも気づいた。ケベックでさえ、フランコフォンは英語が話せると給料が高くなる。カナダでは言語の同化は一方通行で、通行を双方向にするには、それどころか自分たちの言葉を維持するだけでも、政治的な手段が必要だった。

同時に、移民がフランス語を脅かしていることにも気づく。移民を文化に対する大きな脅威と考えるケベックの世論は、公式には多文化主義国家のカナダでつねに物議をかもしてきたが、その姿勢は驚くにあたらない。第二次世界大戦後の数十年間、ケベック人の八〇パーセント以上がフランス語を使っていたのに、ケベックにやって来た移民の七五パーセント以上が子どもを英語の学校に通わせた。一九六〇年代には、ケベックの女性はかつてのように子どもを十人も十二人も生まなくなり、移民に英語への同化を許すと、言語の均衡が決定的にくずれるおそれがあった。一九六九年にケベック州政府は最初のささやかな試みを行い、移民にフランス語の習得を強制し、職場でのフランス語使用を促進する言語法を制定する。一九七四年にはさらに「公用語法」法令二二号を制定する。飴とむちを使う全面的な言語政策の枠組みができたのだ。

フランス語憲章の制定

一九七六年に分離派のケベック党が州の政権をとると、翌年、「フランス語憲章」法令一〇一号が制定される。フランス語は州の公用語となり、商業やビジネス、政治、教育の言語であると宣言された。憲章により、アンドレ・ロランドーのフランス語委員会はケベックフランス語局（OQLF）に変わり、用語に目を光らせるだけでなく、もっと幅広い権限が与えられ、ビジネス用語をフランス語化する措置や、教育、移民、医師や法律家や技術者などの専門家と関わる省庁に適用される措置も担当する。新しい法律によると、ケベックの企業は看板をフランス語で書かなければならず、従業員五十人以上の企業は、日常のコミュニケーションでフランス語を使っていることを証明するフランス語化の証明書を取得しなければならない。子どもを英語の公立学校に通わせる特権を維持できる人と失う人が規定され、すでに英語の学校に通っている子どもは通学を継続できたが、新しい移民はすべて、子どもをフランス語の学校に通わせなければならなかった。政府は、英語を話す子どもで、両親がケベックで英語の学校に通っていた場合には、英語で教育を受けることを許可し、特権はやがて、親がカナダで英語で教育を受けていた子どもに拡大される。

憲章は、お世辞にも、ケベックの英語地域社会、あるいは連邦政府に歓迎されたとは言えない。問題は最初から国中に波紋をまき起こし、論争は一九九〇年代半ばまで続く。このような法律の原則に反対したカナダ人は少なくない。言語は個人の選択の問題であるべきと言うのだが、この言い分は、カナダとアメリカで十九世紀後半に行われた同化政策が英語をフランス語から守るためだったことを見落としている。憲章は条文のほぼすべてが裁判に訴えられたが、憲章がケベックで辛辣な批判にさらされたのは、条文自体ではなく、適用の仕方だった。槍玉にあげられたのはいわゆる保護委員会で、取り締まり員は「言葉狩り部隊」と呼ばれた。部隊が看板の文字（フランス語の文字は英語の三倍の大きさで書くこととされた）や名刺にまであら探しするのを、英語話者のケベック人は嫌がらせと考えた。言葉狩り部隊は悪名を馳せたが、活動が行われたのはほんの一時期で、自由党州政府が一九九三年に廃止し、ケベック党が一九九七年に復活させ、二〇〇二年にふたたび廃止する。「今のところ、企業に対する苦情はフランス語化担当の顧問が対処しています」とフランス語局の上級公務員ギー・デュマは語った。デュマはさまざまな省庁で言語政策がきちんと適用されているか監視している。「この方法のほうがはるかに評判がいいのは、企業に制裁を与えるのではなく、援助しようとしているからです」と言う。

　憲章をネタにして、カナダでもアメリカでも、メディアがケベックたたきをたっぷり行った。アメリカの報道は、ケベックのアングロフォンが英語を話す弁護士を雇う権利や、英語で裁判を行う権利、英語で教育や保健のサービスを受ける権利まで失ったと考えた。驚くべきことだが、たいていがでたらめだ。一九九七年に憲章が制定二十周年を迎えたとき、ケベック州政府はこれらの誤解を正そうと考え、デュマはワシントン、ニューヨーク、シカゴ、アトランタに四つのフォーカスグループ〈製品開発・政治情勢分析などに有用な情報を得るため司会者の下で討議してもらう少人数のグループ〉を組織する。「世論形成者のグループにアンケートを行って回答を集め、それから正解を与えました。ケベックには英語の公立学校がないとか、裁判では英語で話してはいけないとか、法律の基本原理が『疑わしきは罰する』だとまで思っていた人もいましたよ」とデュマは語った。ほぼ三十年たった今では、憲章をめぐってカナダでくり広げられる議論は、おさまりつつある。憲章を鋭く批判する人もいるが、一般的な原則はおおむね受け入れられている。カナダの最高裁判所は、憲章の適用をめぐる論争で裁定を求められることがしばしばあるが、フランス語を保護する必要性の「証拠」をもはや要求しない。これは、ケベックの言語保護の原則と必要性を最高裁判所が支持していることをはっきり示している。

憲章が公平なだけでなく効果をあげていることは、時間が証明した。フランス語は今ではケベック州で優勢になっている。アングロフォンの地域集団と移民の大多数が暮らしているモントリオールでさえ、状況は少なくとも言語的な平和と言える。英語が闘うべき勢力であることに変わりはないが、言語的同化はもはや一方通行ではない。それどころか、ケベックのアングロフォンの地域社会が、多数派のフランコフォンよりも二言語使用になってきている。移民は今でもフランス語の習得に抵抗するが、大半の人はこの状況を受け入れ、フランコフォンの多数派に積極的に同化している。モントリオールで見かける看板は、四十年前は英語一辺倒だったが、今ではフランス語が多い。憲章は商標には適用されないが、地元の消費者の気を引くために名称を変更する企業は少なくない。ケンタッキー・フライド・チキンはフランスでもＫＦＣのままなのに、ケベックではPoulet Frit du Kentucky（ＰＦＫ）。ソフト会社はケベック市場向けにフランス語に翻訳している。

ケベックフランス語局の活躍

二十一世紀を迎えたとき、ケベックフランス語局（ＯＱＬＦ）は、フランス語化とフランス語の用語作成という二点の基本的な任務の取り組みを能率化した。フランス語化証明書の取得を希望する企業は、従業員や一般の人びとどのようにコミュニケーションを行っているかなど、数十項目の基準で評価される。従業員が百人以上の企業は、従業員と役員の代表が同数で構成するフランス語化委員会を設置しなければならない。従業員五十人以上の企業は、八割が証明書を取得している。

ケベック州政府には、フランス語で書かれていない看板を取り替えたり、大企業にフランス語化を強制したりするほどの権限がない。フランス語局は企業をフランス語使用に変えようなどとはしない。フランス語で仕事をしたい従業員の権利と、フランス語で意思伝達をはかりたい州民の権利が守られているかどうかを確認するだけだ。言葉狩り部隊が罰金を取るという噂もあるが、実際には、法律を守らない企業は裁判所に突き出される。「九割が示談を希望します」とデュマは語る。州政府には、会社を閉鎖したり製品を陳列棚から排除したりする権限もない。「でも、憲章を守らないと、助成金や行政関係の仕事がもらえません」とデュマは言う。

その一方で、フランス語局は長年のあいだに、防御の手をゆるめるわけにいかないことに気づいた。「最初は、フランス語化の証明書でじゅうぶんだと思っていたのですが、政策の効果をあげるには、言語の実態を三年ごとに報告させなければならないことがわかったのです」。たしかに、経営者あるいは担当者が交代したら、そのたびに、フランス語を使うという理念を理解してもらわなければならない。

フランス語局は、中小企業については、別の問題を抱えている。従業員五十人以下の企業は、フランス語化証明書を取得する必要がなくても、看板ではフランス語を優先しなければならない。反抗精神からか、ただの手抜きか、モントリオールの会社の中には、看板でフランス語の許容範囲を勝手に広げる会社がある。モントリオールのモンロワイヤル公園のそばにあるジョージ・ジェネラル自動車修理工場は、かつては George General Auto Repair という英語名だったが、言語法を守るために、ジョージは看板に手書きでちょこちょこと文字を加えた。現在の表示は、とても通用しがたいフランス語で George Gênêral d'Auto Rêparation と書かれている。

フランス語局の得意分野は専門用語で、フランス人も問い合わせてくる。実績の大きさには理由があり、ひとつは規模だ。職員が二百十五人いて、そのうち六十人が専門用語を担当している。それにひきかえフランスの同様の機関、フランス語およびフランスの諸言語総局は職員三十人、専門用語担当者が七人で、職場で使用される用語の報告はもっぱらボランティアに依存している。さらに重要なことは、ケベックの専門用語研究者は対応がすばやい。ケベックでは、英語の名称がつけられた概念や発明はただちに訳語に置き換え、英語の用語が流通する前にフランス語の楽しくて覚えやすい語を作成しなければならず、新しい科学技術を詳細に監視している。こうして、Eメールを指す courriel が誕生した。courrier（手紙）と logiciel（ソフトウェア）の合成語だ。言語委員会はいつでもこのようなすぐれた用語を考えつくわけではなく、代わりになるいい言葉がないときには、英語のつづりをフランス語化する。blog（ブログ）は blogue となった。提案はかならずしも受け入れられるわけではないが、用語のいくつかはたしかに定着している。

ケベック州は言語法のせいで孤立するのではないかという危惧や非難の声があったが、保護政策を実施して以来、外部の影響や考え方に対して今までになく開放的になった。保護対策がアイデアの流布を妨げることはけっしてなく、アイデアはフランス語で広まり、それが大切なことだった。「フランス語は現代的で時代に即していれば、話してもらえるんです」とデュマは語る。フランス語局の辞書サイト「用語大辞典（Grand dictionnaire terminologique）」は単語の翻訳や確認の問い合わせを、一年間に五千万件受理し、その半数がヨーロッパから来る。これに対してアカデミー・フランセーズのサイトが一年間に受ける問い合わせは二百万件。長年のあいだにケベックの専門用語研究者は腕を磨き、今では専門知識を輸出している。ケベックは、バルセロナのカタロニア州政府の言語政策に刺激を与え、お手本になった。

フランスの言語保護政策

用語の作成では、フランスでさえケベックに一目置いているのは驚きだ。急速に発展しグローバル化するアメリカの産業と科学技術に対抗して、一九二〇年代に英語の語彙の猛攻に最初に立ち向かったのはフランス人だったのだ。フランスは一九三七年にフランス語局を設置した。目的はもっぱら、フランス語に侵入してきた英語に代わる語を創案することで、この仕事はアカデミー・フランセーズにはまわされなかった。アカデミーは、当然ながら、時代遅れで有名だった。

フランス語局の名称は、紆余曲折を経て一九九〇年代に「フランス語総局」に落ち着き、のちに「およびフランスの諸言語」を加え、「フランス語およびフランスの諸言語総局（DGLFLF）」となる。事務所はパリのピラミッド通りにあり、近代的な建物は、アカデミー・フランセーズが入っている壮麗なフランス学士院にはかなわないが、フランスで現代フランス語を統制するという、はるかに重要な役割を担い、政府の十八省庁に所属するおよそ二十の用語委員会の作業を調整する。用語委員会を構成するのは技術や貿易など特定分野の専門家で、言語学者はほとんどいない。専門家は無償で働き、外国語から借用された専門用語を集め、DGLFLFの言語の専門家が代わりの用語を作成し、首相官邸に所属する専門用語および新語総委員会に送って承認を求め、承認された用語は官報に掲載される。使用が義務づけられるのは、用語が適用される特定分野の公務員だけだ。DGLFLFの言語開発部長ベネディクト・マディニエによると、事例の七割が採用される。アカデミー・フランセーズもリストに目を通し、独自の推薦を行う。「アカデミーは最後の段階で意見を述べるだけです」とDGLFLFの局長が語った。マディニエは毎日ケベックの同僚に電話をかけて、英語の専門的な語彙に代わるフランス語の用語のアイデアを探す。「フランスでは、ケベックほど翻訳にエネルギーを注いでいません」と言う。

フランスが英語をくいとめる防壁を築きはじめたのはケベックよりもずっと早かったが、それほど効果をあげていなかった。フランス人がその必要性をケベック人ほど理解していなかったからだ。フランスはケベックのように英語話者の大陸にあるわけではないので、英語をフランス語に対する真の脅威と考えていない。英語の影響力への警戒は、しばしば外交政策を反映している。フランスの文芸評論家ルネ・エティアンブルは一九六〇年代の初めに『フラングレを話しますか』を出版したが、当時は、ド・ゴールがフランスの国際的な地位を再構築する計画を押し進めていた。同じような話は一九七〇年代と一九九〇年代にもあった。反英語宣言は、たいてい言語そのものよりも外交政策と関係している。

フランスでますます英語が用いられていることに対する体制側の反応は、複雑だった。フランスは一九七五年と一九九四年にケベック型の言語法を作ろうとした。マスコミと左派は法律が気に入らなくて、法律を提案した大臣ジャック・トゥーボンをからかってジャック・「オール＝グッド（トゥーボン Toubon・すべてよい、の英訳）」というあだ名をつけた。憲法制定評議会は、「文書はフランス語だけで書かれなければならない」という条項を、表現の自由に反するという理由で却下する。

トゥーボン法は、理論上はケベックのフランス語憲章に負けず劣らず包括的だが、現実的には重大な限界があった。政府は公的機関と公務員にフランス語使用を強制しているが、看板にフランス語使用を義務づけるのを拒んだ。とはいえ、看板にフランス語の訳語を添えることはたしかに要求している。DGLFLFは専門用語を担当しているが、検閲と取り締まりを実施するのは政府のほかの部局「競争、消費者問題、不正行為抑制総局」で、この部局はもっと重要な問題を取り扱っている。さらにややこしいことに、一般の人は言語問題の不服を直接、提起することができない。言語保護をつかさどる協会を通さなければならないのだが、協会が問題を裁判所に持っていくかどうかはわからない。このお役所主義はまったく非効率的というわけでもないが、償還請求制度はきわめて複雑で一般の人びとの行動意欲をそぐ。

フランス人と英語

フランスは言語の保護にどうしてこんなにも手ぬるいのだろうか。北アメリカで英語話者の大きな存在に直接対処しなければならないケベックと異なり、フランスはしだいに増加する英語の影響に対処すればいいからだ。だからといって、英語がフランスに侵入していないというわけではない。フランス人は英語を使うのが大好きで、会話に英語をちりばめると現代的で、有能で、粋に見える、つまり、かっこいいと思っている。ここ数年、フランスの科学者や芸術家、ビジネスマン、評論家が仲間内で、公の場でさえも、英語で意見を伝え合うようになってきたのは、実用的だからではなく、華やかな雰囲気が添えられるからだ。

　フランス人は英語を脅威と考えていない。英語の借用語をすぐさま自発的にフランス語にする。たいていは言語委員会やアカデミー・フランセーズの助けなど借りない。比較的古い例は、コンピュータを指す ordinateur だ。これはＩＢＭフランスの造語で、一九四五年にＩＢＭはフランス語で computer とすると問題があることに気づいた。computer は、フランス語のアクセントで言うと、最悪の侮蔑語 con（女性性器）と pute（売春婦）を組み合わせた形になる。ソルボンヌ大学のラテン語教授ジャック・ペレが ordinateur を提案した。宇宙に秩序を課した者として神を指す宗教用語だ。ＩＢＭは商標を登録したが、この語は普及し、普通名詞になる。

　フランスは専門用語の提案をケベックに求めても、ケベックの用語がかならずしもうまく通るわけではない。一九九〇年代の後半、アカデミー・フランセーズは「Ｅメール」を意味する courriel を、地方的語法《レジオナリスム》だという理由で五年間も拒んだ。自家製の mél（message électronique の短縮）のほうが気に入っていたが、フランス語専門用語委員会が、電話番号の Tél のように、名刺の書き言葉の短縮形のみに使うと提案していた。アカデミーはついに二〇〇四年に courriel を是認したが、いまだにpourriel（ジャンクメール）やclavardage（キーボード）に抵抗している。

フランスの公的機関はどうしてケベックの表現にしりごみするのだろうか。ひとつには、フランス人は新語の使用に妙なこだわりがあるからだ。通用している単語がほかに存在しないことを確かめてからでないと、新語を受け入れない。でなければ、この妄執は説明しづらい。フランス人には「できそこないの語（mots mal faits）」と名づけた特別な分類があり、基本的には、気に入らないものは何でも放りこむ。この堂々めぐりの、しかもまわりくどい理屈で、bogue（コンピュータのバグ）を受け入れても、blogue（ブログ）を受け入れずbloc-note（メモ帳）は使う。bloc-noteは、まったく別のものを意味し、動詞や名詞に変化させるのが困難なのだが、それでも採択された。blogueはすでにbloguer（ブログをする）やblogueur（ブログをする人）を生み出していた。

それでもケベックは、フランスとフランコフォンの世界では、専門用語の分野で影響力を持っている。たいていのフランコフォンの国はケベックを理想として眺め、ベルギーやスイスのフランコフォンも例外でない。ベルギーとスイスの言語政策は、おもに、フランス語をほかの公用語から守り、ほかの公用語をフランス語から守るように意図されている。アフリカやそのほかの地域のフランコフォンも言語政策に関しては見せるべきものを持っていない。もちろん、これは、開発途上国の場合、さらに理解できる。国語がフランス語と競合している国や、学校制度が破綻している国にとって、フランス語を英語から守るなど二の次だからだ。

フランスの文化政策

フランスは言語保護が手ぬるいと思われているとしても、文化外交については基準を設け、フランス語は大きな恩恵を受けている。娯楽産業はどこでも何十億ドルものお金を生むので、大半の先進国は明確な文化政策を行っている――それどころか、言語政策よりも明確だ。言語よりも文化や娯楽のほうが値札を付けやすいという理由もある。先進国の中で文化省がない唯一の国のアメリカでさえ文化政策を取り入れていて、国立芸術基金は毎年、何百億ドルもの助成金を博物館や芸術家など創造活動にたずさわる人びとに支給している。

映画　それでもフランスは文化外交の分野できわめて革新的だと見られている。フランソワ一世以来、為政者は芸術の擁護者、推進者として文化の発展に力を注いできた。その政策はマスメディアの発達とともにますます保護色が濃くなったが、発端は映画にある。フランスの現代の文化政策は、第一次世界大戦後に国産映画の制作を保護することを目的として展開した。活発だった映画産業は、戦争のせいで、ヨーロッパのほかの国の映画産業とともにほぼ崩壊していた。アメリカの映画産業はチャプリンの喜劇などの無声映画をヨーロッパに大量に流しこみ、ヨーロッパ人はアメリカ映画に割り当て制度を課して対抗する。フランスの映画産業は大いに恩恵に浴し、初期の映画製作者を多数生み出し、第二次世界大戦中の占領時代でさえ、第二の黄金時代を迎えた。

ところがアメリカはあきらめなかった。第二次世界大戦後、大手製作会社が団結して強力なロビー団体、アメリカ映画協会を組織し、割り当て制度を撤廃させるようアメリカ政府にロビー活動を行う。フランスが戦後の復興事業でアメリカに財政援助を求めてきたことが好機となり、外交官は見返りに、逆割り当てに相当するものを要求した。上映時間の少なくとも三〇パーセントをアメリカ映画に割り当てろというのだ。せっぱ詰まっていたフランスは、ヨーロッパのほかの国と同様に要求をのむしかなかった。たちまち悔むことになり、次の十年間に国産映画の製作を奨励するほかの方法を開発する。一九四七年に関税貿易一般協定（GATT）が誕生して、ヨーロッパは映画産業を貿易交渉から除外することができた。

それ以来、フランスは工夫をこらし、自国の映画産業を保護する方法を開拓した。入場券に一一パーセントの税金をかけたのも、効果的な措置だ。集まったお金は国内の製作会社だけに分配され、その結果、フランス映画は国内の全上映時間の二五パーセントから五〇パーセントを占めるようになる。一方ヨーロッパのほかの国はこの問題を放置したので、イギリスやドイツ、イタリアでさえ国産映画は実質的に姿を消した。

ラジオ　一九九四年、フランスは映画と同じ論法に従って、ラジオにフランコフォン・コンテンツの割り当て制度を導入した。フランスの上院議員ミシェル・ペルシャの快挙だ。ペルシャは、ラジオ放送局にポピュラー音楽放送の五〇パーセントをフランコフォンものに義務づける提案をして、芸術家や、ヴァージン・フランス社長、ワーナー・フランス元会長から強力な支持を得る。思いもよらない援軍だった。結局、アメリカの大手音楽会社フランス支店は、アメリカのポップスを売るだけではもの足りず、フランコフォン音楽で何百万ドルも稼ぎ、しかもフランコフォンの才能を開発したかったのだ。放送関係者と英米の報道機関が声を大にして措置に反対したが、ペルシャの法案は上下両院で満場一致で可決され、フランコフォン音楽の割り当て枠は、最終的に四〇パーセントになった。

結局、ラジオの割り当て制度は万人のためになった。聴取者を失うという放送局の心配は杞憂に終わる。今では有名になったケベック出身歌手の成功を後押しもした。セリーヌ・ディオンはまさにその年に、新たにフランス語のレパートリーをひっさげてフランス市場に再参入したのだ。セネガル人ラッパーのMCソラーがデビューしたのもほぼ同じころだった。今日では、フランス国内のCD売り上げのおよそ六割がフランコフォン・ミュージシャンの作品だ。英語を別とすると、ヨーロッパのほかの言語で、フランス国内外の市場でのフランコフォン音楽の成功と肩を並べるものはない。一九九九年に法律が再検討されたときには、法律を支持する世界的な音楽会社のフランス支店がさらに増えた。

カナダとケベックの文化政策

カナダとケベックは、一九六〇年代に、文化政策を民間にまかせておくべきでないことに気づく。それ以来、革新的な政策を行い、フランスとともにこの原則を積極的に守ってきた。カナダの市場は小さいが、連邦政府も州政府も、地元の文化作品を育成するには、雑誌や本、音楽、テレビ、映画の製作を保護する助成金や割り当て制度、特別な法律が必要なことを学んだ。

ケベックでは、一九八〇年代初めから、外国レーベルのレコード会社の門戸を閉ざされた歌手のために州政府が積極的に動いて、国内の音楽レーベルを発達させるベンチャー投資資金と特別な助成金を設ける。ケベックは一九九〇年代に輸出用番組を展開するようになり、九〇年代半ばにフランスのラジオ市場が解放されたときには、いつでも番組を調達できた。それ以来、ケベックはこの方法を出版産業や映画の製作と吹き替えにも取り入れている。

カナダでは、一九七〇年代以降、フランコフォンのラジオ局が六五パーセント、テレビ局が五五パーセントのフランス語番組の割り当てを課された。合計すると、カナダは毎年、文化事業に三十億ドル以上、ケベックは六億ドルを費やしている。この努力が実を結び、ケベックの音楽産業は国内市場の二五パーセントを支配し、出版業界は四〇パーセントを支配している。映画では、ケベックの健闘のおかげでカナダ映画の上映が倍増した。

意外なことに、ケベックは今や文化作品の唯一の純輸出州で、二〇〇三年には三億四千五百万ドルの黒字だった。この五年間、地元で製作された映画が、売り上げでハリウッドの大作をたびたび追い越すようになってきた。ケベック映画の質の向上も理由にあげられる。もうひとつの理由は、州政府が映画産業に助成金を賢く分配していることだ。動機は、基本的には、昔と変わらない。独自の文化作品を作らなければ、誰かほかの人が作り、それが結局は輸入品になることをケベックは熟知しているのだ。

フランコフォン諸国は、ケベックをますます、言語保護はもとより、文化政策の模範として見ている。「ケベック人は、テレビだけでなく、文学でも独自のスターシステムを築いてきました。ケベックでは、作家は名をあげるためにゴンクール賞やフェミナ賞、ルノドー賞などパリの文学賞をかならずしも受賞する必要はありません」とベルギー・フランス語共同体のモントリオール領事ピエール・アンセは言う。それにひきかえベルギーの作家は、名をあげるには、パリの六大文学賞のどれかを受賞しなければならないし、本もパリの出版社から出さないと受賞資格がない。ベルギー人はフランスの陰で生きなければならず、文化作品の多くを、フランス人が網羅していないすき間の部門に向けてきた。たとえばドキュメンタリー映画や探偵小説、漫画などで、こういった分野では優秀だ。

文化特例と文化多様性条約

フランスとカナダは、ケベック、ベルギー、フランコフォニー国際機構（ＯＩＦ）の強力な支援を得て、今では文化保護を次の段階に進め、国際法にしようと試みている。一九九〇年代の初めから、貿易法がきわめて重要になり、国が文化保護政策を展開する権利は、ますます風当たりが強くなってきた。アメリカ政府と世界貿易機構（ＷＴＯ）は、文化保護政策が自由市場方式の妨害となり、商品と娯楽作品の自由な流通を妨げると考えている。

この姿勢に対抗して、フランコフォン諸国は、二〇〇五年十月に「文化的表現の多様性の保護と促進に関する条約（文化多様性条約）」をユネスコに採択させた。一九九〇年代を通して、文化多様性は文化特例と言われる。一九九三年の関税貿易一般協定（ＧＡＴＴ）のウルグアイラウンドで交渉の大詰めにフランスが提案し、同年にＯＩＦがモーリシャス首脳会議で支持した。文化特例はフランコフォン団体にたちまち普及したが、最初は、外部の世界ではほとんど注目されなかった。カナダの外交官でさえ、ＯＩＦの気まぐれな思いつきにすぎず、自分たちには関係ないと考えた。しょせんは、国民の大多数が英語を話し、コモンウェルスの加盟国でアメリカと大の仲良しという国だ。カナダは、ＷＴＯと北米自由貿易協定（ＮＡＦＴＡ）の条約の文化に言及する数少ない条項で文化政策をじゅうぶん保護できると考えたが、状況は一九九六年に一変する。アメリカの出版物から自国の雑誌を保護する措置がアメリカの非難を受けたのだ。カナダは問題をＷＴＯに持ちこむが、裁定はアメリカに有利なものだった。英語を話すカナダの外交官は目を覚まし、文化特例が単なるフランコフォンの思いつきではないことを悟った。フランスはこの原則を防御する最大の同盟国を獲得する。カナダはフランスに、文化特例という言葉をやめて、もっと包括的な「文化多様性」を使うよう説得した。

貿易交渉という言葉の綾の世界では、文化多様性は、多文化主義や信教の自由を意味するのではなく、割り当てや助成金や特別な法律によって国家が自国の文化産業を支援する権利を指す。この姿勢には、映画や本や音楽は、その文化的な内容や象徴的な価値が国民のアイデンティティーのかなめなので単なる商品と見なすべきではないという考え方が背景にある。社会には、自国で製作された作品に国内市場での地位を保証するような規制を設ける権利が必要だ。この問題は、文化に固有な経済学から生じていた。テレビ番組や映画や書籍は製作費用が回収されたら、ダンピングまがいの価格で簡単に輸出することができ、販売は濡れ手で粟となる。いたって公平のように聞こえるが、実際には、最大の国内市場を持つ国と、文化作品の製作が世界の主要言語で行える国が有利になり、市場がゆがめられる。アメリカのテレビ番組やフランスの書籍がケベックで、地元のテレビ番組や本の制作費の何分の一かで売られかねない。

一九九七年にカナダの民族遺産省大臣シェイラ・コップスは、文化多様性に賛同する六十か国の文化大臣の団体を結成した。二〇〇〇年に芸術家の協会がカナダ文化多様性連合を設立し、この問題に関する主要なロビー活動団体となる。「ＷＴＯで異議を唱えられたときに、いつも防御だけにまわって、政策を正当化するだけではいけないことが、わかったのです。私たちに必要なのは、文化政策の必要性を当然のこととする国際協定だったのです。協定はＷＴＯと対等の関係でなければばなりません。支配を受けるのではありません」と連合の常任理事ロベール・ピロンは語る。

カナダとフランス、それにベルギーやセネガルも含めた同盟国が地道な作業を通して、この問題に対処するようユネスコにロビー活動を行い、ユネスコは二〇〇二年に国際的な文化多様性条約を作成した。条約は署名した加盟国を拘束し、京都議定書のようなものだが、環境ではなく文化を対象とする。ユネスコはOIFから強力な支援を得た。文化多様性という概念は、複数言語主義の理念にぴたりと一致するのだ。

条約は、二十一世紀を迎えて行われた貿易交渉で大々的な対立を生じた。アメリカ政府は一九八四年にユネスコから脱退していたが、二〇〇三年に再加入して協定の語調を和らげようとした。最終的には、フランスとカナダがケベックとOIFの援助を得て、投票国百六十二か国の百六十一か国に条約の署名を説得する。反対した国はアメリカだけだった。それでも、対立は解消していない。条約は三十か国が承認して初めて効力を持つ。その効力は、条約がこの先数年間にどのように実施されるかで左右される。条約がWTOのいくつかの基本原則に相反しているのだから、なおさらだ。WTOの原則によると、製品やサービスはいかなる形態でも商品であり、助成はいかなる形態でも自由市場方式を妨害する。

交渉が成功したのは、おもにカナダ文化多様性連合の働きかけの成果で、この団体は国内外で活発な運動を先導し、二十数か国で文化多様性の全国連合を呼びかけ、事務局として活動した。「映画はこれまで以上に製作費用がかかり、アメリカ経済は、映画産業と同様に、これまで以上に輸出に依存しています」とピロンは語った。これはテレビ番組や本、音楽でもしだいにあてはまってきている。概して、娯楽関連の輸出がアメリカの貿易均衡に最大の貢献をしている。「私の見解では、アメリカ政府の姿勢は、優位に立とうという思いが動機になっているのではありません。ハリウッドはオーストラリア映画市場の八八パーセントを支配しています。カナダでは九五パーセントですが、九六から九七パーセントが必要なのです。支配をやめないのは、そうせざるを得ないからです。それでも、私たちもやめませんよ」。ピロンがアメリカだけを条約と対立する国に特定しなかったのは、条約が、ケベックをフランスから守り、ラテンアメリカの文化をスペインの文化から守ることも想定されているからだ。

文化と言語はどうして自由市場にすっかりまかせておけないのだろうか。この問いに答えるのは、意外に難しい。フランス語にまつわる大きな神話は、とりわけ英米のマスコミがでっちあげている。「英語の影響力あるいはアメリカの娯楽に対して言語・文化の障壁を設けてきた社会は、フランスとケベックだけだ」という神話だ。これはどういうわけか、フランス語が衰退している証拠と解釈されている。それでも、カナダやイギリス、オーストラリアはみな、アメリカ製品の猛攻に対して自国の文化産業を保護する政策を実施していて、しかもその文化作品には英語が使われている。このような政策が文化では正当であるというのなら、もうひとつの言語について懸念する政策が正当と認められないのは、理解に苦しむ。何と言っても、言語は文化の主要な源泉で媒体なのだ。

ある意味では、フランス語を話す国が言語と文化の保護で先頭に立ってきたわけを説明するほうが、保護政策が必要な理由を説明するよりたやすい。文化と言語の問題については、市場の法律に対抗する現実的な当然の理由がある。文化多様性を支持する第一の理由は、言語と文化を保護すれば、社会が、ほかのもっと強い国の精神的植民地になり下がらずに、自分の言語で近代化をはかれることだ。ケベックにあるラヴァル大学の国際貿易法教授イヴァン・ベルニエは、ユネスコの文化多様性条約の大部分を起草した人物で、「文化多様性にまつわる危険は、お金の問題だけではありません。アイデンティティーとも関わっています。つまり、ケベック人やフランス人が、世界の問題をほかの人の言葉ではなく自分の言葉で見て、解釈する能力と関わっているのです」と語った。

第二の、もっと現実的な理由は、強力な国内市場が貿易の大きな推進力となることだ。ロベール・ピロンは次のように説明している。

文化多様性条約は貿易に反対しているのではありません。むしろ、貿易を盛んにする――双方向の――舞台を設定しているのです。当面は、娯楽がもっぱら一方通行になっています。けれども、ケベックが音楽をフランスに輸出しているのは、音楽がすぐれているからであり、国内基盤を発展させてきたからです。国内基盤なしにそれは不可能で、それができたのは、文化保護政策のおかげです。条約によってケベックや、ブルキナファソ、セネガルなどの国が国内市場を発展させて、輸出を行えるようになり、文化の貿易がより均衡のとれたものになります。

19
フランス不在のフランコフォン同盟

フランコフォンが世界から見捨てられるのはフランス語にしがみついているからだ、という憶測は愚かだ。英語を話す人びと、とりわけイギリス人とアメリカ人は、知の植民地帝国を巧みに建設し、それをもっぱら英語による構想として、実質的には「英語」と同意語としての「グローバル」とか「国際的」と銘打ってきた。英語で表現されていればグローバルで国際的、英語でなければ地域的というのだ。フランス語は、高尚な文化や贅沢品で使われる言語として多大な名声を獲得しているため、ビジネスの世界はもとより、研究や技術、高等教育の場でも使われていることがとかく見過ごされている。今日、さまざまな地域のフランコフォニーが膨大な量の情報を交換している。情報や概念はモントリオールからカサブランカへ、ダカールからブリュッセルへと伝えられ、パリをまったく素通りすることもしばしばある。

現在、フランコフォンのグローバル化にとって最大の障害は、英語ではなく、フランス人だ。フランス人は、フランコフォン諸国の話となると、相も変わらず見て見ぬふりをする。そもそも自分たちをフランコフォンと思っていない。フランス人にとってフランコフォンとは、フランス人でないフランス語話者を指す言葉で、植民地主義を連想する人もいる。その結果、ほかのフランス語話者の社会との結びつきを、期待されているほど強く感じていない。

英語を、ケベック人がフランス語に対する特別な脅威と思っているほど、フランス人が脅威と思っていないことは、すでに説明した。それでも矛盾しているが、フランス人は英語を、国際語としてのフランス語の地位を脅かすものと見ている。それどころか、少なからぬフランス人とフランコフォンが同様に、闘いはすでに終わったと思っている。フランス語は国際語ではなくなり、習得したがる人などもはやどこにもいないと真顔で主張する。フランス語の敗北はフランスのエリートの多くが、少なくとも心情的に認めてきた。パストゥール研究所は、有名な機関誌「レザナル（年報）」を「リサーチ・イン・マイクロバイオロジー（微生物学研究）」という英語の機関誌に変えた。負けを認めるようなこの行動とフランコフォンの世界に対する中途半端な気持ちが、ある意味で、フランス人が世界から素通りされる結果を招いている。けれども、フランス人が逃しているのは、フランス語を話す世界だ。

手をつなぐフランコフォン

フランス語が現代社会でグローバル化の道を歩きはじめたのは、フランスとベルギーの植民地帝国の崩壊が始まってまもないころだ。新興の独立国は、国際社会で生き残り、発展するために、世界のほかのフランコフォン社会に目を向けた。これがフランコフォンが手をつなぐ運動のきっかけとなる。ケベックの記者ジャン＝マルク・レジェは、一九五一年に国際フランス語新聞記者連合を創設した。フランコフォンのあいだで情報を広めるのに貢献した人びとはほかにもいる。カンボジアのシアヌーク国王の顧問を務めたアレクサンドル・ブードローはアカディア人外交官だった。ケベックでは、ジョルジュ＝アンリ・レヴェック神父が一九三〇年代に最初の社会科学の学校を開き、この学校で学んだ革新的な改革者が一九六〇年代にケベック人とアカディア人の社会を近代化する。レヴェック神父は自分の思想がカナダで一人立ちするのを見とどけると、一九六三年にルワンダからの招待を受け入れ、首都キガリに国際大学を創設した。一九六八年には、ルワンダの「国父」の称号を授与され、白人としてはきわめてまれな栄誉に浴す。

フランコフォンの熱心なネットワークづくりは、大学の世界で始まった。フランス語の物語がこの新しい段階に入ったのは、フランコフォンの学者が一九六一年にフランコフォニー大学機構（AUF）を創設したときで、その成果は、科学技術や高度な専門知識が世界的規模で交換されているのを見ればあきらかだ。セネガルは米食の国で輸入米に大きく依存しているが、国産米供給を推進するために、最近、ベトナムの農学者百人を雇い、数年にわたる計画をフランス語で実施した。

フランコフォニー大学機構は、フランコフォンの学者と研究者数十万人が構成し、多方面にわたる国際的なネットワークの表向きの顔にすぎない。ここ数十年に、さまざまなフランス語国がネットワークづくりを通して関係を強化してきたが、ここでも、しばしばフランスをまったく素通りしている。カナダ政府はダカール大学の報道学部に資金を提供し、およそ十五年間にわたって、セネガルの報道学部の全学生が——西アフリカ諸国出身の学生もいた——モントリオールやケベック（市）、ジョンキエールに数か月あるいは数年間、留学した。

学術ネットワークが発展する一方で、フランコフォン諸国の芸術家のあいだでも盛んに交流が行われている。ケベックの俳優やアラブの歌手、アフリカの作家、ベルギーの映画監督が自国以外のフランコフォン社会やその外の世界で多数の観客を集め、フランコフォンのフェスティバルは映画や音楽、お笑い、視覚芸術などのあらゆる分野でどんどん増え、大きな活動を紹介し、新しい活動を育成している。英米のメディアとアメリカ製娯楽に独占されている世界の中で、ベルギーのナミュールで開催されるフランコフォン映画フェスティバルやフランスのラ・ロシェル・フランコフォリー音楽祭、ブルキナファソの首都ワガドゥーグーで開催されるパンアフリカ映画フェスティバルなどは、フランス語の娯楽を振興し、発展させる頼もしい手段だ。テレビ業界では、フランコフォン番組は、かつてもっぱら国内に限られ、国際的な交流がほとんどなかったが、一九九〇年代半ばからフランスとベルギーとケベックのテレビ会社と放送局がお互いのアイデアを交換してきた。

フランス文学は、さまざまな意味で独特の世界だが、真に世界的な文学だ。私たちは、ダカールの町中にあるカトリック系の私立学校ノートルダム学園でフランス語の授業を参観した。十年生の教室では、生徒の大部分がイスラム教徒で、フローベールの『感情教育』を抜粋した教材に熱心に取り組んでいた。生徒が使っていた教科書は、実は、フランコフォン文学の作品集で、レオポール＝セダール・サンゴールなどアフリカの作家やエメ・セゼールだけでなく、何とフランス系カナダ人小説家ガブリエル・ロワの詩や散文も載っている。ロワは少なからぬ生徒に雪の味を教えてきたことだろう。生徒の将来の夢はカナダやベルギーの大学に留学することだと教師は語った。セネガル脱出を志す学生にとって、フランスはもはや唯一のあるいは絶対的な第一志望ではないのだ。

フランコフォン諸国のあいだでは、文化交流が育成されている一方で、ビジネスも伸長している。フランコフォンはビジネスの評価では芳しくなく、フランス国内でさえ、フランスの資本主義はえてして矛盾と考えられているが、そんなことはない。フランコフォニー国際機構加盟国でもっとも富裕な四か国が先進工業国で、自動車や農業関連事業、エネルギーなど主要な産業分野で指導的な役割を果たしている。

ビジネスの着想は、かならずしもフランスとフランスの旧植民地だけに広まっているのではない。運送業で財を築いたオンタリオ州フランス系住民の実業家ポール・デマレは、一九七〇年代後半に企業帝国のヨーロッパ進出を模索しはじめた。取り引き先探しの目的地はパリではなく、ベルギーの町シャルルロワで、ベルギーの大実業家アルベール・フレールと提携を結んだ。デマレの新世界の実際的な知識がフレールの旧世界の叡智とぴたりと合ったようだ。両者は持ち株会社パルジェサを設立し、ドイツの大物メディア企業ベルテルスマンの株をせっせと購入した。

商売は商売で、フランコフォンの企業は、グローバルな環境の中で経費節減をつねに追求し、好機を求めてほかのフランコフォン諸国に目を向けている。コールセンター（顧客対応電話窓口）の外部委託は、グローバル化の例としてしばしば引き合いに出され、またフランス語でグローバル化が実現している主要な例とされる。この数年、フランス企業はアメリカの動向にならい、コールセンターをフランコフォン諸国に外部委託してきた。労働者がフランス語を流暢に話し、フランス国内ほど人件費が高くないチュニジアやモロッコ、セネガル、それにイスラエルだ。

フランス人とフランコフォンの溝

フランス人は時には、この活動に気づかなかった。第一の理由は、フランコフォンとの関わり方が矛盾していること。フランス人は外国風のアクセントにきわめて寛大になってきて、私たちがフランス人を研究するためにフランスに行った一九九九年から、本書を執筆した二〇〇六年までの七年でかなり変わった。一九九九年にセリーヌ・ディオンのドキュメンタリー番組をテレビで見たときには、ケベックの家族や取り巻き連中のインタビューに、何とフランス語の字幕がついていた。フランス人の視聴者はケベックなまりが理解できないと考えられていたのだ。六年後には、字幕はもはや必要なく、要求されてもいないと考えられた。ケベックの音楽や映画の配信が増えたおかげで、フランス人はケベックなまりになじみ、さまざまなアフリカなまりも言うまでもない。この十五年間、フランス国内でのアフリカ文学の発展もめざましい。

それと同時に、フランコフォン諸国についてフランス人は知らないわけではない一方で、よく知らされていない。記者が、大文字で始まるFrancophonie（フランコフォニー国際機構・ＯＩＦ）とfrancophonie（フランコフォニー・フランス語を話す社会集団）を区別することはめったにない。この話題についてフランスの新聞に出る記事を読んでも要領を得ないのは、記者や報道関係者や編集者が両者をしょっちゅう混同しているからだ。大統領の演説に出てくる言葉の厳密な意味をめぐって報道関係者が何日もかけてあら探しをする国で、フランコフォニーに関する微妙な違いがこのように欠落しているのは、フランス人がこの認識の統一にいかに遅れているかを物語っている。

フランス人の肩を持つなら、フランス人がフランコフォニーに疑心を抱くのは、フランコフォニーが同じ言語を話す連帯意識につけこんで移民としてフランスに入国する事実も原因になっていると言える。私たちがアフリカを訪れたときに、フランスはかつてほど移民を歓迎していないと辛辣に意見を述べた人がけっこういた。この問題は一九九九年のＯＩＦ経済相会議でフランスの経済財政産業相ドミニク・ストロス=カーンが取りあげ、「フランス語を話す外国人の入国をフランスが許可することについて、フランコフォニーがとやかく言う筋合いはありません」ときっぱり述べた。フランスの態度には共感しかねるが、フランコフォン諸国がフランス語を出しにして特定の目的を達成しようとするせいで、フランスの大衆がフランコフォニーに親しみを感じなくなっている。これでは、ＯＩＦはポスト植民地主義の前線だという偏見がフランス国内で強まるばかりだ。

フランスがフランコフォニーの活動に参加していないように見える理由は、もうひとつある。フランスのかなりの数の知識人が、フランス語は国際語の役割を失いかけていると思っているだけでなく、闘いは始まる前に決着がついていると考えているらしい。その結果、ある意味では、英語世界の精神的植民地に自ら進んで変貌しようとしている。敗北を認める証拠はあちこちで見られる。フランスパリの法曹界では、二〇〇五年の新しい流行語は les class actions（集団訴訟）だった。フランスの新聞はこれを「アングロ=サクソンの概念」として取りあげたが、ケベック人が三十年間、集団訴訟をフランス語の recours collectifs で追究してきたことを忘れている。それどころかケベックは、フランス語で集団訴訟を押し進めるために必要な語彙をとっくの昔に作っているのだ。アカデミー・フランセーズの終身幹事顧問ローラン・ペルソンヌは、野球はアメリカの球技なのだから、野球用語をフランス語にするのはばかげていると語った。ケベック人が五十年もフランス語で野球をしてきたことを知らないとしたら、まことにおめでたい。

フランス語の敗北を認める原因

フランス人がフランス語の敗北を認める原因は、国境を越えたフランコフォン文化に入りこめなかったことよりももっと深いところにある。フランス語が世界から消滅しかけていると感じる、あるいは、この傾向に拍車をかけるのは、フランス語を話す人びとの中でもフランス人だけだと言うのは言いすぎだろう。あらゆる国のフランコフォンのあいだでフランス語に対する自信が失われているようで、その原因はいくつか挙げられる。

もっとも明白な原因は、英語が科学やビジネス、外交の言語であるという考え方をフランコフォンが取り入れてしまったことだ。科学の世界では、フランス語擁護者は、いわゆる「会議の板挟み」をよく知っている。出席者はフランス語を話して少数のグループに訴えてもいいし、英語で演説して満場の賛同を得ることもできる。選択を前にして、意欲的な人は英語を取り、その決断は「現実尊重主義」で正当化される。

第二の原因は、おもにフランス人にあてはまり、ナショナリズムの感情が希薄になっていることだ。ナショナリズムは、戦争を引き起こしたこともあるため、ヨーロッパではマスコミが悪者扱いしてきた。国旗を振って愛国心を誇示するのは、アメリカなら国を愛する気持ちの正常な表現と考えられるだろうが、フランスで熱中するのは極右派しかいない。言語は国家建設の重要な要素であるため、フランスのエリートのかなりが、政治的テーマとしてのフランス語から距離を置いてきた。フランス人にとって、国際会議で英語を話し、フランス語の擁護を拒むのは、ある程度は、ナショナリズムやド・ゴール主義の警笛に服従していないという意思表示になってきたのだ。

第三の原因はイギリスかぶれで、これも、おもにフランス人にあてはまる。フランス人は現在、フランスにすっかり腹を立てていて、自ら、大衆の不機嫌の時代と呼んでいる。十八世紀と十九世紀にも似たような段階を通り、このときには社会のあらゆる欠陥に気づき、改善方法を模索した。こういうときには、解決策をほかの場所に求め、現在は英語社会に目を向けている。記録的な数のフランス人がイギリスに働きに出かけた。この移住で英語が周囲に与えた影響は、フランス人があやしげな英語の言葉をこれほど多く作り出している理由のひとつと言えるだろう。フランステレコムのようなフランスを代表する会社でさえ、二〇〇六年から八年の事業計画に「ネクスト」という名称をつけ、新しいサービスや製品には、「ファミリー・トーク」、「ライヴコム」、「ビジネス・トーク」、「ライヴフォン」など英語の名称をつけた。

このような濫用と闘うため、一九九九年にフランス語を擁護するフランスの四協会が集まって、アカデミー・ド・ラ・カルペット・アングレーズ（英語にごまをする人のアカデミー）を創設した。このアカデミーは、あきもせずに英語にこびてひときわ目立ったフランスのエリートや機関の代表者に、毎年恒例の「市民恥辱賞」を授与する。大方の予想通り、テレコムは二〇〇五年度に受賞した。過去に栄冠を授かった人びとには、自動車会社のルノーと複合メディア企業のヴィヴァンディのＣＥＯ、国防大臣、ル・モンド紙の主幹、超名門校の高等商業学校（ＨＥＣ）の校長がいる。

第四の原因は、もちろん、保守的な純粋主義の影響力が役に立っていないことだ。この傾向はフランスではとりわけ強いが、たいていのフランコフォンの心の奥にはアカデミーの会員がいて、新しい言葉を口にしたり、すでに存在する言葉に新しい定義を与えたりすると、ちくりと非難する。英語話者にはこの心理的障害がない。フランス語話者の中には、英語のこのおおらかな面や、現代生活にすんなり適応していることに魅力を感じる人が少なくない。これまで見てきたように、フランコフォンは、フランス語について気取らず、頭の中でささやく純粋主義者の声を片隅へ押しやるときには、現代性に対処することができる。けれども多くの人にとっては、それよりも英語を使うほうが簡単だし、フランス語に対する裏切りと感じない。

フランコフォンのエリートの中に幻滅を感じている人がいる第五の原因は、「裏切られた愛」と呼ばれる心理的なものだ。フランコフォン、とりわけフランス人は、フランス語が「世界」の言語となり、世界中の人が使う可能性があると信じて育ってきた。英語がますます侵入してくると、フランス語が約束を果たさないことで、これまで以上に落胆した。その結果、フランス語話者の中には、捨てられた恋人のような気がしている人が少なくない。苦しみの対象に対して、それが原因であるかのように腹を立てる。フランス語がすべてでないのなら、何にもならないという極端な結論を出した人は少なくない。フランス人以外のフランコフォンは、この状況をえてして異なった目で見ている。競合する言語とつねに向き合っている少数派であるがゆえに、フランス語は世界語であるという幻想などけっしていだかず、フランス語に対してもっと自立した取り組みをしている。フランス語が隆盛するとしたら、自分たちの行動にかかっていると考えていて、ほかの人は何もしてくれないこと、とりわけ、フランスにいる裏切られた恋人たちは何もしてくれないことを承知しているのだ。

意欲喪失のフランス人

密接に関連したある点で、フランスの知識人層は意欲に欠けているように見える。第二次世界大戦までは、世界のために書いているという信念が、フランス文化の威光を高めた。フランス語は明晰で純粋であるという道義感を吹きこまれて、フランス人が全世界に語りかける時代、意欲に満ちあふれた時代があった。第二次世界大戦以降、ある意味では、フランス人は内側を向き、自分たちだけのために書いたり考えたりすることで満足しているように見える。

ノンフィクションと報道の世界では、フランスの編集の習慣がしばしば明晰という目標に不利に働いている。フランス人はパラグラフの一字下げをしないし、本に索引をつけない。しばしば、長ったらしい、くどい文章を書く。ミシェル・フーコーなど大思想家の著作は、フランス語の原書よりも英語の翻訳で読んだほうがよほどわかりやすいと言ってもいいくらいだ。どの本にも索引がないのは、どういう理由があるのだろう。たぶん、経費を節約しているのか、読者に必要ないと決めてかかっているかのどちらかだ。ブリタニカ百科事典とフランスのユニヴェルサリス百科事典をくらべると、取り組みの違いがよくわかる。たしかにユニヴェルサリスの解説は専門的な関心がある読者向けに書かれているが、執筆者は平明な語を使う努力をほとんどしていない。

フランス人の意欲喪失を示すもうひとつの例は、大学と中等教育後の教育制度に対する自己満足だ。大学はすぐれた指導を行うが、自由に使える知的な資源を半分も活用していない。図書館はお粗末なことで有名だし、教授会は専門分野の協力に寛大でない。大学は慢性的な資金不足におちいり、学生に最先端の研究に触れさせることができない。フランスでは、大学外の専門化された研究所で最高レベルの研究が行われているからだ。公平な目で見れば、数学や民生用原子力、海洋学、人口統計学、人文学、歴史などフランスの研究が最先端を行く分野がある。こういった分野では、たしかに外国人がフランスの専門誌を読む。しかし競争は熾烈で、優位を保つには、大学を改革する必要がある。教育がグローバル化する中で、フランスの学校はできるはずの成長をしていない。フランスの外のフランコフォン社会は、フランスが積極的にフランス語を擁護したり近代化したりしないのも、屈辱的で、冷淡だと考えている。今では学問を追究するためにケベックに行く北アメリカ人が少なくないのは、ケベックが現代の知識をフランス語で提供することについて何の不安もないからだ。さらに、ケベックやベルギー、アルジェリア、セネガルのフランコフォンは、住んでいる国でフランス語が少数派の言語なので、フランス語のために闘うことに慣れていて、フランス人の敗北主義を耳にするとぎょっとする。結局、世界全体でのフランス語の将来は、フランコフォン、とりわけフランス人がそれに取り組むかどうかにかかっているのだ。

フランス語をとるか、英語をとるか

基本的には、フランス語の将来は、選択の問題につきる。英語派の主張は、言語が勢力の問題になった世界では思い切りがいいが、フランコフォンがその主張を信じるのは、言語の集団自殺に等しいかもしれない。英語は特定の概念を説明するのにどの言語よりも能率的だと言ってフランス人が英語の成功を正当化するなど、あきれた話だ。アングロフォンのメディアがこのような主張をするのは笑止千万。そんなことを信じる義務は、誰にもない。フランス人はもっと分別を持つべきだ。十八世紀にまったく同じ論法で、「明晰でないものはフランス語にあらず」と言ったではないか。ほかの言語よりも本質的に多少は効率がいいとか、難しい言語など、どこにもない。英語は習得するのがきわめて困難な言語で、それはおもに、規則が少なくて例外が多いからだ。どんな言語でも、独自のアイデアを説明するときには、その言語がもっとも効率がいいことを、フランス人は忘れているらしい。英語で説明するとなったら長い定義と面倒くさい語句を並べなければならないフランス語の言葉は少なくない。フランス人はどうして自分たちの精神宇宙をあっさり犠牲にしようとするのだろうか。

私たちはステファン・ロペスの話を聞いて、この問題点を痛感した。ロペスはヨーロッパ連合（EU）でフランス語使用を促進させるフランコフォニー国際機構（OIF）の計画を実施している。言語がひとつだけ（英語を意味している）のほうが能率的で、翻訳にも費用がかからないと論じる人びとと意見を闘わせることもある。言語がひとつだと能率的なのは、その言語を習得した人だけだ。英語がこの十年間にEUでめざましい進歩をとげたのは、非アングロフォンの外交官が受け入れたからだ。ところが、ヨーロッパの機関の中には、英語のネイティヴだけに仕事をまわすようになってきたところがあることにロペスは気づいた。英語のネイティヴのほうが国際外交のきわめて微妙な言葉の駆け引きで流暢に話すと言うのが、その理由だ。「フランスやドイツ、イタリアの外交官は儀礼に基づいて、また出世の安上がりな方法としても、英語に譲歩しますが、そうすることで、後継者や子どもたちに脇役になる運命を定めているんです」とロペスは言う。

一方、フランスの多国籍企業のCEO連中は、声明文を、せめて二言語で公表してもいいときに、英語で公表することを誇りにしている。フランスの科学者が、公的な資金を獲得する条件として、研究を英語だけでなくフランス語でも発表することを要求されないのも、おかしい。フランス語で発表すればフランスの科学者に有利になるかもしれないことは、有名な例が示している。パストゥール研究所のリュック・モンタニエ教授は、一九八三年に自分が最初にエイズウィルスを発見したこと、アメリカの科学者ロバート・ガロが虚偽のウィルス発見の発表をして手柄を横取りしたことを証明するのに十年もかかった。ガロは、モンタニエが最初に発見を発表した英語の専門誌の評価を行っていた。モンタニエがフランス語で発表していたら、ガロはモンタニエの発見を自分のものだと主張することはできなかっただろう。それどころか、この分野の研究で最新の情報を取り入れるためにフランス語を習得しなければならなかったかもしれない。

英語が今日の地位を獲得したのは、イギリス人とアメリカ人が、誰も習いたがらない弱小言語を話していたときでさえ、けっして自尊心を失わなかったからだ。これは覚えておいてよいだろう。フランス語の優位を誰も疑わなかった十八世紀に、イギリス人はフランス語の有用性を認識して、必要なものを取り入れたが、フランス語に固有の価値があるという説にはけっして与しなかった。結局は、選択の問題に落ち着く。

フランス語を守るために

この章の冒頭で述べたように、フランコフォンの誰もがフランス語に見切りをつけたわけではない。フランス語を守るために今でも何らかの手が打たれていて、フランス語に働く不利な力をはね返せることを示している。フランコフォン諸国はユネスコの文化多様性条約で大きな勝利をおさめた。ＥＵでフランス語計画の参加者が目立って増加していることは、希望が持てる。気づいている人は少ないが、これまでのところ、ＥＵの全二十七か国のうち十三か国がＯＩＦの加盟国だ。こういった国が複数言語主義の問題でうまく立ちまわれば、均衡はフランスの地理文化の縄張りに有利に傾くかもしれない。

フランスの学術団体は、ようやく、より規模の大きい、競争力のある機関を作るために大学とグランドゼコールの統合に乗り出した。きっかけは、上海大学が初めて世界の大学のランキングを行い、上位百位内にフランスの大学が四校しか入らなかったことだ。工学の理工科学校《ポリテクニーク》のような名門グランドゼコールでも、二百位内に入らなかった学校もある。この調査結果はフランス人にとって大きなショックだった一方で、制度全体に衝撃を与え、教育機関の統合に対する長年の抵抗を払拭した。二〇〇三年以降フランスの高等教育機関は大規模な再組織化をはかってきた。グランドゼコールは、結局それほどグラン（大きい）ではないことを悟り、大学との統合を受け入れたのだ。

フランス文学も変化している。フランスの作家の作品はかつてほど幅広く読まれていないとしても、フランスは文学の大きな中心でありつづける道を見出している。フランスの出版社はフランス語と英語以外の言語の作家にますます門戸を開き、フランスの出版社に発掘されて世界にデビューする作家は少なくない。そのままフランス語でかなりの経歴を築く作家もいる。ミラン・クンデラは一九七五年にチェコスロヴァキアからパリに逃れ、一九八九年までチェコ語で執筆し、それからフランス語に切り替えた。スペインの作家ホルへ・センプルンは一九四〇年代にフランコ政権からパリに逃れ、一九六三年にフランス語で書きはじめ、スペイン語で最初の小説を出版したのは二〇〇三年。フランソワ・チェンは中国でフランス語を学び、一九七一年にフランスに帰化して、二〇〇二年にアジア人で初めてアカデミー・フランセーズの会員になった。似たような例はベルギーやケベックでも見られ、現在、アメリカの大学で研究されているフランコフォンのアフリカ人作家は言うまでもない。

フランスの実業界の人びとやＣＥＯは英語を偏愛する一方で、今でもフランス語を使い、じゅうぶんに通用させる影響力をそなえている。二十一世紀を迎えたとき、フランスの企業百六十社がスロベニアで営業を始めた。たちまち、スロベニアのフランス文化センターで語学講座の受講者数が二倍にはね上がる。フランス語を学べば出世の道が開けると考えた意欲的なスロベニア人が大勢いたようだ。同じ現象は、サウスカロライナのグリーンヴィルやブラジルのポルトアレグレなど、フランス企業や多国籍企業が活発に営業している地域で見られる。

フランス語の巻き返し

フランス語は、エジプトでは確実に勢力が衰えているが、イスラエルでは健闘し、ハンガリーでは盛んになっている。トーゴで衰退しているのは、最近、アメリカの石油会社が進出した結果だが、ナイジェリアでは盛んになり、つい最近、第二公用語となった。南アフリカでは、アリアンス・フランセーズが「アフリカのもうひとつの言語」という標語を掲げて宣伝活動を推進し、成果をあげている。外務省の職員の三分の一がこの先三年間フランス語を学ぶ候補者に選ばれている。国際フランス語教授連合の最大の支部はアメリカにあり、一万人の会員を抱える。二番目に大きな支部は、驚くなかれブラジルにあり、会員数は六千人。ブラジルではフランス語が教えられている地域は少ないが、リオデジャネイロやサンパウロ、フランス領ギアナとの国境付近などでは、フランス語が重要で、強い勢力を持っている。かつてはフランス外務省の文化開発部で指揮をとり、現在はフランス語およびフランスの諸言語総局の常任理事グザビエ・ノルトは「フランス語の需要が高い場所を示す新しい地図は、かならずしも昔の植民地の地図とは一致しません。フランス語は異なる世界観を模索する人にとって、もうひとつの選択肢になっています」と語った。

この問題から、確かなことが二点、浮かびあがった。フランス語は、英語を除けば、世界中のどの教育制度にも存在する唯一の言語であること。そして、第二言語を二か国語必須とする国で、とりわけヨーロッパで、予想外に伸びていることだ。教育制度が整っていない地域では、フランスの文化外交が弱点を補ってきた。アリアンス・フランセーズ（AF）の国際開発部長アラン・マルケは次のように語った。「AFが成人を対象とした伝統が変わってきています。学校で言語学習が削減されているので、子どもをAFに通わせてフランス語を学ばせる親が、特に開発途上国で増えているんです。親たちは、今でも、フランス語は重要だから、自腹を切ってでも子どもたちに習わせるべきだと考えているんでしょうね。全体としては、成人の学習者数は減っていません」

アメリカの場合は奇妙だ。アメリカ人が世界のメディアを独占しているため、アメリカ人の認識が世界の認識を形成することが少なくない。それでも、アメリカでさえ、フランス語の地位は、輝かしいとは言わなくても、捨てたものではない。二〇〇〇年の国勢調査によると、家庭でフランス語を話す人は百六十万人いて、フランス語は英語、スペイン語、中国語に次ぎアメリカで第四の国語となり、イタリア語やドイツ語をしのいでいる。数字は数年間安定しているが、フランス語を話す人びとの種類が変化してきて、フランス語を話す人の数は、ニューイングランドとルイジアナという伝統的な多民族集団の地域では減少し、ニューヨークやカリフォルニア、フロリダ、テキサスで着実に増加している。教育でも断然優秀だ。高等教育機関で語学を学習するアメリカ人百四十万人中、五三パーセントがスペイン語を、一五パーセントがフランス語を勉強している――比率は減

少していることはいえ、数字はこの三十年間安定している。（付録の表4を参照）

テネシー大学フランス語教授ロバート・ペッカムによると、アメリカでスペイン語学習の人気が高いのは奇妙なことで、外国語を習得するなら、フランス語のほうがいまだに実用的なのだ。押しの強い態度のせいで、フランス語教育関係者の仲間内で「テネシー・ボブ」と呼ばれるペッカムは、フランス語学習の真の活動家だ。ウェブサイト Tennessee Needs French, New York Needs French は情報の宝庫。ペッカムは、ケベックだけでもアメリカの貿易相手としてはメキシコとほぼ等しい規模だと指摘し、アメリカ人が農業関連事業や原子力発電、航空の分野でフランス人から何を学べるか例をあげる。たしかに、フランスの外交官や科学者、CEOはテネシー・ボブの記事を読んだら、それだけで、世界でのフランス語の将来はお先真っ暗という見通しが変わるだろう。

20 フランス語の未来

『フランス語のはなし』の残りの章を書くのは、私たちではない。浮上しているテーマは前の四つの章で見てきたが、まだほとんど認識できないテーマもある。本書の取材中にエルサレムやダカール、ラファイエット、カラケ、パリ、サドベリー、モナコ、アトランタなどで出会ったフランコフォンや非フランコフォンは、フランス語の将来について意見が大きく分かれた。フランス語はお先真っ暗だと言う人もいれば、フランス語のない世界など考えられないと言う人もいる。けれども、極端な楽観論と悲観論のあいだではっきりしているのは、フランス語が今でも外交、科学、ビジネスの言語であることだ。今もなお世界言語で、少なからぬ人が研究し、ますます多くの人が習得したがっているのだ。

地政学や学術、文化、科学技術の分野で、言語の地位に影響をおよぼす地殻変動がいつ発生するのかは、誰にも予測できない。一八六〇年代のアリアンス・イスラエリット・ユニヴェルセルの進出から文化外交が誕生してフランス民間外交の主力となり、現在まで継続すると誰が想像しただろう。アカデミー・フランセーズがフランス王国よりも長生きするとは誰も考えなかったし、ハイチが国連でフランス語を救い、カナダに総督を出すなど誰が予想しただろう。どんな言語でも将来を予測するのは不可能だが、フランス語は、言語と地理文化の明白な力関係で変わってきている。

二百年前には、フランス語はエリート集団の言語で、国民の七五パーセントが話していなかったが、それでもヨーロッパの共通語と見なされていた。今日では、話す人が二百年前の二十倍以上に増え、世界中のエリートが学んでいる。学ぶ人の数は英語にはおよばないが、ドイツ語やアラビア語、あるいはスペイン語（アメリカを除く）より多い。四百年前にはフランス語の中心地はフランスとベルギーだけだったことを考えると、新たな展開はフランス語の活力を証明している。

フランス語話者が増えると、中核となってきた信念の純粋主義も変化する。アカデミー・フランセーズが創設されて三百年以上たった現在でも、言語を定義しようとするフランス人の執念は衰えていないが、フランコフォンが増加したために、純粋主義者が厳格な規範を押しつけるのはますます難しくなってきた。

フランス国内にフランス語話者が数百万人しかいなかったときでさえ、純粋主義者は庶民を統制するのに苦労してきた。フランス人は規範の信奉を公言する一方で、フランス語はますます急激に変貌している。国民の人口が六千万を数える現代では、新しい表現や発音、統語法を日々、創出し、それが規範の土台を揺るがしている。二〇〇六年のフランス語は、五十年前の人が聞いたり読んだりしたら腰を抜かすほど無造作に話され、書かれている。ラブレーが生き返ったら感涙にむせぶだろう。アングロフォンの評論家はたいてい、英語がフランス語におよぼした影響を言いたてるが、フランス語は、英語と無関係に音声学的意味論的な変化を経てきた。新しい言葉や外国語の借用、ほかのフランコフォンの国の活きのいい造語が、芸術やメディアや広告を通して、かつてないほど急速に流入している。新奇なものをつねに求める探求の姿勢が、言語の創造性を駆り立て、フランス語は純粋主義の先生方の教えからかけ離れていくのである。

　私たちは規範の終焉を目のあたりにしているのだろうか。フランス語は、どの国際語とも同様に、自らの成功の犠牲者となるだろう。「堕落」するだろうし、変化するだろう。コートジボワールとコンゴ民主共和国で変化を細かく観察している言語学者によれば、フランス語はクレオール化に向かっている。フランス語は、セネガルでウォロフ語と、レバノンでアラビア語と、北アメリカで英語と直接、張り合っている。それでもフランス語の規範はフランコフォニーのあいだで強力なまとめ役を果たし、フランス語に一定の求心力をもたらし、それが国際語の中で特異な点となっている。アフリカに新しいフランス語系クレオール語が出現するのを私たちが生きているあいだに見ることはないだろうが、子や孫の時代には実現するかもしれない。

世界各地のフランス語の将来

フランス人の役割　人口の増減と言語の変化に加えて、地政学上の変動が、世界でのフランス語の普及に影響するだろう。フランスは、フランス語にとって最大の強みであると同時に最悪の弱みでもある。フランス人の行動と世界観、世界の人びとのフランス人観が、フランス語の将来に重くのしかかるだろう。

　このところ、フランスの外交や科学、ビジネスのエリートに見られるイギリスかぶれが嘆かれているが、私たちに言わせれば、一時的な現象にすぎない。フランスのエリートは十八世紀から定期的にイギリスかぶれを経てきた。フランス人は自分たちの社会がどこか変だと思ったときに、診断と治療法を求め、外国の考え方に触れる道具として外国語に目を向けた。十六世紀にはイタリア語、十八世紀には英語、十九世紀にはドイツ語だった。現在のイギリスかぶれは、フランスの科学や技術、ビジネス、政治にふたたび文化的な回復をもたらすかもしれない。

もちろん、フランス人の世界観は、とりわけフランス語に関わるときには、現実と食いちがう場合もある。フランコフォニーがフランス語の将来に重要な役割を果たすことは誰もが認めているが、不思議なことに、フランス人はわかっていない。フランス人が書いたフランス語の歴史を読むと、ほとんどが、コートジボワールやアルジェリア、ケベックのフランス語が言語学的に特異であることに触れていても、それをフランス語の世界的な進出と考えることはめったにない。このような狭い視野で文化を眺めるのは危険で、フランスは四百年前にアメリカを逃したように、フランコフォン諸国を逃しかねない。フランス語を国際語にするのか、それとも一介の国語にしてしまうのかを決定するのは、フランス人自身なのだ。

次に、フランス人が世界でどんなふうに見られているのかという問題がある。フランス人もアングロフォンもわかっていないが、フランス語がここまで高い評価を得ているのは英語の影響のおかげだ。というのも、フランス語とフランスが英米文明と対極的な価値観を体現し、英語を話す人びとがフランス語とフランスに一目置いて（そして理想化して）いるからだ。英米のエリートがフランスとフランス語に本能的にいだく愛憎は、社会学的に興味深い。幸い、英米人のフランス嫌いはフランス好きという健全な添加物で均衡が保たれてきたが、そこから何が引き出されるかは、フランス人がこの利点を自国で、フランコフォン諸国で、世界で、いかに活用するかにかかっている。

私たちは非フランコフォン国を取材旅行しているときに、フランスの言語だからという理由だけでフランス語を学んでいる人びとに大勢、出会った。フランスが身の丈以上のものを象徴しているため、何百万人もの外国人がフランス語に惹かれているのだ。フランコフォニーの国内でさえ、フランス語の普及はフランスに対する考え方が基盤になっている。新世界に移住したアイルランド人はフランス人の五十倍はいたが、今日の北アメリカでは、アイルランド語よりもフランス語を話す人のほうがはるかに多い。アメリカのフランコフォンは、フランス語を話したことによって、文化の面で不撓不屈の精神を得た。今日では、フランコフォンのフランス語に対する関心を駆り立てているのは、フランスだけでなく、フランス語が正真正銘の世界語であるという事実だ。これに注目していないらしいのはフランス人だけで、この著しい視野狭窄がフランスの衰亡の原因になりかねない。

ヨーロッパ　ヨーロッパでは、フランス語の将来は、フランコフォニー国際機構やベルギー、フランスがヨーロッパの諸機関で真の複数言語主義を実現できるかどうかにかかっている。困難な仕事だが、ベルギー人とフランス人は驚くほどの数の同盟国を獲得してきた。ヨーロッパの第二言語学習に関する統計から判断すると、フランス語の人気はいまだに際だっていて、英語にはおよばなくとも、ドイツ語やスペイン語、イタリア語とくらべると、はるかに高い。フランス以外では、ルーマニアとモルドバがフランス語の活発な中心地になっている。ルーマニアはスイスやベルギーに負けないフランコフォン国だ。二〇〇七年にEUに加盟して、ヨーロッパでのフランス語の地位をめぐる議論に一石を投じるだろう。最大の疑問符がつくのはベルギーの状況で、フラマン人の分離運動は日に日に勢力を増している。フランドルがベルギーの分割を強行したら、ブリュッセルとワロン人の運命はどうなるだろう。

アメリカ　アメリカでフランス語が生き残っているのは、十八世紀後半の複雑な地政学と、現代のケベック人とアカディア人の不撓不屈の精神のおかげだ。カナダのフランコフォンが二割にまで減少したら、あるいはケベックがカナダから分離したら、どうなるだろう。カナダのほかの地域のフランコフォンは、昔のフランス系アメリカ人やケイジャンのように、さっさと同化してしまうかもしれないし、北アメリカのほかのフランス語地域社会が支援するかもしれない。フランス語は今ではニューブランズウィックの公用語だ。カリフォルニアとフロリダでフランス語のネイティヴの人口が増えるなど、誰にも予想できなかったではないか。

アフリカ　アフリカは、フランス語話者の最大の集団が形成されていて、フランコフォニーの発展の可能性がもっとも高い。出生率だけを考えたら、フランコフォンの数は二十五年間で二倍になるかもしれない。フランス語は北アフリカではどこでも健闘しているが、サハラ以南の国が教育制度と経済を改善できるかどうかが発展の決め手だ。トーゴ人のフランス語教師は「フランス語はもはや生活のかてになりません」と語った。アフリカ人でじゅうぶんな教育を受けている人はわずか二五パーセントで、この比率は年々、低下している。好ましい変化もあり、高等教育を受ける女性の比率が急上昇している。これがアフリカの家庭でフランス語を再強化し、フランス語が、学習して身につける言語ではなく、母語となる可能性もある。

フランス語の将来はアフリカに大きく左右されるが、フランス語はフランスの気まぐれな外交政策のとばっちりを受けやすい。フランス人の行動はなにかにつけ、人びとを惹きつけたり、遠ざけたりしかねない。セネガルの作家ブバカール・ボリス・ディオップがフランス語で執筆するのをやめて母語のウォロフ語で書いたのは、フランスがルワンダでうさんくさい行動をとったからだ。この意思表示は象徴的だ。今のところ、あとに続く者はいないが、続出しかねない。もっと深刻な問題がある。フランス語が植民地独立後のアフリカで盛んになったのは経済成長の言語と考えられていたからだが、成長が停滞し、後退でもすれば、フランス語は役に立つと考えられるだろうか。予測するのは困難だ。

非フランコフォンの国　フランス語を話す世界に隣接する地域も同様に興味深い。ルイジアナよりもフランス語がよく話されるイスラエル（率も数字も高い）は、レバノンと和睦したら、フランコフォニー国際機構（ＯＩＦ）に加盟するかもしれない。フランス語は、ＯＩＦに正式に加盟しているブルガリアやアルバニアよりも、アメリカとメキシコのほうがよく話されている。これがどんな状況を招くだろうか。アリアンス・フランセーズや国外のコレージュ、リセでは受講者が増加している。フランコフォニー大学機構のベトナム、ラオス、カンボジアへの進出は、当地でいまだにフランス語に関心が持たれていることを示している。

世界語の地位を守るために

結局、フランス語の将来は、単純な問いにかかっている。フランス語はネイティヴにとって、ときどき話す人にとって、そしてフランスびいきの人にとってどのくらい役に立つのか、という問いだ。その言語が美しいからという理由だけで学ぶ人はあまりいない。フランス語が便利なものや生産的なもの、挑戦的なもの、あるいは美しいものに触れる機会を与えてくれるなら、人びとはフランス語を学び、守りつづける。だからこそ、本書は、厳密に言語学の視点ではなく、フランス語の運命を形成した決定と政策、創造と発明、成功と失敗に焦点を当ててきたのだ。

フランス語は、言語の統計を見ると、国際機関での使用では第二位の地位に甘んじ、英語よりも下だが、使用と学習に関しては英語以外のどの国際語よりも上だ。悲観的な人はこの順位を凋落の第一歩と考えるが、第二言語としてのフランス語教育に関する世界全体の統計を見ると、フランス語が「英語以外の」世界語としてしっかり定着していることがわかる。

フランス語の将来は、研究やビジネス、芸術、文化の場での個人の努力や意志にもかかっている。フランス語が、科学やビジネス、外交の言語でありつづけるとしたら、この分野で実際に使用されなければならない。少なからぬ国のエリートが今でもフランス語に目を向けているのは、フランス語が知識や科学、ビジネスに接する最良の道だからだ。数学、生物学、生物医学、海洋学、原子力などフランスが優秀な分野では、フランス語は役に立つだけでなく、必要でさえある。フランス語にとって当面の脅威は、英語よりも、フランスの大学制度と新聞が一般に凡庸なことだ。しかしこうしたことは、文化の活力不足よりも政策決定が原因なので、くつがえすことができる。

外交では、OIFが複数言語主義と文化多様性を推進し、大きな実を結ぶかもしれない。このような政策は、フランコフォン諸国が幅広い文化の有機的統一を生み出すためにも、模範となるためにも必要だろう。ルネサンス期にイタリア語が学ばれたのは、イタリアの諸都市が、文化と科学の復興の中心地だったからで、有力だったからではない。二十一世紀には、OIFが世界のアメリカ村に対するもうひとつのもっとも明確で積極的な選択肢を象徴するという理由から、多くの人がフランス語に目を向けるだろう。

私たちの知る限りでは、フランス語は英語より長生きするかもしれない。通俗的な英語史研究者は、英語の輝かしい運命とローマ帝国時代のラテン語の輝かしい運命がよく似ていることをかならず示す。ところが、ローマの貴族はギリシア語なまりのラテン語を話していた。ローマ人は文化や知識、教育に関してギリシア人に一目置き、子どもたちはギリシア人教師から教育を受けていたからだ。西ローマ帝国が崩壊しても、ギリシア語を話していた東のビザンティン帝国は生き残り、ローマ帝国より数百年も長く続いた。

本書を書くきっかけは、英語が世界中で幅をきかせているにもかかわらず、フランス語はなぜ勢力を維持しているのかという疑問だった。ところが、英語の地位は見た目ほど盤石でないと指摘する言語学者が少なくない。ブリティッシュ・カウンシルの言語学者デヴィッド・グラッドルは「英語は世界の共通語と言ってもいいでしょうが、ネイティヴのアングロフォンは結局、英語の成功の犠牲者になるかもしれません」と言う。世界中でますます多くの人が英語を話すようになると、英語しか話さない人は、ほかの言語も習得した人に対して競争力を失うかもしれない。グラッドルの話では、多くの人が英語を話すようになると、英語の規範と標準がますます曖昧になる。英語はビジネスや科学、外交の言語であるという信念は、ある程度までは英語に有利に働いてきたが、代償も払ってきた。すぐれた科学やビジネス、外交がほかの言語でも実践できることを英米の科学者やビジネスマン、外交官が忘れてしまうという代償だ。言語学者ジャン＝ミシェル・エロワは、商売で最良の言語は客の言語だと冗談を言う。

フランス語の物語は危険をかいくぐって生きる物語で、これからもその点は変らないだろう。フランス語は比較的少数の人がいくつもの大陸で話し、スペイン語やアラビア語、ポルトガル語よりも密度ははるかに希薄だが、分布の範囲は広い。フランスの外では、フランス語を話す人は少数派だ。たいてい、フランス語をきちんと習得するのはエリートだけで、大部分の人はせいぜい、たまに話すくらい。これは、衰退の証拠あるいは始まりと考えることもできる。フランス、ベルギー、スイス、北アメリカを除くと、フランス語は母語ではなく第二言語として習得される。フランス語を話すエリートの大半が二言語使用者なのだ。このように不安定な状況に置かれているのだから、フランス語は数十年のあいだに抹殺されてもおかしくない。けれどもまた、これはフランス語が好ましい地位にあり、地球上のほとんどどこにでも手を伸ばし、勢力を広げられることも意味している。フランス語は、復活して第二の青春を迎える状況にも簡単になりうる。多くが、フランコフォン――フランスの人も含めて――が自分たちの状況を活かして意欲をかき立てられるかどうかにかかっている。

つまり、『フランス語のはなし』でもっとも魅惑的な章は、これから語られるのだ。

監修者あとがき

フランス語をあつかった本となれば、読者はフランス語のすばらしさを語る本と思われるかもしれない。そんな面がないわけではない。実際、本書は一種のフランス語賛美を語るところからはじまる。しかし、読み進んでいけば、多くのフランス人が金科玉条のごとく守っている言語純粋主義に対する痛烈な批判の書であり、フランス語が決してフランス人だけのものではないことを訴える書であることがわかる。というのも著者はフランス人ではないのである。

共著者ジャン゠ブノワ・ナドーとジュリー・バーロウはカナダ人ジャーナリストであり、母語がそれぞれフランス語と英語、しかし、どちらも二言語で仕事をしつつ、同じ本を共同で書いているという、珍しくもあり、読者を楽しくさせてもくれるカップルである。本書を読んだ方は、随所に二人の仲のよい、息の合った仕事ぶりを窺わせるくだりに出会ったことだろう。

二人はモントリオールに在住しているという。ジャン゠ブノワ・ナドーは、カナダのフランス語圏ケベック州のシェルブルック市に一九六四年に生まれ、モントリオールのマギル大学で政治学と歴史学を学んだ後、ジャーナリストとして活躍、数多くの記事やルボルタージュを書いているほか、四冊の著書（内、二冊がバーロウとの共著）がある。もう一人の著者ジュリー・バーロウはカナダの英語圏オンタリオ州ハミルトン市に一九六八年に生まれ、マギル大学で政治学を勉強中にナドーと出会い、意気投合し、生活と仕事を共にするようになったという。

二人の共著による一作目は『六千万人のフランス人は誤らない（*Sixty Million Frenchmen Can't be Wrong*）』（二〇〇三年）である。これは、二人のパリ滞在の経験を下地にして、フランス社会とフランス人を微細に描いたもので、英語圏でもフランス語圏でも話題になった。

二作目の共著が本書で、原題は ***The Story of French*** である。二〇〇六年に、カナダの **Alfred A. Knopf** 社から刊行されている。原著は四九六頁の大著だが、本訳書では、その約四分の三を訳出した。フランス語版は、『フランス語の大冒険——シャルルマーニュからシルク・ドゥ・ソレイユまで（***La Grande aventure de la langue française : de Charlemagne au Cirque du soleil***）』として二〇〇七年秋に出版されている。英語版について、ニューヨーク・タイムズは、「分かりやすく巧みな語りによって、このフランス語の物語は、英語の支配がますます強まっている世界における、フランス語の場所を熱烈に論じている」と評している。

一般の専門書とは一味違った本書の独自性は、グローバル化の中で、フランス語が、諸大陸の多様な人々の共通語としての役割を失っていないことを、さまざまな側面から豊かな情報量とともに明らかにしようとしていることだろう。一般の通念的枠組をみごとに打ち破って、フランスとフランス語の誕生から語り起こし、地球上に広まったフランス語の運命を首尾一貫した視点から捉えきっている。フランス植民地主義のような負の遺産もあつかい、知的な好奇心もそそる逸話を交え、日本ではまだよく知られていないフランス語とフランコフォニーの入門書としても楽しく読める。

頻出するフランコフォニーという言葉に馴染みの薄い読者もいるかもしれない。ごく簡単に説明すれば、フランコフォニーは、フランス語を話す人々ないし社会を集合的に捉える語であり、フランコフォンは、個々のフランス語話者を指す名詞として、あるいはフランス語圏地域の文化や風物などを指す形容詞として用いられる。著者は、フランコフォニーの世界は決して衰退に陥っているのでもなく、時代遅れになっているのでもないと力説するが、その人間味に溢れた声からは、地球上に散在するフランコフォンの人々の、現代を生き抜く姿勢が鮮烈に浮かび上がってくる。

私たちは日頃、英語系からの国際ニュースにばかり触れているので、国際情勢について偏った見方をしていることにまま気がつかないことがあるが、たとえば、貿易交渉における「文化特例」条項が創出されるにあたって、フランスだけでなく、出発点にケベック州政府やカナダ連邦政府の努力があったことを本書で初めて知るのではないだろうか。しかも、この条項がフランコフォンの文化的な砦になっているだけでなく、米国と同じ言語の文化であるがゆえに却って危険に晒されてもいるカナダ英語圏の文化的国境としても役立っているのである。ここでケベックについて触れておけば、ケベック州は、米国、特に東海岸との経済的紐帯を目覚ましく強化してきたが、これもフランス語憲章のような言語的な砦があったからこそである。科学技術でも最先端をいき『ジュラシックパーク』で話題になった3D技術は、ケベックで開発され、それが米国の映画産業に取り入れられた。あるいは、『タイタニック』の主題歌で有名なセリーヌ・ディオン、世界的なサーカス団シルク・ド・ソレイユもケベック・フランコフォニーの産物である。ケベックは英語圏に取り囲まれながら、フランスとは歴史的に異なる、独自で創造的な社会を築いている。

もちろん、本書には、フランスについての情報も満載されている。アカデミー・フランセーズ発足をめぐる経緯や挿話などは、この国をよく知っている人でも楽しめるのではないか。アカデミー・フランセーズについては、終身幹事のエレーヌ・カレール゠ダンコースによる国際フランス語教授連合の二〇〇四年アトランタ世界大会での講演が繰り返し登場する。実は、私もその場に居合わせた一人で、彼女の講演を取り巻いていた、あの、熱気のこもった、時に緊迫した空気も走った雰囲気を鮮明に思い出す。そんなこともあって、本書の話が大修館書店から来た際に喜んで引き受けた。このような機会をあたえてくださった大修館書店の小林奈苗氏に心から感謝したい。

翻訳の作業について一言。まず中尾ゆかり氏が全体を訳したあと、用語や表現のニュアンスについて私が点検するというプロセスを踏んだ。この方法に普通とは少し違った面があるとしたら、訳者と監修者が全く異なった分野の人間であったことで、双方が異なる分野の技術と知識を出し合って、それを統合していく作業が実質的になされたことである。この場を借りて、各ページの瑣末にわたった私の提案を中尾氏が快く受け入れてくださったことに厚く謝意を表しておきたい。本書が迅速に出版されたのは、ひとえに中尾氏の功績である。本来なら訳文の責任は訳者に帰せられるのだろうが、もし不適切な点があれば、その責任の一端が監修者にもあることを明記しておきたい。

本書に幾つか発見されたデータ上の誤り、あるいは、古くなったデータについては可能な限り変更したが、読みやすさを考慮して、その都度、注記をつけることはしなかった。

本書は、カナダ首相出版賞審査員特別賞を受賞している。この望外の栄誉を賜ったことに、カナダ連邦政府に深く感謝の意を表したい。

二〇〇八年二月　　　　立花英裕

訳者あとがき

世界の言語の歴史を見ると、その言語を使う国や地域の栄枯盛衰と深く関わっている。勢力の増大とともに広く普及し、文化や宗教、経済、外交の言葉となり、政治の道具として被支配民に押しつけられたり、被支配民の言語として弾圧されたりしてきた。フランス語にもそんな歴史があり、理想のフランス語を作りあげようとした人びと、自分たちの言語として必死で守ってきた人びと、フランス語を共通語として手をつなぎ、国際社会で新しい勢力を形成しようとする人びとがいることは本書に書かれている通り。本書が読者の皆さまに、そういった人びとの熱意や努力、業績を知り、フランス語だけでなく、言語について、日本語についても考える一助となれば幸いだ。

本書は、フランス語の先史時代にさかのぼる歴史から現在の姿、さらには将来の展望にまで触れ、フランス語が普及した世界各地を舞台にとりあげて、時間的にも地域的にも幅広く網羅しているため、大部になっている。原書ではやや重複した部分も見られ、訳書では、著者の了解を得て、適宜、話をまとめたり、整理した部分もあることをお断りしておく。

原文は英語で書かれているが、翻訳にあたっては、早稲田大学法学部教授の立花英裕先生に監修を仰ぎ、フランス語についての専門的な説明や表記はもとより、フランスや旧植民地の文学、歴史についてもお力を拝借し、大いに助けていただいた。世界の歴史や言語に関心があっても、日ごろフランス語に接するのはもっぱら映画とシャンソン、ごくたまにワインとチーズという訳者がこのような専門性の高い作品の翻訳に取り組み、何とか完成まで漕ぎつけたのも、立花先生という大きな船に乗せていただいたおかげと、深く感謝する。出版にあたっては、カナダ大使館よりカナダ研究助成金プログラム・首相出版賞の助成金をいただいたことをここに申し添え、ジョゼフ・キャロン駐日大使はじめ関係者の方々の御厚意に深く感謝する。最後になるが、大修館書店編集二部の小林奈苗さんには、この興味深い一冊との出会いを作ってくださったこと、作業の早い段階からお手伝いいただき、資料や調べものでも協力していただいてひとかたならぬお世話になったことを、心から御礼申し上げる。

今年、二〇〇八年は日本とフランスの交流が始まってからちょうど百五十年目にあたるのだそうだ。この節目の年に出る本書も、読者の皆さまがフランスやフランス語、フランス人はもとよりカナダやアフリカなど世界各地でフランス語を話す人びとを理解するお役に立てれば、この上なく嬉しい。

二〇〇八年二月

中尾ゆかり

表6：フランコフォニー国際機構加盟国以外で
フランス語話者が集中するおもな国

国	人口	フランス語話者の人数	学習者数
アルジェリア	30,400	15,000	6,000
オーストラリア	19,200	65	155
ブラジル	170,400	30	203
チリ	15,200	10	155
コスタリカ	3,800	——*	180
ドミニカ共和国	8,400	——*	682
ドイツ	82,200	200	1,700
ガーナ	19,300	——*	286
インド	1,000,015	——*	461
アイルランド	3,800	——*	236
イスラエル	6,200	700	44
イタリア	57,700	60	1,470
日本	126,900	——*	210
メキシコ	98,000	——*	420
ポルトガル	10,000	——*	434
ロシア	145,600	——*	957
スペイン	39,500	——*	930
シリア	16,200	——*	294
ウクライナ	49,500	——*	472
英国	59,700	——*	357
米国	282,000	3,600**	2,030

*ごく少数あるいは不明。 **2000年の国勢調査によれば，家庭でフランス語を話すアメリカ人は160万人いる。しかし，部分的フランス語話者とみなされる人は，200万人から500万人の間。ここでは少な目な概数を選んだが，実際にはもっと多いかもしれない。［出典：クリスチャン・ヴァランタン『世界のフランコフォン，2002—2003』（パリ：『ラルース』，2003）；*Quid 2005*（パリ：『ロベール・ラフォン』，2005）：2000年アメリカ合衆国国勢調査］

［北アメリカ・南アメリカ］

カナダ	31,300（35.8）		
ニュー・ブランズウィック	730（76.0）	ケベック	7,200（83.1）
ドミニカ国	100（ 2.0）	ハイチ	8,200（15.5）
仏領ギアナ*	158（92.7）	マルティニク*	382（95.0）
グアドループ*	424（95.0）	セントルシア	100（ 1.7）

［中東・アジア・オセアニア］

カンボジア	13,800（ 0.3）	ニュー・カレドニア*	208（90.0）
エジプト	70,500（ 3.2）	バヌアツ	200（45.0）
仏領ポリネシア*	230（90.0）	ベトナム	80,300（ 0.5）
ラオス	5,500（ 0.2）	仏領ワリー・エ・フチュナ	15（92.8）
レバノン	3,600（43.0）		

［ヨーロッパ］

アルバニア	3,100（10.0）	リトアニア**	3,500（ 6.0）
アルメニア**	3,800（不詳）	ルクセンブルク	400（90.0）
オーストリア	8,100（不詳）	マケドニア	2,000（10.0）
ベルギー	10,300（61.1）	モルドバ	4,300（25.0）
ブルガリア	8,000（10.0）	モナコ	32（78.1）
クロアチア**	4,400（不詳）	ポーランド**	38,600（ 0.3）
チェコ共和国**	10,200（不詳）	ルーマニア	22,400（28.0）
フランス（大陸の）	59,800（99.8）	スロバキア**	5,400（ 3.0）
グルジア**	5,300（不詳）	スロベニア**	2,000（ 4.0）
ギリシア	10,600（不詳）	スイス	7,200（20.4）
ハンガリー**	10,000（不詳）		

総計：1億7500万人のフランス語話者

*大陸のフランス本土に算入されていない海外フランス領。

**OIFのオブザーバー資格国

［出典：OIF］

表 4：アメリカ合衆国の高等教育機関における
外国語履修登録者数上位 10 言語（2002 年）

順位	言語	履修登録者数（千人）	順位	言語	履修登録者数（千人）
1	スペイン語	746	6	日本語	52
2	フランス語	202	7	中国語	34
3	ドイツ語	92	8	ラテン語	30
4	イタリア語	64	9	ロシア語	24
5	手話	61	10	古典ギリシア語	20

［出典：外国語学部協会（2004 年）］

表 5：フランコフォニー国際機構加盟国・地域の人口，及びフランス語話者の比率

国あるいは地域　総人口（単位は千人）（　）内はフランス語話者の比率：完璧な，あるいは部分的な話者（%）

［アフリカおよびインド洋］

ベナン	6,600	(25.5)	コートジボワール	16,400	(70.0)
ブルキナ・ファソ	12,600	(5.0)	マダガスカル	16,900	(20.4)
ブルンジ	6,600	(8.0)	マリ	12,600	(16.4)
カメルーン	15,700	(44.8)	モーリタニア	2,800	(10.4)
カーボヴェルデ	500	(20.0)	モーリシャス	1,200	(72.7)
中央アフリカ共和国	3,800	(5.0)	マイヨット島	165	(57.6)
チャド	8,300	(15.0)	モロッコ	30,100	(33.3)
コモロ連合	700	(17.0)	ニジェール	11,500	(9.0)
コンゴ	3,600	(60.0)	レユニオン*	710	(94.5)
コンゴ民主共和国	51,200	(10.0)	ルワンダ	8,300	(9.0)
ジブチ	140	(20.0)	サントメ・プリンシペ	200	(10.0)
ガボン	1,300	(80.0)	セネガル	9,900	(31.0)
ギニア	8,400	(15.1)	セーシェル	100	(60.0)
赤道ギニア	500	(19.0)	トーゴ	4,800	(30.0)
ギニアビサウ	1,400	(1.0)	チュニジア	9,700	(50.0)

表 2：国際語上位 11 言語（公用語の資格をもつ）

順位	言語	国の数	順位	言語	国の数
1	英語	45*	7	スワヒリ語	5
2	フランス語	33*	8	オランダ語	4
3	アラビア語	21	9	マレー語	4
4	スペイン語	20	10	イタリア語	4
5	ポルトガル語	7	11	中国語	3
6	ドイツ語	5			

［出典：*Quid 2005*］

*この 2 つの数字は大きく変わる。グアドループやフォークランド諸島などの海外領土，あるいはケベックやプエルト・リコなどのもっと小さな管轄領を含めた場合には，英語は 61 か国，フランス語は 53 か国になる。カテゴリーを「文化語として用いる国」に広げれば，英語は 105 か国，フランス語は 66 か国，ドイツ語は 9 か国，ロシア語は 16 か国に増加する。

表 3：世界で最も影響力のある 10 言語

順位	言語	評価	順位	言語	評価
1	英語	37	6	中国語	13
2	フランス語	23	7	ドイツ語	12
3	スペイン語	20	8	日本語	10
4	ロシア語	16	9	ポルトガル語	10
5	アラビア語	14	10	ヒンディー語／ウルドゥー語	9

［出典：ジョージ・ウェーバー「世界で最も影響力のある 10 言語」*Language Today 2*（1997 年 12 月号）］

注：言語の影響力が 6 項目の得点の合計によってランク付けされている：項目は，話者数，第二言語としての話者数，その言語が使われる国の数，その言語が使われる主要分野（科学，ビジネスなど）の数，その言語が使われる国の経済力，これらの国の社会的・学術的評価。

付録

話者の分類（ネイティヴ，第二言語話者，外国語としてのフランス語話者，いつも使用する者，ときどき使用する者など）が調査により異なるため，数字はすべて概数。

表 1：話者数の上位 15 言語

順位	言語	人数（百万人）	順位	言語	人数（百万人）
1	中国語	1070	8	ポルトガル語	191
2	ヒンディー語／ウルドゥー語	602	9	フランス語	175*
			10	インドネシア語	159
3	英語	508	11	ドイツ語	128
4	スペイン語	392	12	日本語	126
5	ロシア語	277	13	パンジャブ語	94
6	アラビア語	246	14	朝鮮語	78
7	ベンガル語	211	15	テルグ語（インド）	76

［出典：*Quid 2005* および OIF］

*ネイティヴのフランス語話者数は，7200 万人程度と低く見る調査もあるが，第二言語話者および学習者を加えると 2 億 6000 万人になる。ここでは，1 億 7500 万人という OIF の統計を使用した。この数字は，フランコフォン 1 億 1500 万人と部分的話者 6000 万人の合計（少な目な概数）。

組織名（略号）一覧

Académie Française：アカデミー・フランセーズ

ACCT (Agence de coopération culturelle et technique)：文化技術協力機構

AF (Alliance françaises)：アリアンス・フランセーズ

AFP (Agence France-Presse)：フランス通信社

AIU (Alliance israélite universelle / Universal Israelite Alliance)：アリアンス・イスラエリット・ユニヴェルセル

AP (Associated Press)：連合通信社

AU (African Union / Union africaine)：アフリカ連合

AUF (Agence universitaire francophonie)：フランコフォニー大学機構

CLAC (Centre de lecture et d'animation communautaire / Centre for Reading and Community Activity)：読書および地域活動支援センター

CODOFIL (Conseil pour le développement du française en Louisiane / Council for the Development of French in Louisiana)：ルイジアナのフランス語を発展させる会議

CSFL (Conseil supérieur de la langue française / High Council of the French Language)：フランス語高等評議会

DGLFLF (Délégation générale à la langue française et aux langues de France)：フランス語およびフランスの諸言語総局

FLQ (Front de libération du Québec)：ケベック解放戦線

HEC (École des Hautes Études Commerciales)：高等商業学校

International Federation of Teachers of French：国際フランス語教授連合

MLF (Mission laïc française)：ミッション・ライック・フランセーズ

OIF (Organization international de la Francophonie / International Organization of the Francophonie)：フランコフォニー国際機構

OQLF (Office québécois de la langue française)：ケベックフランス語局

RFI (Radio France Internationale)：フランス国営国際放送

TV5：TV5

ま

や・ら・わ

索引

[監修者略歴]

立花英裕（たちばな　ひでひろ）

早稲田大学名誉教授，日本ケベック学会会長。

著書に，『21 世紀の知識人』（藤原書店，共監著，2009），『フランス人の流儀』（大修館書店，共編著，2012），『遠くて近いケベック』（御茶の水書房，共著，2013）など。訳書に，エメ・セゼール『ニグロとして生きる』（法政大学出版，ダニー・ラフェリエール『吾輩は日本作家である』（藤原書店，2014），ルネ・ドゥペストル『ハイチ女へのハレルヤ』（水声社，共訳，2018），『ケベック詩選集』（彩流社，共編訳，2019）など。

[訳者略歴]

中尾ゆかり（なかお　ゆかり）

西南学院大学文学部卒業。翻訳家。

訳書にテンプル・グランディン著『動物感覚』，『自閉症感覚』，『動物が幸せを感じるとき』，『自閉症の脳を読み解く』，メアリー・マイシオ著『チェルノブイリの森』（以上 NHK 出版）など，共訳書にレズリー・A・ゼブロウィッツ著『顔を読む』（大修館書店）などがある。

もうひとつの国際共通語《こくさいきょうつうご》　フランス語《ご》のはなし

NDC850／xvi, 388p／20cm

初版第 1 刷――2008 年 4 月 10 日
第 2 刷――2019 年 10 月 10 日

監修者――立花英裕《たちばなひでひろ》
訳　者――中尾《なかお》ゆかり
発行者――鈴木一行
発行所――株式会社 大修館書店
〒113-8541　東京都文京区湯島 2-1-1
電話 03-3868-2651（販売部）03-3868-2293（編集部）
振替 00190-7-40504
[出版情報] https://www.taishukan.co.jp

装丁者――熊澤正人＋内村佳奈（パワーハウス）
印刷所――広研印刷
製本所――ブロケード

ISBN978-4-469-25076-3　Printed in Japan

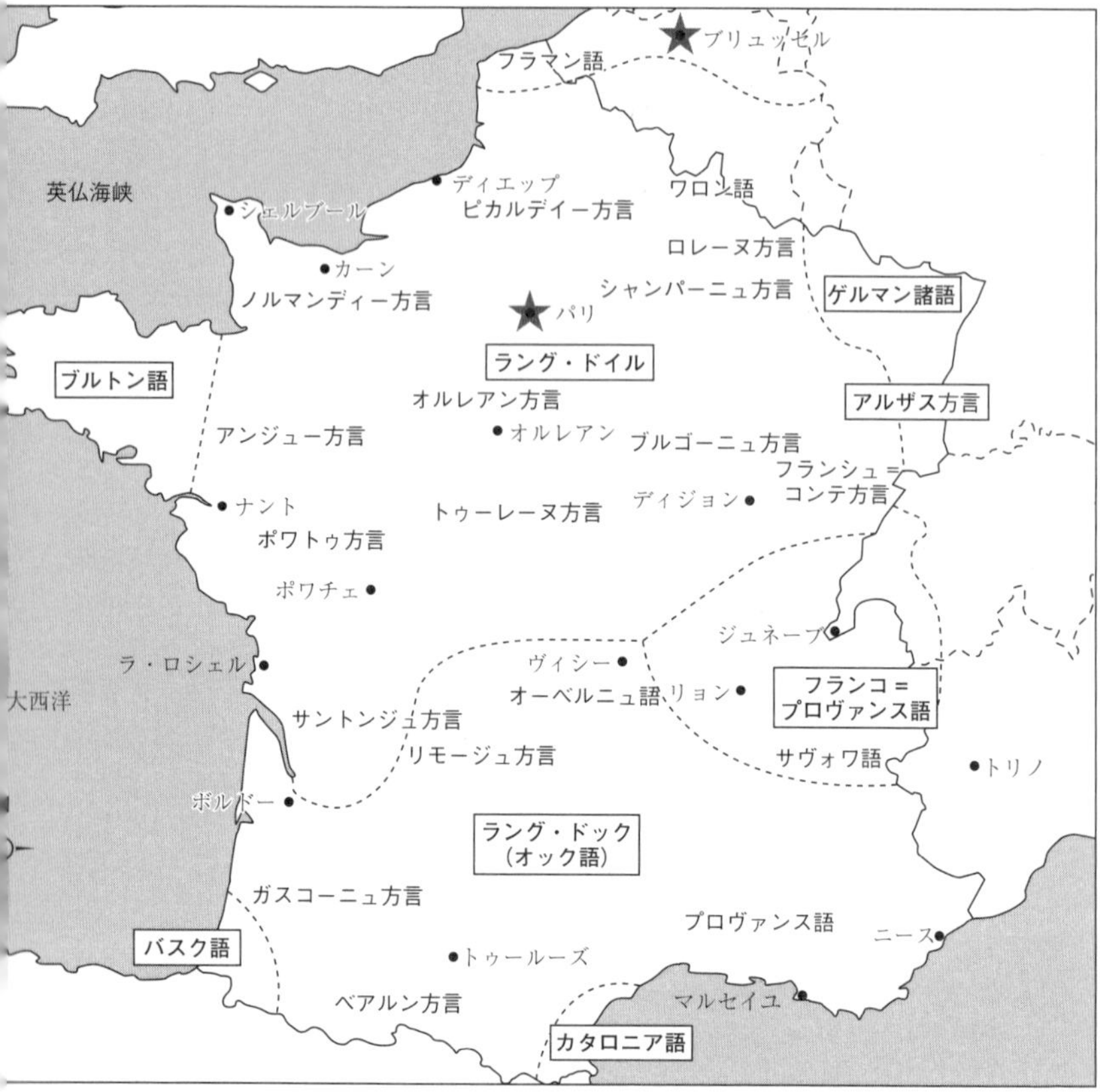

ブリュッセル
フラマン語
英仏海峡
ディエップ
ワロン語
シェルブール
ピカルディー方言
ロレーヌ方言
カーン
シャンパーニュ方言
ゲルマン諸語
ノルマンディー方言
パリ
ラング・ドイル
ブルトン語
アルザス方言
オルレアン方言
アンジュー方言
オルレアン
ブルゴーニュ方言
フランシュ＝
コンテ方言
ナント
ディジョン
トゥーレーヌ方言
ポワトゥ方言
ポワチェ
ジュネーブ
ヴィシー
ラ・ロシェル
フランコ＝
プロヴァンス語
オーベルニュ語
リヨン
大西洋
サントンジュ方言
リモージュ方言
サヴォワ語
トリノ
ボルドー
ラング・ドック
（オック語）
ガスコーニュ方言
プロヴァンス語
ニース
バスク語
トゥールーズ
マルセイユ
ベアルン方言
カタロニア語